PARIS

EN QUELQUES JOURS

Catherine Le Nevez

Dans ce guide

L'essentiel

Pour aller droit au but
et découvrir la ville
en un clin d'œil.

Les basiques
À savoir avant
de partir

Les quartiers
Se repérer

Explorer
Paris

Sites et adresses
quartier par quartier.

Les incontournables
Pour tirer le meilleur
parti de votre visite

100% parisien
Vivre comme
un habitant

Paris selon
ses envies

Les meilleures choses
à voir, à faire, à tester...

**Les plus belles
balades** Découvrir
la ville à pied

Envie de...
Le meilleur
de Paris

Carnet
pratique

Trucs et astuces
pour réussir votre
séjour.

Hébergement
Une sélection d'hôtels

**Transports
et infos pratiques**

Notre sélection de lieux et d'adresses

◉ **Voir**

✪ **Se restaurer**

🍷 **Prendre un verre**

✪ **Sortir**

🔒 **Shopping**

Légende des symboles

♪	Numéro de téléphone	🚼	Familles bienvenues
⏰	Horaires d'ouverture	🐾	Animaux acceptés
P	Parking	🚌	Bus
🚭	Non-fumeurs	M	Métro
@	Accès Internet	🚊	Tramway
📶	Wi-Fi	🚆	Train, RER
🍽	Végétarien		

Retrouvez facilement chaque adresse sur les plans de quartiers

Le Soufflé

23 ✪ Plan p. 60, B3

Cette adresse familiale l'honneur les soufflés s escargots et au foie gra et sucrés (poire-chocola ...arnier, etc.). (♪01 42 ...e.fr ; 36 rue du Mont ...-19 €, menus 37/... ...uf dim ; M Conc

---

Paris
En quelques jours

Les guides En quelques jours édités par Lonely Planet sont conçus pour vous amener au cœur d'une ville.

Vous y trouverez tous les sites à ne pas manquer, ainsi que des conseils pour profiter de chacune de vos visites. Nous avons divisé la ville en quartiers, accompagnés de plans clairs pour un repérage facile. Nos auteurs expérimentés ont déniché les meilleures adresses dans chaque ville : restaurants, boutiques, bars et clubs... Et pour aller plus loin, découvrez les endroits les plus insolites et authentiques de la capitale française dans les pages "100% parisien".

Ce guide contient également tous les conseils pratiques pour éviter les casse-tête : itinéraires pour visites courtes, moyens de transport, montant des pourboires, etc.

Grâce à toutes ces infos, soyez sûr de passer un séjour mémorable.

Notre engagement

Les auteurs Lonely Planet visitent en personne, pour chaque édition, les lieux dont ils s'appliquent à faire un compte-rendu précis. Ils ne bénéficient en aucun cas de rétribution ou de réduction de prix en échange de leurs commentaires.

Paris selon ses envies 185

Carnet pratique 221

L'essentiel

Bienvenue à Paris

Que l'on s'y rende pour la première fois ou pas, Paris possède cette familiarité immuable qu'elle doit à ses monuments emblématiques immédiatement reconnaissables, la structure métallique de la tour Eiffel, le large Arc de triomphe gardien de l'avenue glamour des Champs-Élysées, Notre-Dame et ses gargouilles, les ponts enjambant la Seine à la lueur des lampadaires… Au-delà de cette toile de fond, la vraie magie de Paris réside dans l'inattendu : parcs cachés, petits musées, mais aussi ces boutiques, brasseries et cafés de quartier au détour d'une rue d'où observer la vie parisienne.

La tour Eiffel (p. 24) et les jardins du Trocadéro (p. 42)
NEALE CLARK / GETTY IMAGES ©

Paris
Les incontournables

La tour Eiffel (p. 24)

Aucun autre monument n'est aussi emblématique d'une ville que cette élégante Dame de fer élancée surplombant Paris. De jour comme de nuit, montez au sommet pour admirer la vue sur la capitale.

La cathédrale Notre-Dame (p. 124)

La célèbre cathédrale parisienne trône au cœur de la ville avec ses rosaces, ses gargouilles gothiques et ses arcs-boutants. Gravissez ses quelque 400 marches en colimaçon jusqu'en haut des tours.

Le Louvre (p. 52)

La Joconde et la *Vénus de Milo* ne sont que deux des trésors inestimables parmi les 35 000 œuvres d'art que compte le premier musée national, aménagé dans une magnifique forteresse devenue résidence royale.

L'Arc de triomphe (p. 38)

Cette arche finement gravée dominant les Champs-Élysées comme une sentinelle incarne la grandeur et l'élégance parisiennes, en particulier lors des fêtes et des cérémonies. Vous pouvez ici aussi accéder au sommet.

Le Sacré-Cœur (p. 78)

Dans le légendaire quartier bohème de Montmartre, gravissez les ruelles en escaliers ou prenez le funiculaire pour atteindre les dômes à la blancheur éclatante de cette basilique dominant Paris.

Le Centre Pompidou (p. 98)

Derrière ses tuyaux apparents, le saisissant bâtiment de Richard Rogers et Renzo Piano recèle une incroyable collection d'art moderne, postmoderne et contemporain. Le toit dévoile une vue panoramique.

Le jardin du Luxembourg (p. 160)

Jetez votre dévolu sur une chaise en métal de 1923 et choisissez votre coin préféré dans l'un des plus beaux parcs de la ville, entre marronniers, pièce d'eau et activités pour les enfants.

Le musée d'Orsay (p. 158)

Des centaines de chefs-d'œuvre de l'impressionnisme, entre autre – parmi lesquels Renoir, Monet, Degas, Van Gogh – sont exposés dans cette ancienne gare spectaculaire du début du XXᵉ siècle.

Le musée national du Moyen Âge (p. 140)

L'hôtel de Cluny du XVᵉ siècle et des thermes gallo-romains construits vers l'an 200 accueillent ce musée aux célèbres tapisseries médiévales.

Le musée Rodin (p. 26)

Le Penseur et d'autres sculptures majeures trônent dans le jardin fleuri de roses, tandis que l'hôtel particulier du XVIIIᵉ siècle nous dévoile le talent de Rodin pour de multiples formes d'art.

BROOKS KRAFT / CORBIS ©

GRANT FAINT / GETTY IMAGES ©

Le cimetière du Père-Lachaise (p. 118)

Ce cimetière de 44 ha aux allées pavées et aux tombes élaborées est un village à part entière. Il compte parmi ses résidents célèbres Oscar Wilde, Jim Morrison et Édith Piaf.

Le château de Versailles (p. 180)

Vous ne regretterez pas d'avoir quitté le centre de Paris pour admirer l'opulence de ce château démesuré, siège du roi et de sa cour jusqu'à la Révolution.

100% parisien
Vivre comme un habitant

Conseils d'initiés pour découvrir le vrai Pari

Si ses monuments phares font, à juste titre, la renommée de la capitale, le Paris des Parisiens se dévoile en explorant ses quartiers. Tel un patchwork de villages, ils ont chacun leur propre identité, en mutation, et leur immuable esprit de clocher.

L'esprit des Halles (p. 58)

▸ Commerces de bouche
▸ Bistrots pour noctambules

L'esprit des anciennes halles de Paris, qui se trouvaient jadis ici, est toujours bien présent, avec ses étals d'épiciers et ses commerces de bouche, ses boulangeries d'un autre temps, ses bistrots ouverts tard dans la nuit, voire en continu, et ses magasins d'ustensiles de cuisine où les chefs parisiens viennent toujours s'approvisionner.

Immersion dans le haut Marais (p. 102)

▸ Jeunes créateurs
▸ Marché couvert

Le sud du Marais occupait jadis le devant de la scène, mais le haut Marais, partie nord du quartier le plus branché de Paris, s'est imposé comme carrefour des arts et de la mode grâce à l'ouverture de boutiques avant-gardistes et de galeries au beau milieu d'institutions locales qui profitent d'un second souffle.

Du canal Saint-Martin à Ménilmontant (p. 92)

▸ Boutiques hype
▸ Cafés branchés

Les berges et les rues aux alentours de ce canal enjambé par de jolies passerelles métalliques sont l'épicentre de la culture bobo. Artistes, musiciens et créatifs viennent ici faire le plein de musique ultrapointue et de vêtements vintage et de créateurs.

L'art à Montmartre (p. 80)

▸ Esprit bohème
▸ Places de village

Picasso, Renoir et Van Gogh ne sont que quelques-uns des grands maîtres qu vécurent à Montmartre, et bien que ce quartier aux allures de village et aux rues enchevêtrées soi aujourd'hui envahi par les visiteurs, il porte encore les traces tangibles de l'héritage laissé par ces artistes de renom.

Balade dans la rue Mouffetard (p. 142)

▸ Commerces de bouche
▸ Bars animés

Le canal Saint-Martin (p. 92)

ette ancienne voie omaine du Quartier atin est bordée d'étals e marché colorés, de etits restaurants, de outiques originales et e bars étudiants. Vous passerez volontiers lusieurs heures, mais vitez le lundi, jour de ermeture du marché.

e sud-est parisien p. 154)

BnF
Bars flottants
es raisons ne manquent as d'explorer cette zone n plein essor à l'écart u centre touristique : xpositions de la ibliothèque nationale e France (BnF), inémathèque française, ité de la mode et du

design, bars et clubs sur la Seine, berges aménagées, et même une piscine flottante !

Les magasins chargés d'histoire de Saint-Germain-des-Prés (p. 162)

▶ Antiquaires
▶ Boutiques d'époque
Si les rues de ce quartier mythique de la Rive gauche regorgent de boutiques de mode, elles sont aussi parsemées d'une multitude de magasins chargés d'histoire. On y trouve également le tout premier grand magasin de la ville, Le Bon Marché, et sa luxueuse épicerie fine qui attire les fins gourmets de la capitale.

Paris
En 4 jours

1er jour

Un jour à Paris ? Cet itinéraire couvre les sites phares de la ville. Commencez par l'emblématique **tour Eiffel** (p. 24) pour profiter d'un superbe panorama sur la capitale. De retour sur la terre ferme, rendez-vous au **Louvre** (p. 52), qui abrite certains des plus beaux trésors artistiques du monde. Consacrez-y au moins 2 heures.

Une fois la visite terminée, rendez-vous chez **Angelina** (p. 70) pour déguster un chocolat chaud très gourmand. Pour éliminer, longez la Seine jusqu'à l'île de la Cité pour découvrir ses belles églises : **Notre-Dame** (p. 124) et la **Sainte-Chapelle** (p. 132). Passez le reste de l'après-midi à flâner dans les ruelles et à admirer les jolies boutiques de l'île Saint-Louis, sans oublier de goûter une glace de chez **Berthillon** (p. 133).

Optez pour la cuisine française traditionnelle de **La Tour de Montlhéry – Chez Denise** (p. 68) ou "néobistrot" avant-gardiste de chez **Frenchie** (p. 66). Après le dîner, commandez un Bloody Mary parfait là où il a été inventé, au **Harry's New York Bar** (p. 69).

2e jour

Deux jours ? Débutez votre 2e journée au **Sacré-Cœur** (p. 78) en embrassant la vue panoramique sur Paris depuis les marches ou – encore mieux – l'intérieur du dôme. Flânez dans les ruelles de Montmartre et sur la **place du Tertre** (p. 81) animée avant de jeter un coup d'œil aux œuvres du maître du surréalisme à l'**Espace Dalí Montmartre** (p. 83). Déjeunez au restaurant de quartier **Le Miroir** (p. 89).

Après manger, allez admirer l'étonnante structure du **Centre Pompidou** (p. 98) et son fabuleux musée d'Art moderne. Passez le reste de l'après-midi à vous imprégner de l'atmosphère du Marais en naviguant parmi les boutiques et galeries du **haut Marais** (p. 102) ou en vous perdant dans le labyrinthe de rues médiévales. Familiarisez-vous avec l'histoire de Paris au **musée Carnavalet** (p. 106) et prenez de la hauteur en vous baladant sur la **Promenade plantée** (p. 108).

Faites suivre un apéritif au sympathique **Baron Rouge** (p. 113) d'un dîner à la belle **Brasserie Bofinger** (p. 113) de style Art nouveau, puis prenez d'assaut les bars branchés des **Grands Boulevards** (p. 72).

Votre temps vous est compté ?
Nous avons concocté pour vous des itinéraires détaillés qui vous permettront d'optimiser le peu de temps dont vous disposez.

3e jour

☀ Direction la Rive gauche ! Commencez par l'**hôtel des Invalides** (p. 30), qui comprend un musée militaire et le tombeau de Napoléon Ier. Rejoignez ensuite le **musée Rodin** (p. 26), dont les superbes sculptures sont réparties entre un bel hôtel particulier et son paisible jardin. Continuez dans votre lancée artistique avec le **musée d'Orsay** (p. 158) et sa superbe collection nationale d'œuvres impressionnistes et postimpressionnistes.

☀ Cap maintenant à l'est dans le quartier chic de Saint-Germain-des-Prés pour déjeuner au **Bouillon Racine** (p. 171) et voir les **boutiques anciennes**. Attardez-vous devant **Les Deux Magots** (p. 176), légendaire repaire littéraire, puis promenez-vous au **jardin du Luxembourg** (p. 160) et mêlez-vous aux étudiants de la **Sorbonne** (p. 149), **rue Mouffetard** (p. 142), au cœur du Quartier latin. Visitez ensuite le **Panthéon** (p. 146), où reposent certains des plus grands penseurs français.

☾ Après un dîner romantique au **Coupe-Chou** (p. 150), faites une halte au **Café de la Nouvelle Mairie** (p. 152), un charmant bar à vins, puis allez écouter du jazz au célèbre **Caveau de la Huchette** (p. 153).

4e jour

☀ Embrassez Paris du regard du haut de l'emblématique **Arc de triomphe** (p. 38), puis descendez l'avenue des **Champs-Élysées**. Faites un crochet par le **Triangle d'or** (p. 49), le cœur de la haute couture, pour une séance de lèche-vitrines ou de shopping de luxe, puis traversez le **jardin des Tuileries** (p. 62) jusqu'au superbe **musée de l'Orangerie** (p. 62) pour admirer les célèbres *Nymphéas* de Monet.

☀ Explorez le quartier bohème du **canal Saint-Martin** (p. 92), en commençant par un déjeuner au bord du canal, sur la terrasse de **Chez Prune** (p. 93), avant de passer en revue les boutiques branchées du coin. Rendez-vous ensuite au cimetière le plus visité au monde, le **Père-Lachaise** (p. 118), pour voir les tombes de personnalités comme Édith Piaf, Oscar Wilde et Jim Morrison.

☾ Après un dîner au bistronomique **Yard** (p. 119) ou au **Chatomat** (p. 93) à Belleville, rendez-vous dans les bars de ce quartier qui monte – dans tous les sens du terme. Pour finir en beauté, allez assister à la mythique revue du **Moulin-Rouge** (p. 90) ou à un opéra au somptueux **palais Garnier** (p. 70).

Les basiques

**Pour plus d'informations,
voir le Carnet pratique (p. 221).**

Formalités
Une carte d'identité ou un passeport
en cours de validité pour les
ressortissants de l'UE, quelle que soit la
durée du séjour. Pas de visa requis pour
les ressortissants canadiens pour les
séjours ne dépassant pas trois mois.

Argent
Les cartes Visa et MasterCard sont
acceptées dans la plupart des commerces.
Les cartes American Express et Diners
Club ne sont acceptées que dans les
établissements les plus chics.

Téléphone portable
La France utilise le système GSM 900/1800,
incompatible avec le système GSM 1900
d'Amérique du Nord (sauf mobiles
GSM 1900/900). Avant votre départ,
renseignez-vous auprès de votre opérateur
sur les possibilités d'itinérance et de
compatibilité avec les cartes SIM françaises.

Heure locale
Heure de l'Europe centrale (GMT/UTC
+ 1 heure en hiver ; + 2 heures en été). Lorsqu'il
est 12h à Paris, il est 6h du matin à Montréal.

Prises et adaptateurs
En France, les prises ont deux broches
rondes. La tension est de 220 V, 50 Hz.

Pourboire
Compris dans le prix conformément à la
législation française. Cependant, si le service
est particulièrement bon, vous pouvez laisser
entre 5 et 10% en plus dans les restaurants.
Arrondissez le prix du taxi à l'euro supérieur.

❶ Avant de partir

Budget quotidien

Moins de 100
► Lit en dortoir 25-50 €

► Courses au supermarché ou au marché
pour les repas

► Transports bon marché, billets
de spectacles de dernière minute

De 100 à 250 €
► Chambre double 130-250 €

► Repas 2 plats avec verre de vin 20-40 €

► Musées abordables

Plus de 250 €
► Grands hôtels

► Restaurants gastronomiques

► Boutiques de créateurs

Sites Web

Lonely Planet (www.lonelyplanet.fr).
Informations, forum, fiches pays, etc.

Paris Info (www.parisinfo.com). Site
officiel de l'Office du tourisme de Paris.

L'Officiel des Spectacles (www.offi.fr).
Sorties à Paris et en Île-de-France.

RATP (www.ratp.fr). Site du réseau de
transports publics ; pour planifier ses
déplacements en bus, métro, tram, RER.

À prévoir

Deux mois avant Réservez vos billets
pour un opéra ou un spectacle de cabaret,
et une table dans un grand restaurant.

Deux semaines avant Inscrivez-vous pour
une visite gratuite opérée par un habitant
de la capitale (p. 219), faites une sélection de
musées et achetez vos billets sur Internet.

Deux jours avant Vérifiez la météo
et préparez-vous à marcher !

② Arriver à Paris

Les deux principaux aéroports de Paris sont Roissy-Charles-de-Gaulle (CDG) et Orly. Les moyens de transport les plus rapides et les plus pratiques sont indiqués ci-dessous. Certaines compagnies aériennes low-cost comme Ryanair utilisent l'aéroport de Beauvais, desservi par une navette. La gare du Nord est un point d'entrée majeur pour les touristes belges et britanniques et la gare de Lyon pour les arrivants suisses.

✈ Depuis l'aéroport Roissy-CDG

Destination	Meilleur moyen de transport
Champs-Élysées, Arc de triomphe	Air France bus 2
Saint-Germain-des-Prés (Gare Montparnasse)	Air France bus 4
Bastille (Gare de Lyon)	Air France bus 4
Châtelet-Les Halles, Notre-Dame	RER B
Saint-Germain-des-Prés, Quartier latin (Denfert-Rochereau)	RER B
Opéra	Roissybus

✈ Depuis l'aéroport d'Orly

Destination	Meilleur moyen de transport
Les Invalides	Air France bus 1
Champs-Élysées, Arc de triomphe	Air France bus 1
Saint-Germain-des-Prés (Gare Montparnasse)	Air France bus 1
Saint-Germain-des-Prés, Quartier latin (Denfert-Rochereau)	Orlybus
Châtelet-Les Halles, Notre-Dame	Orlyval, puis RER B
Quartier latin	Orlyval, puis RER B

③ Comment circuler

Paris possède l'un des réseaux de transports publics les plus efficaces et les moins chers du monde, faisant de vos déplacements un jeu d'enfant. Pour plus de détails, voir p. 227.

Ⓜ Métro et RER

Le réseau ferroviaire souterrain de Paris se compose de deux systèmes interconnectés : le métro, avec 14 lignes et quelque 373 stations réparties tous les 500 m ; et le RER (réseau express régional), comprenant cinq lignes de banlieue (de A à E) qui passent dans le centre et permettent de traverser Paris rapidement. Les carnets (10 tickets) sont plus économiques que les tickets à l'unité.

🚌 Bus

Le vaste réseau de bus est une solution plus lente que le métro, mais qui permet de profiter du paysage et qui est mieux adaptée aux personnes à mobilité réduite ou aux parents avec poussette. À partir de 0h30, le service de bus de nuit Noctilien prend le relais jusqu'à 5h30.

🚲 Vélo

Le système des Vélib', vélos en libre service, met à disposition plus de 20 000 vélos et 1 800 stations à 300 m d'écart réparties dans toute la ville. L'inscription est très bon marché (1,70 € le ticket 1 jour) et les 30 premières minutes sont gratuites.

🚢 Bateau

La Seine, le plus beau boulevard de la ville, coule en plein cœur de Paris. Les croisières ne manquent pas, et le Batobus, avec escales à volonté, compte 8 arrêts au pied des plus grands sites parisiens.

🚕 Taxi

Vous trouverez des stations de taxis aux abords des grandes intersections. Les week-ends, après minuit, les taxis sont pris d'assaut ; mieux vaut réserver par téléphone ou considérer l'option Vélib' ou bus de nuit.

Paris
Les quartiers

Arc de triomphe et Champs-Élysées (p. 36)

Les prestigieuses avenues de ce quartier sont flanquées des plus grandes enseignes de mode, d'excellents musées et de restaurants raffinés.

⊙ Les incontournables

L'Arc de triomphe

Tour Eiffel et Invalides (p. 22)

L'ascension de la Dame de fer à elle seule vaut le détour, mais l'imposant quartier où elle se trouve abrite aussi des musées immanquables.

⊙ Les incontournables

La tour Eiffel

Le musée Rodin

Musée d'Orsay et Saint-Germain-des-Prés (p. 156)

Avec sa forte empreinte littéraire, ses terrasses de cafés et ses superbes boutiques, ce quartier bourgeois a su conserver une âme mélancolique et des nombreux cinémas de quartier.

⊙ Les incontournables

Le musée d'Orsay

Le jardin du Luxembourg

Quartier latin (p. 138)

Ce quartier animé, où règne le mythique esprit estudiantin de la Sorbonne, abrite de vastes jardins, des musées passionnants et son imposant Panthéon.

⊙ Les incontournables

Le musée national du Moyen Âge

⊙ *Arc de triomphe*

⊙ *Tour Eiffel*

Musée Rodin ⊙

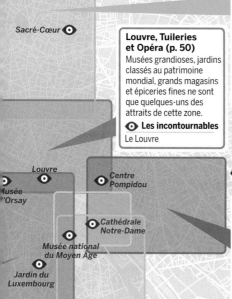

**Sacré-Cœur
et Montmartre (p. 76)**
Sous les dômes bienveillants
de la basilique, les peintres
et leurs chevalets, les bistrots
douillets et les cabarets
ancestraux perpétuent l'âme
artistique du quartier.

⊙ Les incontournables
Le Sacré-Cœur

**Louvre, Tuileries
et Opéra (p. 50)**
Musées grandioses, jardins
classés au patrimoine
mondial, grands magasins
et épiceries fines ne sont
que quelques-uns des
attraits de cette zone.

⊙ Les incontournables
Le Louvre

**Centre Pompidou,
le Marais et Bastille
(p. 96)**
Boutiques branchées,
bars ultracool, galeries
avant-gardistes et beaux
musées se succèdent
dans les ruelles
labyrinthiques du Marais.

⊙ Les incontournables
Le Centre Pompidou

**Notre-Dame
et les îles (p. 122)**
La cathédrale gothique
de Paris domine l'île de la Cité ;
la romantique île Saint-Louis
offre quant à elle de charmantes
boutiques et de délicieuses
glaces.

⊙ Les incontournables
La cathédrale Notre-Dame

Vaut le détour
⊙ Les incontournables
Le cimetière
du Père-Lachaise (p. 118)
Le château
de Versailles (p. 180)

Explorer
Paris

Vaut le détour

Jardin des Tuileries (p. 62)
JEAN-PIERRE LESCOURRET / GETTY IMAGES ©

Explorer

Tour Eiffel et Invalides

Difficile de trouver plus pompeux que les larges boulevards et l'imposante architecture de la tour Eiffel et des Invalides se déployant le long de la rive sud de la Seine. Entrez dans l'intimité de la Dame de fer et découvrez l'histoire de cette tour si emblématique.

L'essentiel en un jour

☼ Une croisière sur la Seine est le meilleur moyen de commencer (et/ou terminer) la journée dans ce cadre idyllique. Plusieurs s'arrêtent à proximité de la tour Eiffel. Passez la matinée au **musée Rodin** (p. 26), en prenant le temps de vous imprégner de la sérénité du jardin de sculptures. Rendez-vous ensuite aux **Invalides** (p. 30) pour découvrir l'histoire de l'armée française et faire une visite solennelle au tombeau de Napoléon.

☼ Après un déjeuner au **Casse Noix** (p. 32) ou un pique-nique au **parc du Champ-de-Mars** (p. 31) sous la tour Eiffel, découvrez les arts premiers et l'architecture surprenante du **musée du Quai-Branly** (p. 30). Si vous et votre nez êtes prêts à relever le défi, faites un tour dans les égouts de Paris, au **musée des Égouts de Paris** (p. 31).

☾ Le coucher du soleil est le meilleur moment pour monter en haut de la **tour Eiffel** (p. 24), lorsque le panorama baigné par la lumière du jour laisse place à la scintillante Ville Lumière. Pour vous délecter de menus dégustation surprise, dînez au **restaurant David Toutain** (p. 32).

 Les incontournables

Tour Eiffel (p. 24)

Musée Rodin (p. 26)

♥ **Le meilleur du quartier**

Architecture
Tour Eiffel (p. 24)
Musée du Quai-Branly (p. 30)

Musées
Musée Rodin (p. 26)

Se restaurer
Restaurant David Toutain (p. 32)
Choux d'Enfer (p. 33)

Prendre un verre
Coutume (p. 34)

Panoramas
Tour Eiffel (p. 24)
Île aux Cygnes (p. 30)

Paris multiculturel
Musée du Quai-Branly (p. 30)

Comment y aller

Ⓜ **Métro** Les stations Bir-Hakeim (ligne 6) et Champ-de-Mars–Tour-Eiffel (RER C) sont les plus proches.

Ⓜ **Métro** De la station Alma-Marceau (ligne 9), la tour n'est qu'à quelques minutes à pied du pont de l'Alma.

⚓ **Bateau** Le Batobus a son point de départ et son terminus à la tour Eiffel.

Les incontournables
La tour Eiffel

Bien que très controversé lors de sa construction pour l'Exposition universelle de 1889, le chef-d'œuvre de Gustave Eiffel est devenu, pour le monde entier, indissociable de Paris. À l'origine, la tour avait été prévue pour durer seulement 20 ans. Elle dut sa "survie" à son immense succès populaire et à l'essor des communications radiophoniques : Gustave Eiffel proposa en effet de l'utiliser comme antenne. Une station-radio permanente fut installée en 1906 à son sommet. Puis son esthétique moderne finit par conquérir même les plus sceptiques et la tour Eiffel devint le symbole de Paris. Avec ses 324 m de hauteur (antenne incluse), elle fut la plus haute structure du monde jusqu'à l'édification du Chrysler Building à Manhattan en 1930 (381 m).

Plan p. 28, C2

www.tour-eiffel.fr

Champ-de-Mars, VIIe

Ascenseur sommet adulte/enfant 15,50/11 €, 2e étage 9/4,50 €

9h30-23h sept à mi-juin, 9h-minuit mi-juin à août

Ⓜ Bir-Hakeim ou RER Champ-de-Mars–Tour-Eiffel

À ne pas manquer

L'ascension

Des ascenseurs montent le long des piliers nord, est et ouest jusqu'aux trois plates-formes de la tour (57 m, 115 m et 276 m). Pour l'ascension finale jusqu'au sommet, il faut changer d'ascenseur au 2e étage (accès aux 1er et 2e étages pour les personnes à mobilité réduite). Les plus sportifs pourront gravir à pied les quelque 700 marches du pilier sud jusqu'au 2e étage et ainsi voir de près la structure de fer.

Le 1er étage rénové

Au 1er étage (57 m), le nouveau pavillon Ferrié, entièrement vitré, accueille un restaurant, une boutique et des expositions interactives sur l'histoire de la tour. En face, le pavillon Gustave Eiffel abrite une salle de réception privatisée. À l'extérieur, bravez le vertige et regardez à travers le plancher de verre pour voir le parvis tout en bas.

Les vitrines animées

Les vitrines animées du 2e étage révèlent les rouages des ascenseurs de la Dame de fer.

Le bureau de Gustave Eiffel

Le bureau restauré de Gustave Eiffel, au dernier étage, renferme des personnages de cire représentant Eiffel et sa fille Claire recevant Thomas Edison, qui visita le monument en 1889.

Le panorama

Par temps clair, la vue s'étend jusqu'à 60 km à la ronde. La visibilité peut être entravée par les nuages et la pluie ; attention, l'accès est limité en cas de fortes intempéries.

Les illuminations

Chaque soir, la tour Eiffel s'illumine. En plus, un phare d'une portée de 80 km s'allume sur la plate-forme supérieure – d'où l'on peut voir les lampes de 6 000 watts des projecteurs. Une fois par heure jusqu'à 1h, pendant 5 minutes, la tour scintille de mille feux. Il aura fallu 5 mois et 25 alpinistes pour y installer les 20 000 ampoules.

☑ À savoir

▶ Gagnez du temps en achetant vos billets en ligne (achat sur place uniquement pour les billets Escalier). Choisissez un créneau horaire et imprimez vos tickets ou présentez un smartphone pouvant être lu par le scanner à l'entrée.

▶ Le sommet de la tour est parfois venteux, pensez à prendre une veste.

▶ La taille de la tour peut varier de 15 cm, les 7 300 tonnes d'acier et les 2,5 millions de rivets se dilatant avec la chaleur et se contractant par temps froid.

✕ Une petite faim ?

Dînez sur place à la brasserie **58 Tour Eiffel** (☎ 01 45 55 20 04 ; www.restaurants-toureiffel.com ; 1er étage ; menu déj 2/3 plats 21/26 € ; menu dîner 2/3 plats 66/75 € ; ⊘ midi et soir tlj), au restaurant gastronomique étoilé **Le Jules Verne** (☎ 01 45 55 61 44 ; www.lejulesverne-paris.com ; 2e étage ; menu déj/dîner 98/185-230 € ; ⊘ 12h-13h30 et 19h30-21h30 tlj) ou portez un toast au sommet au bar à champagne.

Les incontournables
Le musée Rodin

Véritable havre de paix, le musée Rodin occupe le magnifique hôtel Biron, où vécut Auguste Rodin (1840-1917) de 1908 à sa mort. Les bronzes monumentaux du sculpteur sont répartis entre cette bâtisse du XVIIIe siècle et son paisible jardin de 3 ha. *Les Bourgeois de Calais*, *La Porte de l'Enfer* et *Le Penseur* ont ainsi pour écrin roses et buis taillés. À l'intérieur de l'hôtel, on découvre d'autres œuvres du maître, ses maquettes, ses dessins et sa collection personnelle de peintures et de sculptures. Ne manquez pas les œuvres de Camille Claudel, élève, modèle et muse de Rodin.

👁 Plan p. 28, G3

www.musee-rodin.fr

79 rue de Varenne, VIIe

Collection et jardin tarif plein/réduit 7/5 €, jardin seul 2/1 €, gratuit -18 ans

🕐10h-17h45 mar et jeudim, 10h-20h45 mer

Ⓜ Varenne

Les trois ombres de *La Porte de l'Enfer*

À ne pas manquer

Le Penseur

La plus célèbre sculpture de Rodin fut conçue, en 1880, pour orner *La Porte de l'Enfer*, inspirée par *La Divine Comédie* de Dante. Le modelage original mesurait 70 cm de haut et était intitulé *Le Poète*. Il représentait Dante, méditant sur la souffrance des damnés et la transcendance possible par la pensée et la poésie. Tout en conservant sa place dans *La Porte*, *Le Penseur* fut fondu en bronze au format monumental en 1903.

La Porte de l'Enfer

Rodin travailla des années durant à *La Porte de l'Enfer* pour laquelle il créa plus de 200 figures sans jamais considérer l'œuvre achevée. Mais de ces figures il tira de nombreux chefs-d'œuvre comme *Le Penseur* ou *Ugolin*. Convaincu, en 1917, de reconstituer sa porte monumentale pour en réaliser une fonte, il mourut avant de la voir.

Le Baiser

Ce couple nu enlacé fut conçu au départ pour *La Porte de l'Enfer*. Il représentait Francesca di Rimini et son amant évoqués dans l'Enfer de *La Divine Comédie*. Jugeant finalement cette image de bonheur sensuel peu adaptée à l'esprit de *La Porte*, Rodin exposa l'œuvre seule. Charmé par cette vision de l'amour intemporelle, le public la rebaptisa *Le Baiser*.

Les sculptures de Camille Claudel

Sculptrice, élève de Rodin, Camille Claudel (sœur de l'écrivain Paul Claudel) fut son modèle, sa muse et son amante. Le maître et l'élève s'influencèrent mutuellement dans leurs créations. Le musée rassemble la plus importante collection de sculptures de Claudel au monde.

Le jardin

Un parcours sonore guide le visiteur de bronze en bronze à travers les buis et les rosiers soigneusement entretenus du paisible jardin.

☑ À savoir

▶ Économisez : achetez un billet combiné avec le musée d'Orsay tout proche (p. 158 ; 15 € si vous visitez les deux le même jour).

▶ L'entrée est gratuite le 1er dimanche du mois, toute l'année.

▶ Achetez vos billets en ligne. Vous devrez les imprimer ou utiliser un smartphone pouvant être lu par le scanner à l'entrée.

▶ Vous pourrez voir d'autres œuvres de Rodin au jardin des Tuileries.

....

✗ Une petite faim ?

Craquez pour les pains et pâtisseries de la **boulangerie-pâtisserie Besnier** (plan p. 28, G3 ; 40 rue de Bourgogne, VIIe ; ⏱7h-20h lun-ven, fermé août ; Ⓜ Varenne).

Découvrez les saveurs franches du Sud-Ouest au **Square** (plan p. 28, H2 ; ☎ 01 45 51 09 03 ; www. restaurant-lesquare.com ; 31 rue Saint-Dominique, VIIe ; menu déj/dîner à partir de 19,50/26 € ; ⏱midi et soir tlj sauf dim ; ☎ ; Ⓜ Solférino).

A
B
C
D

Av d'Eylau

Av Kléber

Av du Président Wilson

Pl d'Iéna

Iéna

Alma Marceau

1

Av Georges Mandel

Trocadéro

Pl du
Trocadéro et du
11 Novembre

Av d'Iéna

Av Albert de Mun

R Fresnel

Av de New York

Passerelle
Debilly

Pont de
l'Alma

Cimetière
de Passy

R Scheffer

Av Paul Doumer

R Vineuse

Jardins du
Trocadéro

Pl de
Varsovie

Port de la
Bourdonnais

Musée du
Quai-Branly 4

R de l'Université

XVIe

R de la Tour

Av des Nations Unies

Pont
d'Iéna

Q Branly

Allée Paul
Deschanel

Av de la Bourdonnais

R de
Monttessuy

Av Rapp

2

Bd Delessert

R de Passy

Pl de
Costa Rica

**Tour
Eiffel**

Allée Léon
Bourgeois

Av Gustave Eiffel

Av Elisée Reclus

Allée Adrienne Lecouvreur

Desch

Passy

**Champ-de-Mars-
Tour Eiffel**

Pont de
Bir-Hakeim

Stade
Émile
Anthoine

Pl Jacques
Rueff

Av Anatole France

3

Av de
Lamballe

R Raynouard

Av du Président Kennedy

9

R Jean Rey
Pl des Martyrs Juifs
du Vélodrome d'Hiver

Av de Suffren

Av de Joseph
Bouvard

Parc du
Champ-de-Mars 5

Av Pierre

Av Thorny The

4

Q de Grenelle

Allée des Cygnes

R Nélaton

Bir-Hakeim

R de la Fédération

R St-Saëns

8

R Edgar Faure

Av Charles Floquet

R du Docteur Finlay

XVe

R Desaix

Pl A
Sauvy

Pl
Dupleix

R de Presles

R Dupleix

Av de Champaubert

R du Laos

Pl de
Brazzaville

R Emeriau

R St-Charles

R Viala

R Juge

Dupleix

Bd de Grenelle

12

5

Pl
St-Charles

R Ruelle

R de Lourmel

R Fondary

R Violet

R Tiphaine

R Letellier

R du Commerce

La Motte-Picc
Grenelle

Pl Cambronne

R Frémicourt

10

R de la
Croix Nivert

Nos adresses

Les incontournables p. 24
Voir p. 30
Se restaurer p. 32
Prendre un verre p. 34
Sortir p. 34

N 0 _____ 400 m

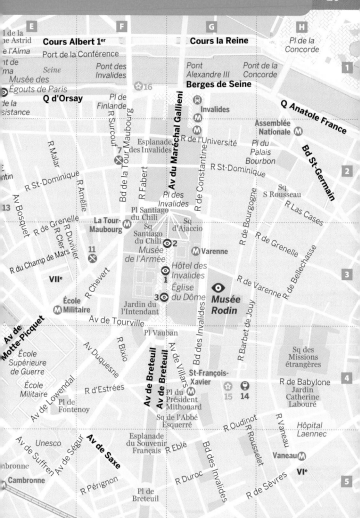

E F G H

Pl de la
ne Astrid
e l'Alma
nt de
ma
Musée des
Égouts de Paris
de la
sistance

Cours Albert 1ᵉʳ
Port de la Conférence
Seine

Pont des
Invalides

Cours la Reine

Pl de la
Concorde

Pont
Alexandre III

Pont de la
Concorde

Berges de Seine

Q d'Orsay

Pl de
Finlande
R Surcouf

⭐16

R de l'Université

Invalides Ⓜ

Q Anatole France

Assemblée
Nationale Ⓜ

Esplanade
des Invalides

Pl du
Palais
Bourbon

R St-Dominique

Bd St-Germain

R Malar
R St-Dominique
R Amélie
R de Grenelle
R Duvivier
R Cler

Bd de la Tour Maubourg
R Fabert

Av du Maréchal Gallieni

R de Constantine

Sq
S Rousseau

R Las Cases

ntin

13

Av Bosquet

R Chevert

7 ⊗

Pl des
Invalides

La Tour-
Maubourg Ⓜ

Pl Santiago
du Chili
Sq
Santiago
du Chili

Sq
d'Ajaccio

Musée
de l'Armée

Varenne Ⓜ

R de Bourgogne

R de Grenelle

R de Varenne

R de Bellechasse

11
⊗

Hôtel des
Invalides

2 ◎

R du Champ de Mars

VIIᵉ

École
Ⓜ Militaire

Jardin de
l'Intendant

1 ◎

3 ◎

Église
du Dôme

◉ **Musée
Rodin**

R Barbet de Jouy

Av de
Motte-Picquet

Av de Tourville

Bd des Invalides

Pl Vauban

École
Supérieure
de Guerre

Av Duquesne

R Bixio

Av de Villars

Sq des
Missions
étrangères

École
Militaire

R d'Estrées

Av de Breteuil
Av de Breteuil

St-François-
Xavier

R de Babylone

Jardin
Catherine
Labouré

Av de Lowendal

Pl de
Fontenoy

15 ⭐

14 Ⓔ

Pl du
Président
Mithouard

R Oudinot

R Vaneau

Hôpital
Laennec

Unesco

Av de Saxe

Sq de l'Abbé
Esquerré

Av de Suffren
Av de Ségur

Esplanade
du Souvenir
Français

R Eblé

R Rousselet

Vaneau Ⓜ

VIᵉ

nbronne

⬤ **Cambronne**

R Pérignon

R Duroc

Bd des Invalides

R de Sèvres

Pl de
Breteuil

5

Voir

Hôtel des Invalides   SITE HISTORIQUE

1 Plan p. 28, F3

Construite entre 1671 et 1676 pour loger 4 000 soldats invalides, cette véritable "ville dans la ville" abrite trois musées, dont le musée de l'Armée (voir ci-dessous), et donne sur l'esplanade des Invalides, vaste pelouse de 500 m. (www.musee-armee. fr ; 129 rue de Grenelle, VIIᵉ ; 9,50/7,50 € ; ⏱7h30-19h, jusqu'à 21h mar avr-sept ; M Invalides ou Varenne)

Musée de l'Armée   MUSÉE

2 Plan p. 28, G3

Dans la cour d'honneur de l'hôtel des Invalides, ce musée abrite la plus vaste collection du pays sur l'histoire militaire française.

100% parisien

L'île aux Cygnes

Longue de 850 m sur 11 m de large, la troisième île méconnue de Paris, l'île aux Cygnes (plan p. 28, A4), fut créée artificiellement en 1827 afin de protéger le port fluvial. À l'ouest du pont de Grenelle se dresse une réplique un quart plus petite de la **statue de la Liberté**, inaugurée en 1889. En remontant vers l'est l'allée des Cygnes arborée qui traverse toute l'île, vous bénéficierez d'une vue imprenable sur la tour Eiffel.

L'exposition comprend, outre les habituels drapeaux, médailles et armes, des extraits de films de guerre, qui invitent à la réflexion. Sous la cour de la Valeur, au sein du musée, un nouvel espace multimédia, consacré à Charles de Gaulle (1890-1970), a été inauguré en 2008. L'entrée de l'hôtel des Invalides comprend l'accès au musée. (⏱10h-18h avr-oct, 10h-17h nov-mars, fermé 1ᵉʳ lun du mois)

Église du Dôme   ÉGLISE ET TOMBEAU

3 Plan p. 28, F3

Le complexe de l'hôtel des Invalides comprend la grande église du Dôme, qui doit son nom à son dôme doré visible dans tout Paris. Elle renferme le **tombeau de Napoléon Iᵉʳ**. Entrée comprise dans le billet pour l'hôtel des Invalides. (⏱10h-18h avr-oct, 10h-17h nov-mars, 10h-19h juil-août, jusqu'à 21h mar avr-sept)

Musée du Quai-Branly   MUSÉE

4 Plan p. 28, D2

Ce musée, installé dans un bâtiment conçu par Jean Nouvel, est consacré aux arts et aux civilisations d'Afrique, d'Asie, d'Océanie et des Amériques et présente, sous un éclairage tamisé, 4 000 chefs-d'œuvre des divers continents. La galerie Jardin accueille par ailleurs des expositions temporaires. Le restaurant gastronomique Les Ombres (sur la terrasse du musée) et le Café Branly ont tous les deux une vue imprenable sur la tour Eiffel. (www.quaibranly.fr ;

Musée du Quai-Branly, architecture signée Ateliers Jean Nouvel

37 quai Branly, VIIᵉ ; 9/7 € ; ⏰11h-19h mar, mer et dim, 11h-21h jeu-sam ; Ⓜ Alma-Marceau ou Bir-Hakeim)

Parc du Champ-de-Mars   PARC

5 ◎ Plan p. 28, D3

Au sud-est de la tour Eiffel, les pelouses du Champ-de-Mars, idéales pour un pique-nique d'été, servaient à l'origine de lieu de défilé pour les cadets de l'**École militaire**. Cet imposant bâtiment (XVIIIᵉ siècle) au classicisme bien français fermant l'extrémité sud du parc compta Napoléon Bonaparte parmi ses diplômés. Le **mur pour la Paix** (2000) aux parois de verre et d'acier gravées est signée Clara Halter. Difficile de trouver lieu plus grandiose pour pique-niquer que les vastes pelouses du parc du Champ-de-Mars, au pied de la tour Eiffel. Achetez de quoi faire des sandwichs dans les commerces de la rue Cler (voir l'encadré p. 34). (Champ-de-Mars, VIIᵉ ; ⏰24h/24 ; Ⓜ Bir-Hakeim ou RER Champ-de-Mars–Tour-Eiffel)

Musée des Égouts de Paris   MUSÉE

6 ◎ Plan p. 28, E1

À visiter de préférence l'après-midi, car ce musée risque de vous couper

100% parisien

Les berges de Seine

Du pont de l'Alma au musée d'Orsay, fini les voitures sur les berges de la Seine ! Place, depuis 2013, à un délicieux espace piéton récréatif longeant la Seine sur 2,3 km. Et il y a de quoi faire... Se promener à pied, à vélo (trois stations Vélib' sur le parcours), à rollers... et pique-niquer. Paresser – sur les nombreux bancs de la promenade, les hamacs sur l'herbe de "l'île prairie", les chaises longues de "l'île aux brumes", les marches face au musée d'Orsay. Admirer les alentours – la vue sur le pont Alexandre-III est parfaite. Jouer avec les enfants ou entre adultes (mini-mur d'escalade, jeux de raquettes, tables de jeux – demandez les pions au point infos, c'est gratuit). Et puis se cultiver (expos régulières), faire du sport (cours de yoga, pilates et autres activités gratuites, s'inscrire en avance sur le site), prendre une curieuse douche sonore... Et bien sûr, se sustenter et se désaltérer dans les divers restaurants et bars à quai ou sur l'eau. (lesberges. paris.fr ; **M** Alma-Marceau, Invalides ou Assemblée-Nationale)

l'appétit ! Les eaux usées s'écoulent à vos pieds, le long de 480 m de tunnels souterrains, entrecoupés de salles d'exposition détaillant l'histoire des égouts de la ville. (www.paris.fr, réservation : visite-des-egouts@paris.fr ;

en face du 93 quai d'Orsay, VIIᵉ ; 4,40/3,60 € ; ⏱11h-17h sam-mer mai-sept, 11h-16h sam-mer oct-avr, fermé 2 sem mi-jan et en cas de fortes pluies ; **M** Alma-Marceau ou RER Pont-de-l'Alma)

Se restaurer

Restaurant
David Toutain GASTRONOMIQUE €€€

7 Plan p. 28, F2

Préparez-vous à être subjugué : David Toutain repousse les limites dans son nouveau restaurant éponyme grâce à l'une des gastronomies les plus inventives du moment à Paris. Le menu dégustation carte blanche comprend des associations aussi improbables que de l'anguille fumée servie dans une pomme verte et sa mousse au sésame noir ou du céleri confit et sa timbale de riz à la truffe accompagné d'un pralin d'artichaut (accords mets-vins remarquables). (📞01 45 51 11 10 ; davidtoutain.com ; 29 rue Surcouf, VIIᵉ ; menu déj 42 €, menus déj et dîner 68-98 € ; ⏱midi et soir lun-ven ; **M** Invalides)

Le Casse Noix

FRANÇAIS CONTEMPORAIN €€

8 Plan p. 28, C4

Ce petit bijou de quartier à la décoration cosy et rétro est la preuve qu'on peut ne pas transiger sur la qualité, la quantité et l'authenticité à deux pas de la tour Eiffel. On s'y régale de plats à prix abordables renouvelés au fil des saisons et de l'inspiration du patron aux fourneaux, Pierre Olivier Lenormand, qui a fait ses classes dans les plus grandes cuisines parisiennes. Réservation indispensable. (☎ 01 45 66 09 01 ; www. le-cassenoix.fr ; 56 rue de la Fédération, XVᵉ ; menu déj 2/3 plats 21/26 €, menu dîner 3 plats 33 € ; ◷ midi et soir lun-ven ; Ⓜ Bir-Hakeim)

Choux d'Enfer   PÂTISSERIE €

9 ✕ Plan p. 28, B3

Création des chefs français Alain Ducasse et Christophe Michalak, ce kiosque à choux donne à la *street food* une nouvelle dimension. Choix de petits choux salés, relevés par exemple au poivre, au curry ou au cumin, ou de chouquettes amande, noix de coco, café, citron ou vanille, avec ou sans crème, le tout servi par 9 dans un sachet en papier kraft. (☎ 01 47 83 26 67 ; angle rue Jean Rey-quai Branly, XVᵉ ; sachet de petits choux sucrés/salés 5/7 €, à la crème 6-17 € ; ◷ 10h-20h ; Ⓜ Bir-Hakeim ou RER Champ-de-Mars–Tour-Eiffel)

La Véraison   FRANÇAIS CONTEMPORAIN €€

10 ✕ Plan p. 28, D5

L'élégante simplicité de ce chaleureux bistrot de quartier (planches brutes, tables en bois et murs couleur pistache) s'oppose aux plats d'exception qu'Ulla Bosse, la chef propriétaire des lieux, crée dans sa cuisine ouverte. Les entrées à elles seules – velouté de châtaigne à la truffe, raviole de foie gras à la crème de cognac, burrata à l'orange, bouchées croquantes de canard laqué, gâteau

de crabe thaï et sauce à la mangue – donnent envie de revenir. (☎ 01 45 32 39 39 ; www.laveraison.com ; 64 rue de la Croix-Nivert, XVᵉ ; menu déj 2/3 plats 15/18 €, plats 19-24 € ; ◷ midi et soir mar-ven, soir sam ; Ⓜ Commerce)

Pain & Chocolat   CAFÉ €

11 ✕ Plan p. 28, F3

Vous vous féliciterez d'avoir renoncé au petit-déjeuner quelconque et hors de prix de l'hôtel pour celui à la parisienne de ce charmant café rétro. Tout est fait sur place : salades, tartines, plats aux œufs, gâteaux, pâtisseries et quiches compris. Ne manquez pas le chocolat chaud, fait selon une vieille recette de famille. (16 av. de la Motte-Picquet, VIIᵉ ; plats 10-22 €, brunch 7-22 € ; ◷ 9h-19h mar-ven, 10h-19h sam-dim ; Ⓜ La Tour-Maubourg)

La Gauloise   FRANÇAIS TRADITIONNEL €€

12 ✕ Plan p. 28, D4

Avec un tel nom, difficile d'imaginer ce vénérable restaurant prolongé d'une terrasse servir autre chose qu'une cuisine de tradition, ce qu'il fait avec brio. De la soupe à l'oignon au chou farci braisé avec canette et purée à l'ancienne, en passant par l'île flottante en dessert et les madeleines avec le café, il affine, sans les revisiter, les grands classiques ayant rendu la cuisine française emblématique. (☎ 01 47 34 11 64 ; 59 av. de la Motte-Picquet, XVᵉ ; menu déj 2/3 plats 24,50/29,50 €, plats 25-36 € ; ◷ midi et soir tlj ; Ⓜ La Motte-Picquet-Grenelle)

Les Cocottes BISTRONOMIQUE €€

13 Plan p. 28, E2

Un bistrot gastronomique, tenu par
le chef Christian Constant. Ici, tous
les plats sont servis dans des petites
marmites individuelles en fonte :
suprême de volaille sauce poulette
et riz pilaf, ou saint-jacques avec
beurre d'orange et endives. À la carte
également, des soupes et autres
délicieux petits plats. On mange
assis sur des chaises de bar,
au comptoir, dans une salle tout
en longueur au look très design.
(☑01 45 50 10 31 ; www.maisonconstant.
com ; 135 rue Saint-Dominique, VIIe ;
⊙midi et soir tlj ; Ⓜ Champ-de-Mars)

Prendre un verre

Coutume CAFÉ, TORRÉFACTEUR

14 Plan p. 28, G4

Si le café s'est récemment bonifié
à Paris, c'est en grande partie grâce
à Coutume, un artisan torréfacteur
de grains de qualité qui essaime en
ville. Dans une déco postindustrielle
baignée de lumière, sa boutique
phare est à l'origine de méthodes
de préparation innovantes dont
l'extraction à froid et le café siphon.
On y sert aussi de bons produits et
pâtisseries bio. (www.facebook.com/
Coutume ; 47 rue Babylone, VIIe ; ⊙8h-19h
lun-ven, 10h-19h sam-dim ; 🛜 ; Ⓜ Saint-
François-Xavier ou Vaneau)

Café Branly CAFÉ, SALON DE THÉ

Sirotez un café ou un verre de vin
avec vue imprenable sur la tour
Eiffel, à la terrasse du café du musée
du Quai-Branly (voir **4** ◉ plan p. 28, D2),
parmi les bassins réfléchissants et les
herbes du jardin. Restauration légère
le midi (salades, tartines, en-cas). Le
café est accessible sans billet pour le
musée. (www.quaibranly.fr ; 37 quai Branly,
VIIe ; ⊙9h30-18h mar, mer, dim, 9h30-20h
jeu-sam ; Ⓜ Bir-Hakeim ou RER Pont-de-
l'Alma)

Sortir

Cinéma La Pagode CINÉMA

15 ⭐ Plan p. 28, G4

Entourée d'un petit jardin féerique
où il fait bon s'attarder entre les
bambous, cette pagode japonaise
du XIXe siècle a été transformée en
cinéma en 1931. Programmation de
films d'art et d'essai. (☑01 45 55 48 48 ;
www.etoile-cinemas.com ; 57bis rue de
Babylone, VIIe ; Ⓜ Saint-François-Xavier)

⃝ 100% parisien

La rue Cler

Vous trouverez tout ce qu'il faut
pour pique-niquer (pain frais,
charcuterie, fromage, pâtisseries
et vin) dans la **rue Cler** (plan p. 28,
E3 ; VIIe ; ⊙7h/8h-19h/19h30 mar-sam,
8h-12h dim ; Ⓜ École-Militaire), qui
bourdonne d'activité, surtout le
week-end.

Pâtisserie de la rue Cler

Rosa Bonheur sur Seine

BARGE-GUINGUETTE

16 ⭐ Plan p. 28, F1

Le célèbre Rosa Bonheur du parc des Buttes-Chaumont (voir p. 93) a débarqué en bord de Seine, sur les berges piétonnes de la rive gauche (voir l'encadré p. 32). Une petite baraque avec terrasse, pour lézarder toute la journée du printemps à l'automne (boissons, hot dogs, tapas…). Mais le must, c'est la barge-guinguette juste en face, ouverte toute l'année (entrée libre). Au programme : bals populaires, DJ, concerts, dégustations de produits régionaux, etc. (lesberges.paris.fr/places/rosa-bonheur ; port des Invalides ; ⊙terrasse 11h-minuit tlj, barge 12h-2h mer-dim ; Ⓜ Invalides)

Explorer

Arc de triomphe et Champs-Élysées

Grandiose, voilà comment définir le paysage refaçonné par le baron Haussmann autour de l'Arc de triomphe, d'où rayonnent douze avenues. La plus célèbre d'entre elles, l'avenue des Champs-Élysées, est le théâtre des plus grandes célébrations nationales. L'éclat de ce quartier se traduit aussi par ses restaurants gastronomiques et ses maisons de haute couture.

L'essentiel en un jour

☀ Surplombez les **Champs-Élysées** du haut de l'**Arc de triomphe** (p. 38), puis faites du lèche-vitrines le long de la célèbre avenue.

☀ Après un déjeuner dans le beau salon de thé du **musée Jacquemart-André** (p. 42), admirez les vitrines des grands couturiers du **Triangle d'or** (p. 49) et les objets asiatiques richement décorés du **musée Guimet des arts asiatiques** (p. 42) ou allez voir une exposition-événement au **Grand Palais** (p. 42). Allez ensuite rendre visite aux poissons de l'aquarium **Cinéaqua** (p. 44), faites un cliché parfait de la tour Eiffel depuis le parvis du **palais de Chaillot** (p. 42) et un autre depuis l'intérieur de son exceptionnel musée architectural, la **Cité de l'architecture et du patrimoine** (p. 42).

🌙 Parmi les grands noms de la gastronomie se glissent des petits bistrots de quartier tel **Le Hide** (p. 47) et des adresses où (bien) manger sur le pouce comme l'**Aubrac Corner** (p. 47). Finissez la journée en beauté par un spectacle de cabaret au **Crazy Horse** (p. 48) ou une nuit en discothèque, au **Showcase** (p. 48) par exemple.

👁 Les incontournables

Arc de triomphe (p. 38)

💙 Le meilleur du quartier

Architecture

Cité de l'architecture et du patrimoine (p. 42)

Musées

Musée d'Art moderne de la Ville de Paris (p. 45)

Musée Guimet des arts asiatiques (p. 42)

Avec des enfants

Aquarium de Paris – Cinéaqua (p. 44)

Plaisirs gourmands

Ladurée (p. 46)

Panorama

Arc de triomphe (p. 38)

Comment y aller

Ⓜ **Métro** La station Charles-de-Gaulle–Étoile (lignes 1, 2, 6 et RER A) est au pied de l'Arc de triomphe.

Ⓜ **Métro** Les autres stations des Champs-Élysées sont George-V (ligne 1), Franklin-D.-Roosevelt (1 et 9) et Champs-Élysées–Clemenceau (1 et 13).

⚓ **Bateau** Le Batobus s'arrête en bas des Champs-Élysées au niveau du pont Alexandre-III.

Les incontournables
L'Arc de triomphe

Monument aussi emblématique de Paris que la tour Eiffel, ce magnifique arc couvert de sculptures fut commencé en 1806 pour célébrer la victoire d'Austerlitz (1805). Sa construction fut achevée en 1836. On y accède par des passages souterrains partant des boulevards rayonnant autour du carrefour de l'Étoile. Un escalier de 284 marches vous mènera à la terrasse, à 50 m au-dessus du carrefour, avec une vue plongeant sur la majestueuse avenue des Champs-Élysées. Le panorama, l'un des meilleurs de la capitale, s'étend vers l'est le long de l'axe historique menant au Louvre, et vers l'ouest jusqu'à la Grande Arche de la Défense, quartier d'affaires dominé par les tours.

◉ Plan p. 40, D2

www.monuments-nationaux.fr

place Charles-de-Gaulle, VIIIe

adulte/enfant 9,50 €/ gratuit

⊙ 10h-23h avr-sept, 10h-22h30 oct-mars

Ⓜ Charles-de-Gaulle–Étoile

À ne pas manquer

Commandé par Napoléon Ier en 1806, l'Arc de triomphe ne fut inauguré qu'en 1836 par le roi Louis-Philippe. L'architecte Jean-François Chalgrin s'inspira de l'arc de Titus érigé à Rome et donna au monument son imposante stature grâce à des dimensions exceptionnelles : 50 m de haut, 45 m de long et 22 m de large.

La tombe du Soldat inconnu

En hommage aux soldats français morts au combat lors de la Première Guerre mondiale (1,3 million), le Soldat inconnu fut enterré sous l'arc en 1921, sous une flamme éternelle, ravivée chaque jour à 18h30.

Les sculptures

Le plus connu des quatre panneaux en haut relief de la base se trouve à droite en regardant l'arc depuis l'avenue des Champs-Élysées. Il est intitulé *Le Départ des Volontaires de 1792* (ou *La Marseillaise*). Plus haut, la frise du grand entablement représente des centaines de personnages, parmi lesquels des personnalités de la Révolution et de l'Empire.

L'ascension

Les 284 marches vous mèneront à la terrasse panoramique au sommet de l'arc. Les billets sont en vente dans le passage souterrain du côté nord-est des Champs-Élysées.

L'axe historique

L'Arc de triomphe est le point culminant de l'enfilade de monuments du fameux axe historique parisien (ou voie royale) qui relie le Louvre à la Grande Arche de la Défense. Sa place centrale dans l'alignement exact que forment les trois arches d'est en ouest en fait un trait d'union entre le Paris ancien et contemporain.

☑ À savoir

▶ N'essayez pas de traverser le rond-point de la place de l'Étoile ! Empruntez le passage souterrain (passage du Souvenir) qui relie l'avenue des Champs-Élysées à l'avenue de la Grande-Armée en passant sous l'Étoile pour rejoindre l'arc en toute sécurité.

▶ L'accès à la terrasse est gratuit le 1er dimanche du mois, de novembre à mars.

▶ Les visiteurs s'arrêtent souvent au milieu des Champs-Élysées pour prendre l'arc en photo, manquant de se faire écraser – soyez vigilant.

▶ L'arc est doté d'un ascenseur réservé aux visiteurs à mobilité réduite ou voyageant avec des enfants.

✗ Une petite faim ?

À quelques pas de l'Arc de triomphe, le **Publicis Drugstore** (plan p. 40, D3 ; www.publicisdrugstore.com ; 133 av. des Champs-Élysées, VIIIe ; ⏱8h-2h lun-ven, 10h-2h sam-dim ; Ⓜ Charles-de-Gaulle–Étoile ou George-V) est un bon endroit pour reprendre des forces.

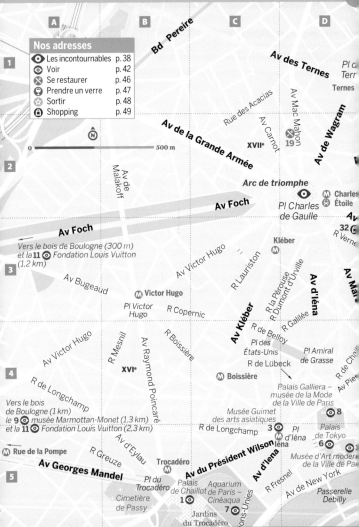

Bd Pereire

Av des Ternes

Pl c
Terr

Ternes

Rue des Acacias

Av Mac Mahon

Av Carnot

Av de la Grande Armée

XVIIe

19

Av de Wagram

Av de
Malakoff

Arc de triomphe

Av Foch

Pl Charles
de Gaulle

Charles
Étoile

A

32

R Verne

Av Foch

Vers le bois de Boulogne (300 m)
et la 11 Fondation Louis Vuitton
(1,2 km)

Kléber

Av Victor Hugo

R Lauriston

R la Pérouse

R Dumont d'Urville

Av d'Iéna

Av Mar

Av Bugeaud

Victor Hugo

Pl Victor
Hugo

R Copernic

R Galilée

Av Victor Hugo

R Mesnil

Av Raymond Poincaré

R Boissière

Av Kléber

R de Belloy

Pl des
États-Unis

R de Lübeck

Pl Amiral
de Grasse

R de Chai

XVIe

Boissière

Palais Galliera –
musée de la Mode
de la Ville de Paris

Av Pie

R de Longchamp

Vers le bois
de Boulogne (1 km)
le 9 musée Marmottan-Monet (1,3 km)
et la 11 Fondation Louis Vuitton (2,3 km)

Musée Guimet
des arts asiatiques

8

R de Longchamp

3

Pl
d'Iéna

Iéna

Palais
de Tokyo

6

Av d'Eylau

Rue de la Pompe

R Greuze

Av Georges Mandel

Trocadéro

Av du Président Wilson

Av d'Iéna

Musée d'Art moder
de la Ville de Pa

Pl du
Trocadéro

Palais
de Chaillot

Aquarium
de Paris –
Cinéaqua

R Fresnel

Av de New York

Cimetière
de Passy

1

7

Passerelle
Debilly

Jardins
du Trocadéro

ns-Unies

0 ——————— 500 m

E

F Monceau Ⓜ

G

H

Bd de **Courcelles** Ⓜ
Bd Daru
Courcelles

12◎
Parc
Monceau

Musée
Cernuschi ◎**14** — Av Vélasquez
Musée Nissim ◎**13**
de Camondo

Bd de Naples
Bd **Malesherbes**
R du Général Foy

1

◎ **25**
du
Av Van Dyck

R Murillo
R de Lisbonne

R de Monceau

R de Vézelay

R de la Bienfaisance

loche
Faubourg
Av de Friedland

R de Courcelles

Av de Messine

Musée
Jacquemart-André
2◎ **Bd Haussmann**

Saint-Augustin
Ⓜ
20✕

2

ulle-
R Balzac

Saint-Honoré

Saint-Honoré
R d'Artois

R de la Baume

Ⓜ **Miromesnil**

R d'Astorg

R Washington
R Berri
R de Ponthieu
R la Boétie

R la Boétie ◎
Saint-Philippe
du Roule

R de Penthièvre

VIIIᵉ
Pl
Beauvau
R du Faubourg Saint-Honoré

3

ssano
George V Ⓜ
◎ **33**
Champs-Élysées Ⓜ

15 ◎

R de Berri

27 ◎
30 ◎ **23**✕
22✕
R du Colisée

Av Franklin D. Roosevelt

R Jean Mermoz

R du Cirque

R de l'Élysée

4

Av **George V**
R Lincoln
R Pierre Charron
21✕
R Marbeuf
TRIANGLE
D'OR
R François 1ᵉʳ
R de Marignan

Franklin D.
Roosevelt Ⓜ

Av des Ⓜ
Champs-Élysées —
Clemenceau

Av de Marigny

Av Gabriel

4

e Serbie
R la Marot
R de Boccador
Av **George V**
29 ◎
28◎ **16**
24 ◎
30 ◎ **Av Montaigne**
R Bayard
Pl
François 1ᵉʳ
R Jean Goujon

17✕

Av Franklin D. Roosevelt

Pl
Clemenceau
Champs-Élysées

Pl de la
Concorde

Alma-Marceau
Ⓜ
Pl de
l'Alma

Cours Albert 1ᵉʳ

Grand
Palais ◎**4**

Jardin
de la
Nouvelle
France
18✕

◎**5**
Petit
Palais

Cours la Reine

5

Ⓡ Pont de l'Alma
Pl de la
Résistance

Pont de
l'Alma

Seine

Pont des
Invalides

Quai d'Orsay
Pl de
Finlande
VIIᵉ

Av Winston Churchill

◎ **26**

Pont
Alexandre III
Invalides Ⓜ Ⓜ

Pont de la
Concorde

Quai d'Orsay

5

Voir

Palais de Chaillot   MUSÉES ET THÉÂTRE

1 ◉ Plan p. 40, B5

Le palais de Chaillot a été construit pour l'Exposition universelle de 1937. Il est formé de deux grandes ailes courbes, séparées par une terrasse d'où l'on a une vue splendide sur la tour Eiffel, la Seine et les **jardins du Trocadéro**, en contrebas. Dans l'aile de gauche du palais de Chaillot (face au palais) se trouvent le **Théâtre national de Chaillot** (www.theatre-chaillot.fr) et la **Cité de l'architecture et du patrimoine** (www.citechaillot.fr ; 1 place du Trocadéro-et-du-11-Novembre, XVIe ; 8/6 € ; ⊗11h-19h lun, mer, ven-dim, 11h-21h jeu ; MTrocadéro), qui, à travers un parcours thématique, retrace l'évolution de l'urbanisme et de l'architecture de 1851 à nos jours. Dans l'aile droite sont installés le **musée de l'Homme** (qui rouvrira fin 2015) et le **musée de la Marine** (www.musee-marine.fr ; 17 place du Trocadéro, XVIe ; 8,50/6 € ; ⊗11h-18h mer-lun, 11h-19h sam-dim ; MTrocadéro), qui possède une collection incroyable de maquettes de navires.

Musée Jacquemart-André   MUSÉE

2 ◉ Plan p. 40, G2

Cette belle demeure du milieu du XIXe siècle abrite la collection d'Édouard André et de son épouse portraitiste, Nélie Jacquemart. Des œuvres de Van Dyck, Rembrandt, Bernin, Botticelli et Donatello, notamment, sont exposées. Un escalier en marbre à double révolution domine le jardin d'hiver et ses plantes tropicales. Le beau salon de thé mérite le coup d'œil, si ce n'est une pause gourmande. (www.musee-jacquemart-andre.com ; 158 bd Haussmann, VIIIe ; 12/10 € ; ⊗musée 10h-18h tlj, jusqu'à 21h30 lun et sam durant expositions temporaires, salon de thé 11h45-17h30 ; MMiromesnil)

Musée Guimet des arts asiatiques   MUSÉE

3 ◉ Plan p. 40, C5

Premier en France dans son domaine, le musée Guimet possède de magnifiques collections venant d'Afghanistan, d'Inde, du Népal, du Pakistan, du Tibet, du Cambodge, de Chine, du Japon et de Corée. Les **galeries du Panthéon bouddhique** (19 av. d'Iéna ; entrée libre hors expositions temporaires ; ⊗10h-17h45 mer-lun, jardins 10h-17h) abritent les collections originales du musée Guimet, rapportées par son fondateur du Japon. Des objets de la Chine bouddhique sont également exposés. Après votre visite, profitez de la sérénité du **jardin japonais**. (www.guimet.fr ; 6 place d'Iéna, XVIe ; 7,50/5,50 € ; ⊗10h-18h mer-lun ; MIéna)

Grand Palais   EXPOSITIONS

4 ◉ Plan p. 40, G4

Construit pour l'Exposition universelle de 1900, le Grand Palais abrite aujourd'hui les **Galeries nationales** sous son immense toit de verre Art nouveau de 8,5 tonnes. S'y tiennent les plus grandes expositions parisiennes, qui durent entre trois et quatre mois.

Cité de l'architecture et du patrimoine, palais de Chaillot

Dans le même bâtiment, la **Nef du Grand Palais** programme également des événements (Art Paris Art Fair, la Fiac…) et des expositions d'envergure comme **Monumenta** (billet séparé ; www.monumenta.com), à laquelle ont participé notamment Christian Boltanski, Anish Kapoor ou Daniel Buren. Réservation sur Internet fortement recommandée pour les deux parties.

Le cadre unique du Grand Palais accueille le restaurant **Mini Palais** à la carte élaborée par le chef triplement étoilé Éric Frechon, et à la superbe terrasse sous le péristyle (voir p. 46). (www.grandpalais.fr ; 3 av. du Général-Eisenhower, VIIIᵉ ; 13/9 €, tarifs variables selon programmation ; ⊙variables ; Ⓜ Champs-Élysées–Clemenceau)

Petit Palais – musée des Beaux-Arts de la Ville de Paris   MUSÉE

5 ◉ Plan p. 40, H4

Cette merveille architecturale fut elle aussi érigée pour l'Exposition universelle de 1900. Elle abrite des antiquités grecques et romaines (terres cuites, bijoux…) et des objets d'art du Moyen Âge et de la Renaissance (porcelaines, horloges, tapisseries, argenteries…), mais aussi des dessins, peintures et sculptures d'artistes français des XVIIIᵉ et XIXᵉ siècles, ainsi que des œuvres remarquables de Rembrandt, Rubens, Courbet, Delacroix, Fragonard, entre autres chefs-d'œuvre de la riche et éclectique collection en accès libre du musée. (www.petitpalais.paris.fr ; av. Winston-

Churchill, VIIIe ; collection permanente entrée libre, expositions 8-11 € ; ⏱10h-18h mar-dim ; M Champs-Élysées–Clemenceau)

Palais de Tokyo   MUSÉE

6 ◎ Plan p. 40, D5

Créé pour l'Exposition universelle de 1937, le palais de Tokyo est devenu un espace d'art contemporain en 2002. Ici, pas de collection permanente mais une kyrielle d'expositions temporaires qui donnent à découvrir, de façon décomplexée, la création contemporaine française et internationale sous toutes ses formes (installations, photos, vidéos, etc.). Les artistes eux-mêmes sont parfois commissaires d'exposition, et le Pavillon accueille de jeunes artistes en résidence. Grandes monographies d'artistes reconnus, modules présentant des artistes émergents (accès libre), projections, rencontres, les 22 000 m² de cet ensemble tout de béton et d'acier fourmillent de dynamisme. Librairie et restaurants Monsieur Bleu et Tokyo Eat sur place. (www.palaisdetokyo.com ; 13 av. du Président-Wilson, XVIe ; 10/8 € ; ⏱12h-minuit mer-lun ; M léna)

Aquarium de Paris – Cinéaqua   AQUARIUM

7 ◎ Plan p. 40, C5

À côté des jardins du Trocadéro, l'aquarium de Paris abrite plus de 500 espèces aquatiques, dont quelques requins. Il est également équipé de 3 salles de cinéma où sont diffusés films d'animation, courts-métrages et documentaires marins. Des concerts et des spectacles ont aussi régulièrement lieu (programmation sur le site Internet). L'un des grands aquariums sert de toile de fond au café-restaurant japonais Ozu. (www.cineaqua.com ; 2 av. des Nations-Unies, XVIe ; 20,50/16 € ; ⏱10h-19h tlj, dernière entrée à 18h ; M Trocadéro)

Palais Galliera – musée de la Mode de la Ville de Paris   MUSÉE

8 ◎ Plan p. 40, D4

Après 4 ans de travaux, le musée a rouvert ses portes en septembre 2013. Plus de 100 000 vêtements et accessoires sont conservés dans cette villa italianisante et présentés lors de belles expositions temporaires. (www.palaisgalliera. paris.fr ; 10 av. Pierre-Ier-de-Serbie, XVIe ; 8/6 € ; ⏱10h-18h mar-dim, jusqu'à 21h jeu ; M léna)

Musée Marmottan-Monet   MUSÉE

9 ◎ Plan p. 40, A4

Le petit musée Marmottan situé dans l'ancien pavillon de chasse du duc de Valmy, à l'est du bois de Boulogne, conserve la plus importante collection du monde d'œuvres de Claude Monet, parmi lesquelles le célèbre *Impression, soleil levant*, qui donna son nom au mouvement impressionniste, mais aussi les brouillards de Vétheuil, les vues de Paris, des Tuileries, de la gare Saint-Lazare. Aux niveaux supérieurs, des œuvres de Gauguin, Sisley, Renoir, Degas et Manet sont exposées. Le sous-sol est réservé à la série des *Nymphéas*. (☏01 44 96 50 33 ; www.marmottan.fr ; 2 rue Louis-Boilly, XVIe ; 11/6,50 € ; ⏱10h-18h mar-dim, jusqu'à 21h jeu ; M La Muette)

Musée d'Art moderne de la Ville de Paris

MUSÉE

10 ⊙ Plan p. 40, D5

Logé dans le pavillon de l'Électricité de l'Exposition universelle de 1937, ce musée couvre les mouvements artistiques majeurs du XXᵉ siècle – fauvisme, cubisme, dadaïsme, surréalisme et abstraction –, représentés par des artistes tels que Picasso, Braque, Soutine, Modigliani ou Chagall. À voir absolument, *La Danse* de Matisse et *La Fée Électricité* de Raoul Dufy. Excellentes expositions (payantes). (www.mam.paris.fr ; 11 av. du Président-Wilson, XVIᵉ ; coll permanente entrée libre, expositions 5-11 € ; ⊙10h-18h mar-dim, jusqu'à 22h jeu ; Ⓜ Iéna)

Fondation Louis Vuitton

MUSÉE

11 ⊙ Plan p. 40, A5

En limite nord du bois de Boulogne émerge un édifice blanc comme neige, contourné comme un coquillage, imaginé par l'architecte américain Frank Gehry pour abriter la Fondation Louis Vuitton dédiée à la création contemporaine. (☎ 01 40 69 96 00 ; www.fondationlouisvuitton.fr ; 8 av. du Mahatma-Gandhi, XVIᵉ ; 14/10 €, accès au jardin d'Acclimatation inclus ; ⊙12h-19h lun et mer-jeu , 12h-23h ven, 11h-20h sam-dim, vac scol 10h-20h tlj, jusqu'à 23h ven)

Parc Monceau

PARC

12 ⊙ Plan p. 40, F1

Le jardin le plus aristocratique de Paris, entouré d'une grille et de riches hôtels privés, aménagé à l'anglaise au XIXᵉ siècle. Des statues, des ruines antiques, une colonnade corinthienne et une foule de joggeurs le dimanche matin. Idéal pique-nique chic avant ou après une visite au musée Cernuschi. (entrée principale 33 bd de Courcelles ; ⊙7h-22h tlj, jusqu'à 20h oct-mars ; Ⓜ Monceau)

Musée Nissim de Camondo

MUSÉE

13 ⊙ Plan p. 40, G1

En bordure du parc Monceau, l'hôtel particulier et la collection du banquier Moïse de Camondo (1860-1935) consacrée aux arts décoratifs de la seconde moitié du XVIIIᵉ siècle : meubles de Carlin et Riesener, tapis de la manufacture de la Savonnerie, porcelaine de Sèvres. Le film retraçant la destinée des Camondo est passionnant. Peut-être pas le musée à voir en priorité, mais une visite agréable. (☎ 01 53 89 06 50 ; www.lesartsdecoratifs.fr/francais/nissim-de-camondo ; 63 rue de Monceau, VIIIᵉ ; 9/6,50 €, pass musée des Arts décoratifs + Nissim de Camondo 13/10 €, gratuit -26 ans ; ⊙10h-17h30 mer-dim ; Ⓜ Monceau)

○ 100% parisien
Oasis secrète

En bas d'un escalier abîmé se trouve le petit **jardin de la Nouvelle France** (plan p. 40, G5 ; entrée près de la sculpture en marbre blanc à la mémoire d'Alfred de Musset sur l'av. Franklin-D.-Roosevelt, ou par le cours la Reine pour la partie haute). Ce surprenant éden parsemé de lilas, de citronniers, d'orangers, d'érables et de hêtres pleureurs est doté d'un étang abritant une faune abondante, d'une cascade, d'un pont en bois et de bancs permettant de s'imprégner de sa sérénité.

Musée Cernuschi

MUSÉE

14 🔵 Plan p. 40, G1

Toute la collection d'art asiatique (environ 5 000 pièces) du financier Henri Cernuschi (1821-1896) est rassemblée ici. À voir absolument pour "Le petit peuple des tombes", toutes ces statuettes et objets funéraires chinois, et pour le Bouddha Amida (XVIIIe siècle) qui domine du haut de ses 4,4 m. (📞01 53 96 21 50 ; www.cernuschi.paris.fr ; 7 av. Vélasquez, VIIIe ; collection permanente entrée libre, expositions 4-11/2-8 € ; 🕐10h-18h mar-dim ; Ⓜ Monceau)

Se restaurer

Ladurée

PÂTISSERIE €

15 🍴 Plan p. 40, E3

Existant depuis 1862, Ladurée est l'une des plus anciennes pâtisseries de la capitale. C'est ici que fut inventé le macaron parisien. Son salon de thé est le lieu le plus chic pour faire une pause gourmande sur les Champs ou acheter des douceurs à emporter – des croissants aux légendaires macarons, tout est divin. (www.laduree.com ; 75 av. des Champs-Élysées, VIIIe ; pâtisseries à partir de 1,50 € ; 🕐7h30-23h30 lun-ven, 8h30-0h30 sam, 8h30-23h30 dim ; Ⓜ George-V)

Philippe & Jean-Pierre

FRANÇAIS TRADITIONNEL €€

16 🍴 Plan p. 40, E4

Philippe veille avec grâce sur l'élégante salle au sol en parquet et aux tables recouvertes de nappes blanches, tandis que Jean-Pierre tient la barre en cuisine. Les menus, de saison, intègrent des plats tels que la crème de chou-fleur aux champignons et aux truffes, les noix de Saint-Jacques sautées aux poireaux sauce à la Granny Smith ou encore le moelleux au chocolat au cœur coulant. Au vu du service, de la qualité et de l'emplacement dans le Triangle d'or, les prix sont très raisonnables. (📞01 47 23 57 80 ; www.philippeetjeanpierre.fr ; 7 rue de Boccador, VIIIe ; menus 4/5 plats 40/50 €, plats 24-26 € ; 🕐tlj sauf dim ; Ⓜ Alma-Marceau)

Lasserre

GASTRONOMIQUE €€€

17 🍴 Plan p. 40, G4

Depuis 1942, ce restaurant ultrachic du Triangle d'or a accueilli des icônes de style comme Audrey Hepburn. Deux fois étoilé au guide Michelin, il reste un choix exceptionnel pour un repas mémorable. Ascenseur, grooms, lustres blanc et or, extraordinaire toit ouvrant et service irréprochable accompagnent les créations inspirées des deux chefs : Christophe Moret en cuisine et Claire Heitzer en pâtisserie. (📞01 43 59 02 13 ; www.restaurant-lasserre.com ; 17 av. Franklin-D.-Roosevelt, VIIIe ; menus déj 90-120 €, menu dégustation 220 €, plats 82-125 € ; 🕐midi jeu-ven, soir mar-sam ; Ⓜ Franklin-D.-Roosevelt)

Mini Palais

FRANÇAIS MODERNE €€

18 🍴 Plan p. 40, G4

Dans le cadre unique du Grand Palais, Mini Palais ressemble à un atelier d'artiste aux proportions colossales : parquet en bois brut, lampes industrielles et bustes en plâtre sur étagères. La clientèle est loin d'être bohème ; habillez-vous donc avec élégance pour goûter sa carte extrêmement réputée, imaginée par le chef étoilé Éric Frechon. (📞01 42 56 42 42 ; www.minipalais.com ; av. Winston-Churchill, VIIIᵉ ; menu déj 28 €, plats 22-45 € ; ⏱10h-2h, fermeture des cuisines à minuit ; Ⓜ Champs-Élysées–Clemenceau ou Invalides)

Le Hide BISTROT €€

19 🍴 Plan p. 40, D2

Hâtez-vous de dévaler les marches de l'Arc de triomphe tout proche pour avoir une chance d'occuper l'une des 33 places de ce minuscule bistrot de quartier. On y sert une savoureuse cuisine française : escargots, épaule d'agneau, lotte au beurre citronné, et des desserts gourmands comme la soupe de fraises. Réservation conseillée. (📞01 45 74 15 81 ; www.lehide.fr ; 10 rue du Général-Lanrezac, XVIIᵉ ; menus 2/3 plats 25/34 € ; ⏱midi lun-ven, soir lun-sam ; Ⓜ Charles-de-Gaulle-Étoile)

Bistrot du Sommelier GASTRONOMIQUE €€€

20 🍴 Plan p. 40, H2

Ce restaurant ouvert par Philippe Faure-Brac, meilleur sommelier du monde 1992, sert d'excellents menus, à marier avec une superbe sélection de vins. Le vendredi est une institution avec son déjeuner dégustation (3 plats, vin compris, 55 €) et son dîner (5 plats, vin compris, 75 €). Réservation indispensable. (📞01 42 65 24 85 ; www. bistrotdusommelier.com ; 97 bd Haussmann, VIIIᵉ ; menus déj 34-55 €, dîner 70-118 € ; ⏱midi et soir lun-ven ; Ⓜ Saint-Augustin)

Aubrac Corner RESTAURATION RAPIDE €

21 🍴 Plan p. 40, F3

Qu'on se le dise ! Rue Marbeuf, vous trouverez de bons produits de l'Aubrac (burgers 100% Aubrac – accompagnés d'aligot –, sandwichs "terroir", plats du jour, salades), à emporter ou à déguster sur place autour de tables hautes, chez ce traiteur-"fast-food aveyronnais". (📞01 45 61 45 35 ; www.maison-aubrac.com/ aubrac-corner ; 37 rue Marbeuf, VIIIᵉ ; formule Aubrac 14,80 €, plat du jour 9,40 € ; ⏱8h-18h30 lun-ven, 11h-18h sam ; Ⓜ Franklin-D.-Roosevelt)

Allan's AMÉRICAIN €

22 🍴 Plan p. 40, F3

Ambiance quasi familiale et prix étonnamment modérés : à deux pas des Champs-Élysées, ce *diner* américain, à la déco certes un peu surfaite, est un bon plan pour le déjeuner si vous avez "craqué le porte-monnaie" dans les boutiques de luxe alentour. Au menu : bagels (4 pains au choix), burgers, hot dogs, *donuts* à partir de 1,90 €, et autres musts de la restauration rapide américaine. (www.allansburger.fr ; 37 rue de Ponthieu, VIIIᵉ ; bagels et hot dogs à partir de 4,50 €, formules 9,50/12,90 € ; ⏱midi lun-ven, plus soir jeu ; Ⓜ Saint-Philippe-du-Roule)

Prendre un verre

Charlie Birdy PUB

23 🍺 Plan p. 40, F3

Cet établissement décontracté situé aux abords des Champs-Élysées est le pub le plus accueillant du quartier.

Cuisine de bar classique (burgers, hot dogs). DJ le week-end. (www.charliebirdy. com ; 124 rue La Boétie, VIIIᵉ ; ⏰12h-5h ; 📶 Ⓜ Franklin-D.-Roosevelt)

Bar du Plaza Athénée BAR D'HÔTEL

24 🚇 Plan p. 40, F4

Le bar du célèbre palace, rouvert en 2014 après de grands travaux de rénovation, a subi un relooking par le duo Patrick Jouin et Sanjit Manku. Un cocktail original à la main, vous pourrez vous asseoir au spectaculaire comptoir en résine transparente ou vous installer confortablement sous un plafond tendu de tissu bleu, pour observer la clientèle huppée de cet hôtel cinq étoiles. (www.plaza-athenee-paris.fr ; 25 av. Montaigne, VIIIᵉ ; ⏰18h-2h tlj ; Ⓜ Alma-Marceau ou Franklin-D.-Roosevelt)

Sortir

Salle Pleyel MUSIQUE CLASSIQUE

25 ⭐ Plan p. 40, E1

Datant des années 1920, cette salle éminemment réputée propose de nombreux récitals et concerts de musique classique parmi les meilleurs de Paris. (📞01 42 56 13 13 ; www.sallepleyel. fr ; 252 rue du Faubourg-Saint-Honoré, VIIIᵉ ; 10-180 € ; ⏰billetterie 12h-19h lun-sam, 12h-20h les jours de concert, 11h-2 heures avant le concert dim ; Ⓜ Ternes)

Le Showcase CLUBBING

26 ⭐ Plan p. 40, G5

Cet immense club électro a résolu le problème des conflits de voisinage que connaissent la plupart des lieux de sortie parisiens : elle est installée sous le pont Alexandre-III, dans un ancien hangar à bateaux. Contrairement à d'autres établissements huppés du quartier, le Showcase ne manque pas de place (il peut accueillir 1 500 personnes) et la sélection à l'entrée y est moins stricte (jeans-baskets autorisés), mais on y vient généralement habillé comme une star ! (www.showcase.fr ; pont Alexandre-III, port des Champs-Élysées, VIIIᵉ ; 15-20 €, 10-18 € en prévente ; ⏰23h30-6h ven-sam ; Ⓜ Champs-Élysées–Clemenceau)

Chez Régine CLUBBING

27 ⭐ Plan p. 40, F3

Quelques touches *seventies* en référence à la reine de la nuit qui lança cette discothèque mythique mais une programmation résolument électro house. Accès assez aisé pourvu que l'on s'en donne un tout petit peu la peine. (📞01 40 39 07 07 ; 49 rue de Ponthieu, VIIIᵉ ; 10-20 € selon soirée ; ⏰23h30-5h mer, 19h-5h jeu, minuit-7h ven-sam ; Ⓜ George-V)

Crazy Horse CABARET

28 ⭐ Plan p. 40, E4

Le Crazy Horse est le music-hall le plus célèbre de Paris. Le spectacle *Désirs* signé Philippe Decouflé et la participation de *guest stars* glamour tels Dita von Teese, Arielle Dombasle ou le "guest-créateur" Christian Louboutin ont redonné un second souffle au cabaret. Si vous n'avez pas envie de dîner sur place, vous pouvez vous contenter d'un siège au bar, sans réservation (à partir de 65 €). (www.

lecrazyhorseparis.com ; 12 av. George-V, VIIIᵉ ;
show seul à partir de 105 €, -26 ans à partir de
40 € ; ⏱spectacles 20h15 et 22h45 dim-ven,
19h, 21h30 et 23h45 sam ; MAlma-Marceau)

Le Baron CLUBBING

29 ⭐ Plan p. 40, E4

Cette ancienne maison close est
devenue la discothèque la plus
branchée, fréquentée par tout ce que
Paris compte de célébrités. Sélection
drastique à l'entrée. Tâchez d'avoir
l'air d'une star pour goûter à l'ambiance
cabaret parisien (velours, rideaux de
perles, lumière tamisée) de ce lieu
qui a célébré ses 10 ans en 2014. (www.
clublebaron.com ; 6 av. Marceau, VIIIᵉ ; entrée
libre ; ⏱23h-5h ; MAlma-Marceau)

Shopping

Guerlain PARFUMS ET SPA

30 🔒 Plan p. 40, F3

Le roi des parfumeurs a ouvert
sa boutique ici en 1912. On peut y
découvrir (et acheter) des éditions
limitées, des exclusivités parisiennes
et même des rééditions de parfums très
anciens. On peut aussi se faire dorloter
dans le luxueux spa. (📞réservation spa
01 45 62 11 21 ; www.guerlain.fr ; 68 av. des
Champs-Élysées, VIIIᵉ ; ⏱10h30-20h lun-sam,
12h-19h dim ; MFranklin-D.-Roosevelt)

Chloé MODE

31 🔒 Plan p. 40, F4

Cette marque parisienne créée en 1956
s'est fait connaître par des longueurs
déstructurées, des superpositions très

gipsy chic et des imprimés colorés. (www.
chloe.com ; 24 av. Montaigne, VIIIᵉ ; ⏱10h30-19h
lun-sam ; MChamps-Élysées–Clemenceau)

Lancel ACCESSOIRES

32 🔒 Plan p. 40, D3

Avec ses sacs à main argentés
suspendus au plafond et ses fourre-tout
luxueux, le célèbre maroquinier se
dispute la vedette avec son voisin, Louis
Vuitton. (www.lancel.com ; 127 av. des Champs-
Élysées, VIIIᵉ ; ⏱10h-20h lun-sam, jusqu'à 20h
dim ; MChamps-Élysées–Clemenceau)

Louis Vuitton MODE

33 🔒 Plan p. 40, E3

Tout l'univers Vuitton dans un immeuble
à l'architecture intérieure superbe. Une
visite au 7ᵉ étage s'impose pour découvrir
la vue sur Paris et les expositions
temporaires thématiques, toujours
très intéressantes. (www.louisvuitton.com ;
101 av. des Champs-Élysées, VIIIᵉ ; ⏱10h-20h
lun-sam, 11h-19h dim ; MGeorge-V)

Explorer

Louvre, Tuileries et Opéra

L'axe historique qui traverse la capitale passe par le jardin des Tuileries avant de rejoindre la pyramide de verre signée Ieoh Ming Pei, à l'entrée du Louvre, le plus grand musée du monde. L'église de la Madeleine est entourée d'épiceries fines. Plus au nord, on tombe sur le splendide Opéra Garnier et les grands magasins Art nouveau des Grands Boulevards.

L'essentiel en un jour

☀ Commencez par parcourir les salles labyrinthiques du **Louvre** (p. 52), ce qui vous prendra un certain temps. D'autres musées sont également dignes d'intérêt dans cette zone, notamment le **musée de l'Orangerie** (p. 62), où sont conservés les superbes *Nymphéas* de Monet, et le **Jeu de Paume** (p. 62), consacré à la photographie, tous deux dans l'élégant **jardin des Tuileries** (p. 62).

☀ Après avoir visité l'**église de la Madeleine** (p. 62), un passage en revue des commerces de la place de la Madeleine, comme l'épicerie fine **Hédiard** (p. 75), vous donnera envie de rester pour déjeuner. Visitez les coulisses du somptueux **palais Garnier** (p. 64) et allez faire du shopping aux élégantes **Galeries Lafayette** (p. 74) et au **Printemps** (p. 74), sans oublier d'admirer la vue depuis les toits de ces grands magasins.

☽ Dînez dans l'un des nombreux excellents restaurants du quartier (en ayant pris soin de réserver), comme **Frenchie** (p. 66) ou **Verjus** (p. 67), avant d'aller danser au légendaire **Rex Club** (p. 73) ou d'écouter du jazz dans la **rue des Lombards** (plan p. 60, G5)

Pour une journée dans le quartier des Halles, reportez-vous p. 58.

👁 Les incontournables

Le Louvre (p. 52)

🔍 100% parisien

L'esprit des Halles (p. 58)

♥ Le meilleur du quartier

Architecture

Galeries Lafayette (p. 74)

Pyramide du Louvre (p. 53)

Forum des Halles (p. 64)

Musées

Musée de l'Orangerie (p. 62)

Jeu de Paume (p. 62)

Se restaurer

Frenchie (p. 66)

Yam'Tcha (p. 68)

Comment y aller

Ⓜ **Métro** Deux stations permettent d'accéder au Louvre : Palais-Royal–Musée-du-Louvre (lignes 1 et 7) et Louvre-Rivoli (1).

Ⓜ **Métro** La station Châtelet-Les Halles est le point central du réseau ferré parisien : de nombreuses lignes de métro et de RER y convergent.

🚢 **Bateau** Le Batobus s'arrête au niveau du Louvre.

Les incontournables
Le Louvre

L'immensité du musée du Louvre pourrait décourager l'amateur d'art le plus insatiable. L'ancienne demeure des rois de France s'étend en effet sur 700 m le long de la Seine. On estime qu'il faudrait environ 9 mois pour voir une à une toutes les œuvres que le musée détient !

La forteresse de Philippe Auguste (début du XIIIᵉ siècle) fut remaniée au milieu du XVIᵉ pour devenir une résidence royale sous François Iᵉʳ, puis sans cesse modifiée et agrandie jusque sous Louis XIV. C'est en 1793 qu'ouvre le Muséum central des arts, premier musée national.

Plan p. 60, E5

www.louvre.fr

rue de Rivoli et quai des Tuileries, Iᵉʳ

adulte/enfant 12 €/gratuit

9h-18h tlj sauf mar, jusqu'à 21h45 mer et ven

M Palais-Royal–Musée-du-Louvre

À ne pas manquer

Le palais et la modernité

Dans les années 1980, le musée est totalement remodelé, sous la direction de l'architecte Ieoh Ming Pei ; sa pyramide de verre est inaugurée en 1989. Les travaux ont permis l'ouverture de nouvelles salles et de 3 cours intérieures. On compte désormais 38 000 œuvres exposées dans plus de 73 000 m². La pyramide de verre, qui marque l'entrée principale du musée, a inscrit le Louvre dans la modernité. L'audacieuse verrière ondulante du nouveau département des Arts de l'islam, inauguré en septembre 2012, signe la capacité du musée à toujours se renouveler. Intégrer ainsi la modernité n'en fait que mieux ressortir les charmes de l'ancien palais.

De la forteresse au musée

Forteresse, résidence royale puis musée : visitez les salles d'histoire pour suivre les étapes. Mais si le temps vous est compté, ne manquez pas la Grosse Tour de Philippe Auguste, l'éclatante galerie d'Apollon décorée par Le Brun, à la demande de Louis XIV, et achevée par Delacroix, et la magie de la cour Carrée illuminée le soir.

Les collections

Le Louvre rassemble des œuvres allant de l'Antiquité jusqu'en 1848 réparties en 8 départements. S'y ajoutent une centaine d'œuvres des arts premiers, présentés dans le pavillon des Sessions, antenne du musée du Quai-Branly (p. 30). Les nouvelles salles des objets d'art du XVIIIe siècle, inaugurées en 2014, ressuscitent avec éclat l'art de vivre à la française de Louis XIV à Louis XVI, grâce à la reconstitution d'ensembles de décors d'époque comme le cabinet bleu de l'hôtel Dangé ou le grand salon du château de Voré.

☑ À savoir

▶ Il faut faire la queue deux fois : pour les contrôles de sécurité, puis pour acheter vos billets.

▶ Pour éviter l'attente à l'entrée principale, passez par le Carrousel du Louvre (99 rue de Rivoli) ou par la porte des Lions (sauf ven et nocturnes ; infos ☎ 01 40 20 53 17).

▶ Les billets peuvent être achetés à l'avance sur Internet ou dans le réseau Fnac.

▶ Les détenteurs d'un Paris Museum Pass ou d'un Paris City Passport (p. 230) sont prioritaires ; acheter vos billets coupe-file à l'avance vous fera aussi gagner du temps.

▶ Les billets sont valables toute la journée, ce qui permet de faire une pause.

▶ Le nouvel audioguide Louvre-Nintendo 3DS (5/3 €) permet de profiter au mieux de votre visite.

▶ Entrée gratuite le 1er dimanche du mois (oct-mars).

✗ Une petite faim ?

Pique-niquez dans le jardin des Tuileries (p. 62) s'il fait beau.

LE LOUVRE

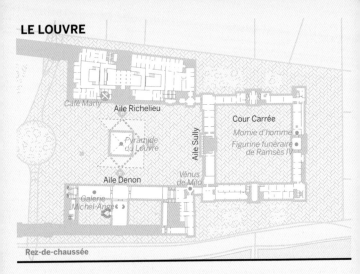

Café Marly

Aile Richelieu

Cour Carrée

Momie d'homme

Figurine funéraire de Ramsès IV

Pyramide du Louvre

Aile Sully

Aile Denon

Vénus de Milo

Galerie Michel-Ange

Rez-de-chaussée

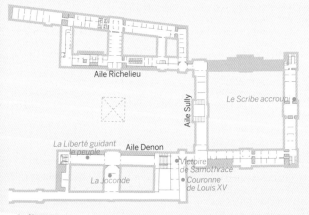

Aile Richelieu

Aile Sully

Le Scribe accroupi

La Liberté guidant le peuple

Aile Denon

Victoire de Samothrace

La Joconde

Couronne de Louis XV

1er étage

Comprendre
L'énigme de La Joconde

Fin 2006, l'examen des couches de peinture de *La Joconde* réalisé aux infrarouges par des scientifiques canadiens permit de confirmer qu'il s'agissait bien de Lisa Gherardini, femme du marchand florentin Francesco del Giocondo et mère de cinq enfants.

Ces experts découvrirent également que sa robe était recouverte d'une gaze transparente. Or, en Italie, au début du XVIe siècle, les femmes enceintes ou nouvellement accouchées avaient coutume de porter ce vêtement. On suppose que l'œuvre fut peinte vers 1503 pour commémorer la naissance du second fils de Lisa Gherardini, alors qu'elle avait 24 ans environ.

Grâce à des balayages haute résolution, l'ingénieur français Pascal Cotte découvrit pour sa part que des cils et sourcils avaient été peints à l'origine, puis avaient disparu petit à petit, probablement à la suite d'un nettoyage excessif.

La Joconde et Léonard

Tableau mythique de Léonard de Vinci, *La Joconde* attire tant de visiteurs qu'une salle a été réaménagée pour mieux la présenter. Pour en savoir plus sur ce tableau, voir l'encadré ci-dessus. Le Louvre possède d'autres œuvres du génial Léonard, dont la *Sainte Anne* restaurée en 2012, *La Vierge aux rochers* et le *Saint Jean-Baptiste*.

La peinture italienne

Dans la salle de *La Joconde*, difficile de manquer *Les Noces de Cana* où Véronèse transpose le miracle du Christ dans la Venise du XVIe siècle. Plus discret, *Le Concert champêtre* de Titien baigne dans une ambiance pastorale et sensuelle. Dans la Grande Galerie de peinture italienne Renaissance, laissez-vous séduire par les couleurs du *Couronnement de la Vierge* de Fra Angelico, le regard de *Baldassare Castiglione*, de Raphaël, ou le jeu des lances dans *La Bataille de San Romano* de Paolo Uccello.

Victoire et Vénus

Deux déesses grecques de marbre sont, avec *La Joconde*, les stars du Louvre : La *Vénus de Milo* (fin IIe siècle av. J.-C.), qui serait Aphrodite, déesse de la Beauté et de l'Amour, ou Amphitrite, déesse de la Mer, et la *Victoire de Samothrace* (vers 190 av. J.-C.) ou déesse Niké (Victoire) de retour au sommet du magistral escalier Daru après plusieurs mois de restauration.

Les Esclaves de Michel-Ange

Au rez-de-chaussée de l'aile Denon, la sculpture italienne vaut le détour. *Les Esclaves* (ou *Les Captifs*) taillés dans le marbre par Michel-Ange étaient à l'origine destinés au tombeau du pape Jules II. La force qui s'en dégage irradie toute la galerie au point

Détail de l'aile Richelieu

qu'on en oublierait presque les autres chefs-d'œuvre, notamment *Psyché ranimée par le baiser de l'Amour* d'Antonio Canova.

La peinture française

Parmi les tableaux phares de ce riche département, *Gabrielle d'Estrées et sa sœur* intrigue par ce pincement de sein (symbole de la grossesse de la favorite d'Henri IV ?). *Le Tricheur*, de Georges de La Tour, fascine par ses jeux de regards. *Le Verrou* de Fragonard trouble par la fougue du désir. *La Grande Odalisque* d'Ingres dévoile un dos dont la beauté des lignes prime sur la réalité anatomique. *Le Radeau de la Méduse* (1819), par Géricault, montre toute l'horreur d'un naufrage. *La Liberté guidant le peuple* (1830), par Delacroix, témoigne de l'insurrection populaire à Paris en 1830.

La Dentellière et L'Astronome

Les œuvres les plus célèbres du département des peintures nordiques ? L'*Autoportrait* de Dürer, *La Dentellière* et *L'Astronome* de Vermeer. Et aussi *La Vierge du Chancelier Rolin* de Jan Van Eyck, *Le Prêteur et sa femme* de Quentin Metsys ou la *Bethsabée au bain* de Rembrandt. À voir aussi : la galerie Médicis, une série de tableaux commandée à Rubens par Marie de Médicis, pour le palais du Luxembourg.

Le Scribe accroupi

Pour les collections égyptiennes, d'une exceptionnelle richesse, un circuit thématique, très vivant, présente les grands aspects de la civilisation dont le Nil, l'agriculture, la maison, les jeux, les dieux, les temples et les tombes. Elles permettent d'admirer *Le Scribe accroupi* (2600 av. J.-C.) et une statue colossale de Ramsès II, d'observer une momie et de pénétrer dans la chapelle du mastaba d'Akhethétep (vers 2400 av. J.-C.).

Le Sarcophage des époux

Parmi les antiquités grecques, repérez cette étonnante *Tête de figurine féminine* (2700-2300 av. J.-C.), modèle d'abstraction qui fascina Brancusi et Picasso. Côté étrusque, le *Sarcophage des époux* (vers 520 av. J.-C.) impressionne par la sérénité avec laquelle ce couple de défunts participe à la cérémonie funéraire.

Le palais de Khorsabad

La collection d'antiquités orientales s'étend sur 9 000 ans et couvre les plus grandes civilisations de Mésopotamie et de Perse. Dans la cour Khorsabad, vous vous retrouverez face à de gigantesques taureaux ailés à tête humaine et autres impressionnants vestiges du palais que le roi Sargon II se fit édifier en Assyrie, en 706 av. J.-C. Ailleurs, une frise d'archers, qui décorait le palais de Darius Iᵉʳ (VIᵉ-Vᵉ siècle av. J.-C.), vous laissera imaginer les fastes de l'Empire perse.

Les Arts de l'Islam

Une couverture dorée, ondulante et semi-transparente compose un nouvel écrin moderne et lumineux pour le département des Arts de l'Islam. Ouvert en 2012, il présente 3 000 œuvres, du VIIIᵉ au XIXᵉ siècle et de l'Espagne à l'Inde, dont un porche mamelouk (XIVᵉ-XVᵉ siècle), une scène persane de joute poétique (XVIIᵉ siècle) et une bouche de fontaine andalouse en forme de lion (XIIᵉ-XIIIᵉ siècle).

Le hall Napoléon

Sous la pyramide, le hall Napoléon abrite une billetterie, un point d'information (plan gratuit du musée), une librairie, une boutique de souvenirs, des cafés, un auditorium et des salles d'expositions temporaires (voir *Événements* ci-dessous).

Visites guidées

Des **visites guidées "Chefs-d'œuvre du Louvre"** (90 min 12/9 € + entrée au musée ; inscription le jour même à l'accueil des groupes, hall Napoléon) ont lieu à 11h15 les samedis-dimanches et jours de vacances scolaires (de la région parisienne). Pour les autres visites, réservables 14 jours à l'avance, consultez le site Internet du musée (réservation ☎01 40 20 51 77).

Événements

Le Louvre présente de nombreuses **expositions temporaires** (12-13 €, billet jumelé collections permanentes et exposition temporaire 16 € ; ⏰lun, jeu, sam-dim 9h-18h, mer et ven 9h-21h45). Il offre aussi une très riche programmation de conférences, lectures, films, spectacles, concerts, etc. Voir la rubrique *Expositions et actualité* du site du Louvre.

Les autres musées du palais

Les ailes Rohan et Marsan du Louvre abritent **3 musées** (www.lesartsdecoratifs.fr ; 107 rue de Rivoli, Iᵉʳ ; entrée pour les 3 musées 11/8,50 € ; ⏰11h-18h mar-dim, 11h-21h jeu ; Ⓜ Palais-Royal–Musée-du-Louvre) : le **musée des Arts décoratifs** (p. 65), où sont exposés meubles, céramiques et verreries ; le **musée de la Publicité**, comprenant des affiches remontant au XIIIᵉ siècle ; et le **musée de la Mode et du Textile**.

100% parisien
L'esprit des Halles

En 1137, Louis VI créa des halles pour les marchands qui convergeaient vers le centre-ville. Pendant plus de 800 ans, elles furent, comme le dit Émile Zola, le "ventre de Paris". Si les grossistes ont déménagé à Rungis en 1971, quand fut construit l'actuel Forum, aujourd'hui en pleine réhabilitation (voir p. 64), l'esprit des marchés reste toujours présent.

....

❶ S'équiper comme un chef...
Les chefs parisiens viennent toujours faire le plein de couteaux, fouets, trancheuses, louches, moules à pâtisserie, casseroles, planches à découper, sauts à champagne, presses à canard et autres, dans les très réputés magasins d'ustensiles de cuisine du quartier, dont **E. Dehillerin** (www.dehillerin.com ; 18-20 rue Coquillière, Iᵉʳ ; ⊙9h-12h30 et 14h-18h lun, 9h-18h mar-sam ; Ⓜ Les Halles), établi en 1820.

❷ ... et lui voler ses recettes

Vous trouverez des magasins d'articles de cuisine plus haut de gamme dans la rue Montmartre, ainsi que la référence parisienne en matière de livres de recettes : la **Librairie Gourmande** (www.librairie-gourmande.fr ; 92 rue Montmartre, Iᵉʳ ; ⏰11h-19h lun-sam ; Ⓜ Sentier), qui propose tous les grands classiques, ainsi que des collections plus pointues et des livres de cocktails.

❸ Balade dans la rue Montorgueil

La rue Montorgueil, excroissance des anciennes halles, servait jadis de marché aux huîtres. **Au Rocher de Cancale** (📞01 42 33 50 29 ; www.aurocherdecancale.fr ; 78 rue Montorgueil, IIᵉ ; plats 10,50-22 € ; ⏰8h-2h tlj ; Ⓜ Les Halles ou Étienne-Marcel), créé en 1846, et autrefois fréquenté par Balzac, est resté quasiment inchangé depuis l'époque des halles. On y sert des huîtres de Cancale, premier port ostréicole breton, ainsi que des salades d'un excellent rapport qualité/prix. Tous les jours (sauf le lundi), les **épiciers et commerçants** installent d'appétissants étals de produits frais sur les trottoirs, et, de jour comme de nuit, les cafés et restaurants de la rue débordent d'une joyeuse clientèle.

❹ Pâtisserie gourmande

Ouverte sous Louis XV en 1730, la belle pâtisserie **Stohrer** (www.stohrer.fr ; 51 rue Montorgueil, IIᵉ ; ⏰7h30-20h30 tlj ; Ⓜ Les Halles) fut ornée de fresques en 1864 par Paul Baudry, le décorateur du grand foyer de l'Opéra Garnier.

Les grands classiques sont le baba au rhum et le puits d'amour (une pâte feuilletée fourrée de crème pâtissière et caramélisée).

❺ Shopping gastronomique

Si vous ne pouvez résister à l'appel du foie gras, des truffes, du caviar et des autres mets raffinés du **Comptoir de la Gastronomie** (www.comptoirdelagastronomie.com ; 34 rue Montmartre, Iᵉʳ ; ⏰6h-20h mar-sam, 9h-20h lun ; Ⓜ Les Halles), établi en 1894, offrez-vous un repas dans son restaurant adjacent.

❻ Apéritif au Christ Inn's Bistrot

Auparavant appelé Le Cochon à l'Oreille, une institution du quartier, le **Christ Inn's Bistrot** (15 rue Montmartre, Iᵉʳ ; ⏰10h-23h mar-sam ; Ⓜ Les Halles) est un petit bijou classé monument historique, décoré de faïences de 1890 illustrant des scènes de la vie des anciennes halles, de miroirs Belle Époque et d'un vieux zinc. Carte de bistrot traditionnelle – on peut aussi y prendre un verre. Les horaires peuvent varier.

❼ Dîner tardif au Tambour

Le propriétaire du sympathique bistrot-bar **Le Tambour** (41 rue Montmartre, IIᵉ ; plats 14-21 € ; ⏰8h-6h mar-sam, 18h-6h dim-lun ; Ⓜ Étienne-Marcel), un ancien boucher des halles, vous dira que le mobilier urbain et les objets "rescapés" des transports publics font de son établissement un "temple à l'âme de Paris". Cuisine copieuse et bon marché, servie jusqu'à 3h30. Ne manquez pas la légendaire tarte Tatin !

A
B
Havre-Caumartin
C
D

Bd Haussmann
R de Mogador
R de la Chaussée d'Antin
R de Provenc

Sq Louis XVI
45
R de
44
IX°

R des Mathurins
Pl Diaghilev
R Gluck
R La Faye

Bd Malesherbes
R Auber
Auber
R Scribe
Chaussée d'Antin

R de l'Arcade
R de Séze
R Tronchet
R Vignon
Palais Garnier
Roissybus
8
R Halévy
32
Pl J Rouché
R du Helder

VIII°
R de Surène
R d'Anjou
Pinacothèque
9
Musée du Parfums
10
Pl Ch Garnier
Opéra
41
Bd des Italie

R de
Église de la Madeleine
4
Pl de l'Opéra
R du Quatre Septembre
Quatre Septembre

R du Faubourg St-Honoré
Madeleine
Pl de la Madeleine
Bd des Capucines
R Daunou
R Gaillon

Av Gabriel
R Royale
R Duphot
R Cambon
R des Capucines
R de la Paix
R Danielle Casanova
26
Av de l'Opéra

Place Vendôme
12

23
18
Pyramides
R Thérèse

Place de la Concorde
Concorde
R du Mont Thabor
Office du Tourisme et des Congrès de Paris
R V

5
3
27
R d'Alger
48
49

Jeu de Paume
R St-Roch

Musée de l'Orangerie
2
Tuileries
R de Rivoli
R St-Honoré

Pont de la Concorde
Q des Tuileries
Jardin des Tuileries
11
Musée des Arts décoratif

Assemblée Nationale
Musée d'Orsay
Av du Général Lemonnier
Jardin du Carrousel
Palais Roy Musée du Lou

Seine
Q Anatole France
Arc de triomphe du Carrousel
Cou Napoléo

VII°
Musée d'Orsay
Pont Royal
Q des Tuileries
Musée du Louvre

Q Voltaire
R du Bac
Pont du Carrousel

Nos adresses
- Les incontournables p. 52
- Voir p. 62
- Se restaurer p. 66
- Prendre un verre p. 69
- Sortir p. 70
- Shopping p. 74

Voir

Jardin des Tuileries
JARDIN

1 ◉ Plan p. 60, B4

Ancien parc du palais des Tuileries (incendié en 1871 lors de la Commune), ce jardin à la française de 28 ha se trouve dans l'axe historique de Paris, qui va du Louvre à l'Arche de la Défense. Au XVIIe siècle, on venait s'y montrer. Aujourd'hui, ses allées et ses bassins sont un lieu de promenade très agréable. L'été, une grande roue y est montée. Il fait partie du site des rives de la Seine, inscrit au patrimoine mondial de l'Unesco en 1991. (◷7h-23h juin-août, 7h-21h avr, mai et sept, 7h30-19h30 oct-mars ; Ⓜ Tuileries ou Concorde)

Musée de l'Orangerie
MUSÉE

2 ◉ Plan p. 60, A4

Face au Jeu de Paume, dans l'angle sud-ouest du jardin des Tuileries, cette superbe et lumineuse orangerie (1852) se visite avant tout pour le cycle des *Nymphéas* de Monet, présenté dans deux salles ovales. Les superbes collections de Jean Walter et de Paul Guillaume, comprenant d'autres toiles de Monet et de nombreuses œuvres de Renoir, Cézanne, Gauguin, Picasso, Matisse, Soutine, Derain et Modigliani, sont exposées au niveau inférieur. (www.musee-orangerie.fr ; jardin des Tuileries, Ier ; 9/6,50 € , 17h-17h30 5 €, billet combiné avec musée d'Orsay valable 4 jours 16 € ; ◷9h-18h mer-lun ; Ⓜ Concorde)

Jeu de Paume
MUSÉE

3 ◉ Plan p. 60, B3

Dans l'angle nord-ouest du jardin des Tuileries, du côté de la place de la Concorde, cette ancienne salle de jeu de paume est un site-phare pour la diffusion de l'image et de la photo du XIXe siècle à nos jours. La photographie dans ses différentes pratiques (Martin Parr, Richard Avedon, Diane Arbus…), l'image et la vidéo y sont présentées lors d'expositions-événements. (www. jeudepaume.org ; 1 place de la Concorde, VIIIe ; 10/7,50 € ; ◷11h-19h mer-dim, 11h-21h mar ; Ⓜ Concorde)

Église de la Madeleine
ÉGLISE

4 ◉ Plan p. 60, B2

Débutée en 1764 et interrompue à plusieurs reprises, la construction de la Madeleine fut achevée sous Napoléon, en 1842. L'extérieur austère de l'église, qui ressemble à un temple grec avec ses 52 colonnes corinthiennes, cache un intérieur chargé d'or, de marbre et de fresques. L'orgue, l'un des plus grands de la capitale, surplombe l'entrée principale. On peut l'entendre le dimanche, pendant la messe. L'église est un lieu apprécié pour les concerts de musique classique (certains gratuits) ; consultez les affiches à l'extérieur ou le site Web. (www.eglise-lamadeleine.com ; place de la Madeleine, VIIIe ; ◷9h30-19h ; Ⓜ Madeleine)

Place de la Concorde
PLACE

5 ◉ Plan p. 60, A3

Quand on se trouve au centre de la plus grande place de la capitale, on a

Place de la Concorde

la sensation que toute la ville, la tour Eiffel, la Seine, les Champs-Élysées et l'Arc de triomphe tournent sans s'arrêter. Créée en 1755, elle s'appelait à l'origine place Louis XV, mais sa dimension royale en fit un haut lieu de la Révolution française – Louis XVI fut le premier condamné à y être guillotiné en 1793. L'obélisque de granit rose qui se dresse au milieu a été offert par l'Égypte en 1831. (M Concorde)

Jardin du Palais-Royal JARDIN

6 Plan p. 60, E3

Ce jardin s'étend au nord du Palais-Royal, où Louis XIV vécut dans sa jeunesse. Il est idéal pour un pique-nique contemplatif, assis sur un banc entre les haies impeccablement taillées, ou une virée shopping dans les trois rangées d'arcades qui l'encadrent merveilleusement : la galerie de Valois (à l'est), la galerie de Montpensier (à l'ouest) et la galerie Beaujolais (au nord). Cependant, c'est la partie sud du site, ponctuée des 260 colonnes à rayures noires et blanches du sculpteur Daniel Buren – qui provoquèrent une polémique lors de leur installation en 1986 –, qui est devenue l'emblème du jardin. (place du Palais-Royal, Ier ; 7h-22h avr-mai, jusqu'à 23h juin-août, 21h30 sept, 20h30 oct-mars ; M Palais-Royal–Musée-du-Louvre)

Église Saint-Eustache ÉGLISE

7 Plan p. 60, F4

Cette magnifique église construite entre 1532 et 1637 est d'abord gothique, sa façade occidentale néoclassique ayant été ajoutée au milieu du XVIIIe siècle. À l'intérieur, de superbes arcs de style gothique flamboyant soutiennent le plafond du chœur. Les décors sont en majorité de styles Renaissance

○ 100% parisien
Le forum des Halles fait peau neuve

Le centre commercial du **Forum des Halles** (plan p. 60, G4 ; www.forum-des-halles.com ; 1 rue Pierre-Lescot, Ier ; ⊙magasins 10h-20h lun-sam ; MLes Halles) a entamé sa longue transformation. Commencés en 2011, les travaux de réhabilitation des Halles devraient être achevés d'ici à 2016, avec l'aboutissement du projet des architectes Patrick Berger et Jacques Anziutti, retenus pour redessiner un équipement des années 1970-1980 qui avait visiblement mal vieilli. À terme, la galerie marchande sera recouverte d'une feuille de verre ondulée et translucide, laissant passer la lumière naturelle. Ce projet a été baptisé "Canopée" par ses concepteurs, en référence au toit naturel formé par les cimes des arbres dans la forêt tropicale. Il s'inscrit dans une stratégie d'ensemble, prévoyant de dégager la vue pour les riverains et de transformer le parc défraîchi en jardins à ciel ouvert dessinés par le paysagiste David Mangin.

Suivez l'évolution du projet sur www.parisleshalles.fr.

et classique. L'énorme orgue est utilisé pour la messe du dimanche. (www.saint-eustache.org ; place du Jour, Ier ; ⊙9h30-19h lun-ven, 9h-19h sam-dim ; MLes Halles)

Palais Garnier   OPÉRA

8 ◎ Plan p. 60, C1

Dominé par Apollon brandissant sa lyre d'or, le palais Garnier, créé par l'architecte Charles Garnier et inauguré en 1875, est le monument phare du second Empire. À l'impératrice Eugénie qui aurait dit avec dédain : "Qu'est-ce que c'est que ce style-là ?!" Garnier aurait répondu : "C'est du Napoléon III" ! Suivez la visite guidée de 90 minutes ou rendez-vous au musée attenant, qui renferme trois siècles de costumes, décors, partitions et autres souvenirs, et qui donne droit à un petit tour dans les coulisses (sauf durant les répétitions et les spectacles en matinée). Ses joyaux sont le grand escalier et la salle de spectacle parée de dorures et de velours rouge, dont l'énorme lustre éclaire le superbe plafond peint par Chagall. (☎0892 89 90 90 ; www.operadeparis.fr ; place de l'Opéra, entrée angle rues Scribe et Auber, IXe ; visite libre 10/6 €, visite guidée 14,50/10 € ; ⊙visite libre 10h-17h tlj, visites guidées mer, sam et dim 11h30 et 15h30, tlj vac scol ; MOpéra)

Pinacothèque   MUSÉE

9 ◎ Plan p. 60, B2

La Pinacothèque propose trois ou quatre grandes expositions par an. Son approche transversale de l'histoire de l'art a révolutionné le monde de l'art

Comprendre
Les passages couverts

Le seul moyen de se familiariser réellement avec une ville est de s'y promener à pied. Ainsi, comme l'évoque le philosophe Walter Benjamin dans son *Livre des passages* (Éd. Cerf, 2009), les passages couverts richement ornés de la capitale sont étroitement liés au concept de flânerie. Ces galeries marchandes au sol de marbre et couvertes d'une verrière laissant filtrer la lumière naturelle ont été construites au début du XIXe siècle sur le modèle des souks arabes et sont les élégants prédécesseurs des centres commerciaux et des grands magasins. Elles permettent de se promener et de faire ses emplettes à l'abri des intempéries et de la circulation.

Aujourd'hui, on trouve de tout dans leurs petites boutiques : bijoux, vêtements et accessoires de stylistes, jouets, livres, antiquités, cartes postales anciennes, timbres, luminaires... Et on peut faire une pause dans un café entre deux achats. Voir p. 190 pour une balade entre quelques-uns des passages les mieux conservés.

parisien, plutôt rigide, et conquis un public habitué à des présentations plus classiques. La programmation est éclectique, allant des masques mayas aux rétrospectives consacrées à des artistes tels qu'Edvard Munch. (www. pinacotheque.com ; 28 place de la Madeleine, VIIIe ; 13/11 € ; ☉10h30-18h sam-mar et jeu, jusqu'à 21h mer et ven ; **M**Madeleine)

Musée du Parfum MUSÉE

10 Plan p. 60, C2

Ce musée, propriété de la parfumerie Fragonard de Grasse, est installé dans un bel hôtel particulier de 1860. Tous les secrets de la fabrication d'un parfum y sont expliqués. On peut y acheter des parfums à prix fabrique. La suite de la visite se fait au **théâtre-musée des Capucines** (39 bd des Capucines, IIe ; entrée libre ; ☉9h-18h lun-sam ; **M**Opéra), qui expose surtout des flacons, en cristal de Bohême notamment. (www.fragonard.com ; 9 rue Scribe, IXe ; entrée libre, visite guidée gratuite ; ☉9h-18h lun-sam, 9h-17h dim ; **M**Opéra)

Musée des Arts décoratifs MUSÉE

11 Plan p. 60, D4

Le musée des Arts décoratifs, installé dans l'une des ailes du Louvre, a subi d'importants travaux de rénovations entre 1996 et 2006. La scénographie réussie dévoile une collection riche de 150 000 objets, témoins du savoir-faire d'artisans et d'industriels (ébénistes, verriers, céramistes, etc.). Des galeries thématiques complètent le parcours chronologique allant du Moyen Âge jusqu'aux années 2000. Des expos temporaires voient passer la fine fleur du design du XXe siècle. Le musée englobe également le **musée de la Mode et du Textile** et le **musée de la Publicité**, dont les collections ne sont montrées que lors d'expositions temporaires, en raison de la fragilité des œuvres. (📞01 44 55 57 50 ; www. lesartsdecoratifs.fr ; 107 rue de Rivoli, Ier ; entrée pour les 3 musées 11/8,50 € ; ⏱11h-18h mar-dim, 11h-21h jeu ; Ⓜ Palais-Royal–Musée-du-Louvre)

Place Vendôme   JOAILLIERS

12 ◉ Plan p. 60, C3

En 1796, le mariage de Napoléon et de Joséphine fut célébré au n°3 de cette place octogonale. Les colonnades abritent aujourd'hui quelques grands joailliers et, au n°15, le Ritz, l'un des palaces parisiens les plus connus. La colonne Vendôme, en pierre et en bronze, haute de 43,5 m, commémore la victoire de Napoléon à Austerlitz en 1805. Les bas-reliefs en spirale illustrent les victoires qui suivirent. Au sommet de la colonne trône une statue du grand homme debout, en empereur romain. (Ⓜ Tuileries ou Opéra)

Se restaurer

Pirouette   NÉOBISTROT €€

13 🍴 Plan p. 60, G4

Dans l'un des meilleurs restaurants de l'ancien "ventre de Paris", l'équipe du chef Tomy Gousset accomplit des miracles. Dans la grande salle aux airs de loft sont servies des créations terriblement alléchantes : canard grillé, asperges agrémentées de main de Bouddha (agrume aromatique) ou encore baba au rhum à la crème chantilly et au citron vert. Des ingrédients rares et une cuisine française présentée sous un nouveau jour. (📞01 40 26 47 81 ; 5 rue Mondétour, Ier ; menu déj 18 €, menu dîner 3/6 plats 40/60 € ; ⏱midi et soir tlj sauf dim ; Ⓜ Les Halles)

Richer   NÉOBISTROT €€

14 🍴 Plan p. 60, G1

Tenu par la même équipe que son voisin d'en face, **L'Office** (📞01 47 70 67 31 ; 3 rue Richer, IXe ; menu déj 2/3 plats 22/27 €, menu dîner 28/34 € ; ⏱midi et soir lun-ven ; Ⓜ Poissonnière ou Bonne-Nouvelle), ce restaurant au décor sobre et aux murs en brique sert des créations de génie comme le tartare de truite accompagné de chou-fleur et de mousse à la tomate et aux agrumes, ou le cheesecake au coing et au citron vert. Il ne prend pas les réservations, mais, s'il est plein, une liste de recommandations dans le quartier est affichée à l'extérieur. Excellent rapport qualité/prix. (www.lericher.com ; 2 rue Richer, IXe ; plats 16-25 € ; ⏱midi et soir tlj ; Ⓜ Poissonnière ou Bonne-Nouvelle)

Frenchie   BISTRONOMIQUE €€€

15 🍴 Plan p. 60, G3

Niché dans une ruelle discrète, ce merveilleux bistrot aux tables en bois et aux murs en vieille pierre est emblématique. Il est toujours plein et ce n'est pas un hasard : les plats, d'un excellent rapport qualité/prix,

Palais Garnier (p. 64)

sont modernes, de saison (le menu change chaque jour avec deux plats au choix) et préparés avec juste ce qu'il faut de créativité sans prétention par le chef Gregory Marchand. Obtenir une réservation demande de la persévérance. (☎ 01 40 39 96 19 ; www.frenchie-restaurant. com ; 5 rue du Nil, IIe ; menu 58 €, plats 45-90 € ; ☺ soir lun-ven ; Ⓜ Sentier)

Verjus AMÉRICAIN MODERNE €€€

16 ✖ Plan p. 60, E3

Ouvert par le duo américain Braden Perkins et Laura Adrian, Verjus est né en réponse au succès de leur ancien club gastronomique, le Hidden Kitchen. Le restaurant perpétue cette tradition, en permettant de goûter une excellente cuisine créative (gnocchis aux champignons shiitake et au parmesan, confit de sanglier à la compotée de cerises) dans une ambiance décontractée. Le menu dégustation décline une série de petites assiettes préparées à base de produits provenant directement de leurs producteurs. (☎ 01 42 97 54 40 ; www.verjusparis.com ; 52 rue de Richelieu, Ier ; menu dégustation 68 € ; ☺ soir lun-ven ; Ⓜ Bourse ou Palais-Royal–Musée-du-Louvre)

Floquifil FRANÇAIS TRADITIONNEL €€

17 ✖ Plan p. 60, F1

Le Floquifil incarne l'image que l'on se fait généralement du bar à vins parisien : petite terrasse, meubles en bois sombre, murs vert d'eau et bouteilles à foison. Les vins au verre sont excellents, mais vous manquerez quelque chose si vous ne dînez pas sur place (par exemple d'un rôti d'agneau au romarin garni de ratatouille ou, au moins, d'une planche de charcuterie). (☎01 84 19 42 12 ; www.floquifil.fr ; 17 rue de Montyon, IXe ; plats 14-25 € ; ☺midi et soir lun-ven, soir sam ; Ⓜ Grands-Boulevards)

L'Ardoise
BISTROT €€

18 🍴 Plan p. 60, B3

Ce charmant bistrot où – comme son nom l'indique – les plats sont affichés à l'ardoise sert une cuisine exquise, concoctée par le chef Pierre Jay (ancien de la Tour d'Argent). Au menu : fricassée de poulet fermier aux morilles, joues de porc au gingembre ou encore lièvre au poivre noir. (☎01 42 96 28 18 ; www.lardoise-paris.com ; 28 rue du Mont-Thabor, Ier ; menu 38 € ; ☺midi lun-sam, soir lun-dim ; Ⓜ Concorde ou Tuileries)

La Tour de Montlhéry – Chez Denise
FRANÇAIS TRADITIONNEL €€

19 🍴 Plan p. 60, F4

Restaurant le plus traditionnel du quartier des Halles, ce vieux bistrot animé aux nappes à carreaux est tenu par la même équipe depuis une trentaine d'années. Si vous venez d'arriver et souhaitez déguster tous les classiques de la gastronomie française – escargots au beurre d'ail, foie de veau, steak tartare, joue de bœuf braisée et pâtés maison –, la réservation s'impose. Ouvert jusqu'à 5h du matin. (☎01 42 36 21 82 ; 5 rue des Prouvaires, Ier ; plats 23-28 € ; ☺midi et soir lun-ven ; Ⓜ Châtelet)

Yam'Tcha
FUSION €€€

20 🍴 Plan p. 60, F5

Adeline Grattard a décroché une étoile au Michelin pour ses mariages ingénieux de saveurs françaises et chinoises. Les plats, souvent renouvelés, s'accordent avec du vin ou du thé. Essayez le menu déjeuner (60 €), du mercredi au vendredi. Réservez au moins un mois à l'avance. La boutique de *baos* (brioche vapeur) à emporter se trouve à deux pas, au 4 rue Sauval. (☎01 40 26 08 07 ; 121 rue Saint-Honoré, Ier ; menu 100 € ; ☺midi mer-sam, soir mar-sam ; Ⓜ Louvre-Rivoli)

Passage 53
GASTRONOMIQUE €€€

21 🍴 Plan p. 60, F2

Aucune adresse du passage des Panoramas ne tranche autant avec l'agitation extérieure que le n°53. Véritable oasis de tranquillité, ce restaurant gastronomique est une ode aux produits français, travaillés à la perfection par le chef japonais Shinichi Sato. Réservation conseillée. (☎01 42 33 04 35 ; www.passage53.com ; 53 passage des Panoramas, IIe ; menu déj/dîner 60/130 € ; ☺midi et soir mar-sam ; Ⓜ Grands-Boulevards ou Bourse)

Blend
BURGERS €

22 🍴 Plan p. 60, F3

Un burger ne peut pas être un simple hamburger à Paris, où les amateurs du genre s'extasient sur les créations gastronomiques du Blend. Pain brioché et ketchup maison, steak haché au couteau et garnitures incroyablement inventives transforment l'humble sandwich en un plat vraiment spécial. Frites en supplément. (☎01 40 26 84 57 ;

www.blendhamburger.com ; 44 rue d'Argout, IIe ; burger et frites 14 € ; ☺midi et soir tlj ; Ⓜ Sentier)

Le Soufflé
SOUFFLÉS €€

 23 Plan p. 60, B3

Cette adresse familiale met à l'honneur les soufflés salés (aux escargots et au foie gras par exemple) et sucrés (poire-chocolat, Grand Marnier, etc.). (☏01 42 60 27 19 ; www.lesouffle.fr ; 36 rue du Mont-Thabor, Ier ; soufflés 13-19 €, menus 37/44 € ; ☺midi et soir tlj sauf dim ; Ⓜ Concorde ou Tuileries)

Frenchie To Go
FAST-FOOD GASTRO €

 24 Plan p. 60, G3

Malgré ses défauts – nombre de places limité, *donuts* hors de prix –, le fast-food de l'empire en plein essor du Frenchie (p. 66) est très prisé. Le personnel, bilingue, transforme des ingrédients de choix (comme les morceaux de viande provenant des fermes Ginger Pig, dans le Yorkshire) en classiques américains tels que les sandwichs au *pulled-pork* et au pastrami accompagnés d'un cornet de frites, de *coleslaw* et de petits légumes au vinaigre. (www.frenchietogo.com ; 9 rue du Nil, IIe ; sandwichs 8-14 € ; ☺8h30-16h30 lun-ven, 9h30-17h30 sam-dim ; 🛜 ; Ⓜ Sentier)

Le Grand Véfour
GASTRONOMIQUE €€€

 25 Plan p. 60, E3

Ce joyau, tout en lustres et en miroirs dorés, ouvert en 1784, eut Napoléon comme client. Le chef étoilé Guy Martin maintient aujourd'hui avec brio la réputation de l'établissement. Un sommelier marie les inventions

saisonnières du chef avec les meilleurs vins français. (☏01 42 96 56 27 ; www.grand-vefour.com ; 17 rue de Beaujolais, Ier ; menu déj/dîner 98/298 € ; ☺midi et soir lun-ven ; Ⓜ Pyramides)

Prendre un verre

Harry's New York Bar
BAR À COCKTAILS

26 Plan p. 60, C2

Le souvenir de Hemingway et de F. Scott Fitzgerald est inséparable de ce bar lambrissé. Le Harry's a légué à la postérité toute une série de cocktails, dont le Bloody Mary, inventé en 1921 lors de l'apparition du jus de tomate

en boîte, ou encore le Blue Lagoon
en 1960. L'intérieur en acajou de Cuba
date du milieu du XIXᵉ siècle et fut
déménagé d'un bar de Manhattan en
1911. Le piano-bar, au sous-sol, résonne
de chansons de crooner à la Frank
Sinatra. (www.harrys-bar.fr ; 5 rue Daunou, IIᵉ ;
⏰12h-2h dim-jeu, 12h-3h ven-sam, piano-bar
22h-2h mar-jeu, 22h-3h ven-sam ; Ⓜ Opéra)

Angelina
SALON DE THÉ

 27 Plan p. 60, C3

Ce merveilleux salon de thé, ouvert
depuis 1903, est renommé pour son
chocolat chaud africain servi avec de
la crème chantilly (8,20 €). Si vous êtes
avec des enfants, ils seront l'objet de
toutes les attentions. (www.angelina-paris.
fr ; 226 rue de Rivoli, Iᵉʳ ; ⏰8h-19h lun-ven,
9h-19h sam-dim ; Ⓜ Tuileries)

Le Garde Robe
BAR À VINS

28 Plan p. 60, F5

Le Garde Robe est probablement
le seul bar du monde à servir de
l'alcool avec un menu "Détox". Dans
une ambiance détendue, il propose
d'excellents vins naturels à prix
abordables et un bon choix de plats
allant des classiques planches de
charcuterie et de fromage aux options
végétariennes, plus audacieuses.
(41 rue de l'Arbre-Sec, Iᵉʳ ; ⏰12h30-14h
et 19h30-23h lun-ven ; Ⓜ Louvre-Rivoli)

Lockwood
CAFÉ, BAR

 29 Plan p. 60, G3

Les *hipsters* amateurs de cafés peuvent
déguster la production de la brûlerie
de Belleville (p. 210) la journée et des

cocktails parfaitement préparés dans
la cave voûtée éclairée à la bougie le
soir. (73 rue d'Aboukir, IIᵉ ; ⏰8h-2h lun-sam ;
Ⓜ Sentier)

Experimental Cocktail Club
BAR À COCKTAILS

30 Plan p. 60, G3

Surnommé l'ECC par les habitués,
ce *speakeasy* à la porte grise et au
plafond orné de poutres anciennes,
naturellement branché, renvoie dans
les Années folles de la Prohibition
à New York. Son décor rétro chic est
conçu par le designer américain Cuoco
Black. L'établissement possède des
adresses à Londres et à New York.
(www.experimentalcocktailclub.com ; 37 rue
Saint-Saveur, IIᵉ ; ⏰19h-2h tlj ; Ⓜ Réaumur-
Sébastopol)

Telescope
CAFÉ

31 Plan p. 60, D3

Ce café minimaliste, qui prépare
des cappuccinos mousseux et sert de
délicieuses pâtisseries, est doté d'un
barista hors pair. (www.telescopecafe.com ;
5 rue Villedo, Iᵉʳ ; ⏰8h30-17h lun-ven, 9h30-
18h30 sam ; Ⓜ Pyramides)

Sortir

Opéra Garnier
OPÉRA

32 Plan p. 60, C1

L'opéra historique de Paris est plus
petit que l'Opéra Bastille, mais son
acoustique est parfaite. Depuis la

création de l'Opéra Bastille, Garnier s'est recentré sur la danse. Même si le répertoire du Ballet de l'Opéra s'étend aux créations de chorégraphes contemporains, les grands ballets romantiques et classiques tiennent le haut de l'affiche. La salle rouge et or, éclairée par l'immense lustre de cristal et réchauffée par les teintes du plafond de Marc Chagall, offre un écrin somptueux aux spectacles. Les places ne sont pas forcément hors de prix : à partir de 25 € par exemple pour celles situées tout en haut, à l'amphithéâtre et dans les loges latérales, voire même 10 € pour les places "sans visibilité" ! Tarifs et conditions disponibles à la **billetterie** (angle rue Scribe et rue Auber ; ⏱11h-18h30 lun-sam). (☎0892 89 90 90 ; www.operadeparis.fr ; place de l'Opéra, IXᵉ ; 10-210 € ; Ⓜ Opéra)

Au Limonaire BISTROT À CHANSONS

33 ⭐ Plan p. 60, F1

Ce petit bar typiquement parisien monte de superbes soirées de chansons traditionnelles dans une atmosphère simple et conviviale. (☎01 45 23 33 33 ; limonaire.free.fr ; 18 cité Bergère, IXᵉ ; ⏱18h-2h mar-sam, à partir de 7h dim-lun ; Ⓜ Grands-Boulevards)

Comédie-Française THÉÂTRE

34 ⭐ Plan p. 60, D4

Le plus ancien théâtre de France, créé en 1680, a le grand mérite de proposer des spectacles de haute volée à des prix très raisonnables (places de 13 à 41 €) ! Les sièges les

Bon plan

Réserver ses places de théâtre

L'**Agence Perrossier** (plan p. 60, B2 ; ☎01 44 77 88 55 ; www.agence detheatresdeparis.com ; 6 place de la Madeleine, VIIIᵉ ; ⏱10h-19h lun-ven ; Ⓜ Madeleine) vend des places de théâtre et le **Kiosque Théâtre Madeleine** (plan p. 60, B2 ; www. kiosquetheatre.com ; en face du 15 place de la Madeleine, VIIIᵉ ; ⏱12h30-20h mar-sam, 12h30-16h dim ; Ⓜ Madeleine) propose des billets à prix réduits.

moins chers et sur le côté n'offrent toutefois qu'une vision tronquée de la scène. La Comédie-Française comprend la fastueuse **salle Richelieu** (place Colette, Iᵉʳ), décorée de pourpre et d'or, le **Studio-Théâtre** (galerie du Carrousel du Louvre, 99 rue de Rivoli, Iᵉʳ), à quelques mètres de la salle Richelieu, et le **théâtre du Vieux-Colombier** (21 rue du Vieux-Colombier, VIᵉ). (☎0825 10 16 80 ; www.comedie-francaise.fr ; place Colette, Iᵉʳ ; billets 13-41 € ; ⏱billetterie 11h-18h tlj ; Ⓜ Palais-Royal–Musée-du-Louvre)

Forum des images CINÉMA

35 ⭐ Plan p. 60, F4

Créé en 1988 pour constituer la "mémoire audiovisuelle" de Paris, le Forum des images rassemble tous les films contenant des images de la capitale. Rénové dans des tons roses, gris et noirs, ce cinéma doté

100% parisien

La rue du Faubourg-Saint-Denis

Jusqu'ici sociologiquement très populaire, le sud de cette artère, entre les Grands Boulevards et la rue Paradis, est devenu en quelques années un haut lieu des nuits parisiennes. Autrefois dévolu entièrement au commerce de bouche, le secteur a peu à peu laissé place à des bars et à des restaurants branchés. La "hype attitude" se propage au-delà des institutions branchées du quartier que sont **Chez Jeannette** (☎ 01 47 70 30 89 ; www.chezjeanette. com ; 47 rue du Faubourg-Saint-Denis, X^e ; Ⓜ Strasbourg-Saint-Denis) et le **New Morning** (☎ 01 45 23 51 41 ; www.newmorning.com ; 7-9 rue des Petites-Écuries, X^e ; Ⓜ Château-d'Eau), petite salle mythique qui accueille le meilleur du jazz, du blues, du funk ou de la salsa. De nouvelles adresses ont vu le jour récemment, comme **Le Pompon** (☎ 01 53 34 60 85 ; www.lepompon. fr ; 39 rue des Petites-Écuries, X^e ; Ⓜ Bonne-Nouvelle), bar-club *arty* devenu incontournable, et certains établissements ont subi un lifting complet.

de cinq salles de projection possède aujourd'hui une nouvelle bibliothèque et un centre de recherches où l'on peut également visionner des émissions de télévision, des documentaires et des publicités. Consultez le site Internet pour connaître les cycles thématiques, festivals et événements organisés toute l'année. (www.forumdesimages.fr ; 1 Grande Galerie, Porte Saint-Eustache, Forum des Halles, Ier ; ⏱ 13h-23h mar-ven, 14h-23h sam-dim ; Ⓜ Les Halles)

Le Grand Rex   CINÉMA

36 ⭐ Plan p. 60, G2

Outre des projections de films, ce superbe cinéma Art déco, inauguré par Louis Lumière en 1932, propose des visites interactives très divertissantes de 50 minutes de ses coulisses. Muni d'un capteur autour du cou, vous monterez derrière l'écran géant à bord d'un ascenseur, puis pénétrerez dans un studio d'enregistrement et de bruitage (où vous pourrez voir et entendre votre propre production). La visite, pleine d'effets spéciaux époustouflants, ravira petits et grands. (www.legrandrex.com ; 1 bd Poissonnière, IIe ; visite 11/9 € ; ⏱ 10h-19h mer-dim, vac scol tlj ; Ⓜ Bonne-Nouvelle)

Folies-Bergère   SPECTACLES, CONCERTS

37 ⭐ Plan p. 60, F1

C'est dans ce club légendaire que Charlie Chaplin, WC Fields et Stan Laurel se produisirent ensemble un soir de 1911 et que Joséphine Baker, accompagnée de son guépard au collier de diamants et vêtue simplement de chaussures à talons et d'une jupe composée de bananes, enchanta un public comprenant Ernest Hemingway. Aujourd'hui, cette salle accueille une programmation éclectique, allant des concerts d'artistes solo tel Ben

Harper aux spectacles d'humoristes français et aux comédies musicales. (www.foliesbergere.com ; 32 rue Richer, IXᵉ ; Cadet)

Social Club
CLUBBING

38 Plan p. 60, F2

Un grand et bel espace qui accueille DJ, concerts et aftershows (électro, hip-hop, funk…), dans les anciennes imprimeries du journal *L'Aurore*. Ici, on décloisonne les styles, les genres, les publics, dans un décor Rubik's Cube. L'entrée est souvent libre la semaine et payante les vendredi et samedi. (www.parissocialclub.com ; 142 rue Montmartre, IIᵉ ; 0-15 € ; 🕙23h-6h mar-sam ; Ⓜ Grands-Boulevards ou Bourse)

Rex Club
CLUBBING

Un ancien dancing à côté du Grand Rex (voir 36 ⭐ plan p. 60, G2) devenu le temple de la musique électro à Paris (techno, house, hip-hop, minimal). Un succès non démenti depuis que Laurent Garnier y a lancé le mouvement techno. On y croise les plus grands DJ internationaux. (www.rexclub.com ; 5 bd Poissonnière, IIᵉ ; 5-20 € ; 🕙23h30-6h jeu-sam ; Ⓜ Bonne-Nouvelle)

Le Tigre by L'Alternative
CLUBBING

39 ⭐ Plan p. 60, D3

Ce Tigre centenaire a eu plusieurs vies. Cabaret avant de se transformer en club 100% électro, il se proclame aujourd'hui "maison de nuit rock & roll" et accueille de nombreux DJ en vue. Un boudoir cosy tendance rococo d'une capacité d'environ 120 personnes, où se croise pas mal de beau monde. Mieux vaut venir looké pour espérer franchir son

seuil. (📞01 42 96 33 27 ; www.lalternative.fr ; 5 rue Molière, Iᵉʳ ; entrée libre ; 🕙22h-5h mer-jeu, 23h-5h ven-sam ; Ⓜ Palais-Royal–Musée-du-Louvre)

Opéra-Comique
LYRIQUE

40 ⭐ Plan p. 60, E2

On ne rit pas nécessairement salle Favart, le "comique" étant ici un genre théâtral où des morceaux chantés s'intègrent à du théâtre parlé. Si de nombreux ouvrages lyriques du Grand Siècle sont donnés dans ce beau théâtre à l'italienne, on y monte aussi des pièces de théâtre sans musique. Places sans visibilité à 6 €. (📞08 25 01 01 23 ; www.opera-comique.com ; place Boieldieu, IIᵉ ; 10-120 € ; Ⓜ Richelieu-Drouot)

L'Olympia
CONCERTS

41 ⭐ Plan p. 60, C2

Ouverte en 1888 par le fondateur du Moulin-Rouge, cette salle de concerts mythique a vu défiler tous les grands noms de la chanson. (www.olympiahall.com ; 28 bd des Capucines, IXᵉ ; à partir de 20 € ; 🕙billetterie 12h-19h lun-ven ; Ⓜ Opéra)

Théâtre de la Ville
DANSE ET THÉÂTRE

42 ⭐ Plan p. 60, G5

Le temple de la danse contemporaine. Tous les grands chorégraphes (Anne Teresa De Keersmaeker, William Forsythe, Jan Fabre, Carolyn Carlson) y présentent leurs spectacles et Pina Bausch y a longtemps déchaîné les passions. Les fidèles étant nombreux à renouveler leur abonnement d'une année sur l'autre, il faut se précipiter dès l'ouverture des réservations, soit 21 jours avant la première représentation du spectacle convoité. (www.theatredelaville-paris.com ; 2 place du Châtelet, IVᵉ ; 19-35 € ; ⊘billetterie 11h-20h mar-sam ; Ⓜ Châtelet)

Shopping

Didier Ludot DÉPÔT-VENTE DE LUXE

43 🔒 Plan p. 60, E3

Depuis 1975, le collectionneur Didier Ludot vend les plus belles créations de haute couture parisienne d'hier dans ses deux boutiques prestigieuses. Il organise des expositions et a publié un livre présentant l'évolution de la petite robe noire, brillamment mise en valeur dans son autre magasin, **La Petite Robe Noire** (125 galerie de Valois, Iᵉʳ ; ⊘11h-19h lun-sam ; Ⓜ Palais-Royal–Musée-du-Louvre), qui ne vend que cette pièce. (www.didierludot.fr ; 19-20 et 23-24 galerie de Montpensier, Iᵉʳ ; ⊘10h30-19h lun-sam ; Ⓜ Palais Royal–Musée-du-Louvre)

Galeries Lafayette GRAND MAGASIN

44 🔒 Plan p. 60, D1

Sous les vitraux de sa coupole, ce luxueux magasin rassemble d'innombrables marques de vêtements, avec défilé de mode gratuit tous les vendredis à 15h (réservation 📞01 42 82 30 25 ; ⊘15h ven mars-juin et sept-déc). Du café situé sur le toit, la vue est magnifique. Deux magasins sont reliés par une passerelle et un troisième, en face, est consacré à la déco : **Lafayette Maison** (35 bd Haussmann). Vous pourrez aussi voir une exposition d'art moderne dans la **Galerie des Galeries** (www.galeriedesgaleries.com ; 1ᵉʳ étage ; entrée libre ; ⊘11h-19h mar-sam), admirer gratuitement la vue depuis le toit ou faire une pause dans l'un des restaurants et cafés. (www.galerieslafayette.com ; 40 bd Haussmann, IXᵉ ; ⊘9h30-20h lun-mer, ven et sam, jusqu'à 21h jeu ; Ⓜ Auber ou Chaussée-d'Antin)

Printemps GRAND MAGASIN

45 🔒 Plan p. 60, C1

Le bâtiment de l'incontournable grand magasin parisien est vraiment superbe : sa façade et la célèbre coupole sont même classées monuments historiques. Les rayons mode, accessoires et déco, à la pointe des tendances, occupent 3 bâtiments mitoyens. Des conseillers personnels sont mis gratuitement à votre disposition pour vous aider dans vos achats. L'accès à la terrasse panoramique du toit est gratuit. Le magasin comporte de luxueux restaurants, dont une annexe de Ladurée. (www.printemps.com ; 64 bd Haussmann, IXᵉ ; ⊘9h35-20h lun-sam, jusqu'à 22h jeu ; Ⓜ Havre-Caumartin)

Kiliwatch VINTAGE

46 🔒 Plan p. 60, F3

Ce vaste espace propose, dans une ambiance détendue, des vêtements streetwear originaux, des baskets, des lunettes, des sacs, et toujours un large choix de vintage de qualité. Corner tenu par la librairie OFR, spécialisée dans l'image. Bonne adresse pour les jeans. (espacekiliwatch.fr ; 64 rue Tiquetonne, IIᵉ ; ⊘10h30-19h lun, 10h30-19h45 mar-sam ; Ⓜ Étienne-Marcel)

Legrand Filles & Fils VIN

47 Plan p. 60, E3

Installé dans la galerie Vivienne depuis 1880, ce merveilleux caviste propose des vins et des ustensiles liés au vin. Des dégustations découvertes ont lieu régulièrement, notamment le mardi pour les grands crus (sur réservation, tarifs variables selon les vins) ; consultez le site Internet. Au comptoir, on peut aussi savourer un verre de vin, accompagné de charcuterie et de fromage. (www.caves-legrand.com ; 1 rue de la Banque, IIe ; 🕐12h-19h30 lun- sam ; Ⓜ Pyramides)

Colette CONCEPT STORE

48 Plan p. 60, C3

Cela fait plus de dix ans que Colette fait la pluie et le beau temps des toutes dernières tendances. Si le rez-de-chaussée est dévolu au high-tech, aux livres, à la musique et à la beauté, le premier étage est le temple de la mode homme et femme. La mezzanine accueille des expos, tandis qu'au sous-sol le "*water bar*" avec Wi-Fi sert une centaine d'eaux minérales venues du monde entier. (www.colette.fr ; 213 rue Saint-Honoré, Ier ; 🕐11h-19h lun-sam ; Ⓜ Tuileries)

Antoine PARAPLUIES ET CANNES

49 Plan p. 60, D3

Cette boutique fut fondée en 1745 par M. et Mme Antoine, qui eurent l'idée de louer des parapluies. On y vend aujourd'hui des dizaines de modèles, ainsi que des cannes et des accessoires

100% parisien
La place de la Madeleine

De nombreuses enseignes pour gourmets, où l'on peut souvent manger sur place, bordent la **place de la Madeleine** (plan p. 60, B2 ; VIIIe ; Ⓜ Madeleine). Citons notamment la **Maison de la Truffe** (📞01 42 65 53 22 ; www.maison-de-la-truffe.com ; n°19 ; 🕐10h-23h lun-sam) ; l'épicerie fine **Hédiard** (www.hediard.fr ; n°2 ; 🕐9h-20h lun-sam) ; la boutique **Maille** (📞01 40 15 06 00 ; www.maille.com ; n°6 ; 🕐10h-19h lun-sam), spécialiste de la moutarde ; et le traiteur le plus célèbre de Paris, **Fauchon** (📞01 70 39 38 00 ; www.fauchon.fr ; n°26 et 30 ; 🕐8h30-20h30 lun-sam), qui vend des mets tous plus appétissants les uns que les autres – des foies gras aux confitures, en passant par les chocolats et les pâtisseries. Tout près de la place se trouve également la **Maison du Miel** (📞01 47 42 26 70 ; www.maisondumiel.com ; 24 rue Vignon, IXe ; 🕐9h30-19h lun-sam ; Ⓜ Madeleine).

(gants, éventails…). (www.antoine1745.com ; 10 av. de l'Opéra, Ier ; 🕐10h30-18h30 lun-sam ; Ⓜ Palais-Royal–Musée-du-Louvre ou Pyramides)

Marché aux fleurs Madeleine MARCHÉ

Ce marché (voir **4** 🔵 plan p. 60, B2) coloré existe depuis 1832. (place de la Madeleine, VIIIe ; 🕐8h-19h30 lun-sam ; Ⓜ Madeleine)

Explorer

Sacré-Cœur et Montmartre

Malgré la fréquentation touristique, les rues dérobées de Montmartre, ponctuées de squares, d'escaliers et de vues imprenables, dégagent un charme féerique. Couronné par la basilique du Sacré-Cœur, Montmartre est le quartier le plus escarpé de Paris. Son panorama en surplomb, ses vignes et ses places secrètes inspirent les peintres depuis le XIXᵉ siècle. Ces dernières années, les restaurants et bars branchés ont migré vers le sud du quartier, surnommé "SoPi" ("South Pigalle").

L'essentiel en un jour

☀ L'endroit se prête à la promenade, notamment tôt le matin, lorsque les touristes se font plus rares. Partez du **Sacré-Cœur** (p. 78), au sommet de la butte, pour une vue imprenable sur Paris – surtout depuis l'intérieur du dôme –, puis visitez l'**Espace Dalí Montmartre** (p. 83).

☀ Après un déjeuner au **Bistrot La Bruyère** (p. 85), flânez dans le paisible **cimetière de Montmartre** (p. 83) avant de vous rendre dans l'un des plus charmants musées de la ville, le **musée de la Vie romantique** (p. 83), dédié à George Sand. Pour un romantisme d'un tout autre genre, jetez un coup d'œil au **musée de l'Érotisme** (p. 83), à Pigalle, le quartier rouge de la capitale, avant d'aller prendre l'apéritif à **La Fourmi** (p. 88).

☾ Descendez la **rue des Martyrs** (p. 89) pour aller dîner au bistrot de quartier **Le Miroir** (p. 89), avant d'assister à un cabaret au **Moulin-Rouge** (p. 90) ou à un concert à **La Cigale** (p. 89).

Pour un aperçu du patrimoine artistique de Montmartre, reportez-vous p. 80.

👁 Les incontournables

Sacré-Cœur (p. 78)

🔍 100% parisien

L'art à Montmartre (p. 80)

♥ Le meilleur du quartier

Musées
Espace Dalí Montmartre (p. 83)

Se restaurer
Le Pantruche (p. 84)
Le Miroir (p. 89)

Prendre un verre
Le Progrès (p. 88)

Mode
La Citadelle (p. 91)

Sorties nocturnes
Moulin-Rouge (p. 90)
Le Divan du Monde (p. 90)

Comment y aller

Ⓜ **Métro** La station Anvers (ligne 2) est la plus pratique pour accéder au Sacré-Cœur et au funiculaire.

Ⓜ **Métro** Les stations Abbesses et Lamarck-Caulaincourt (ligne 12) sont au cœur de Montmartre.

Ⓜ **Métro** Les stations Blanche et Pigalle (ligne 2) sont les plus proches des restaurants et clubs de Pigalle.

Les incontournables
Le Sacré-Cœur

Au-dessus de Montmartre se découpent les coupoles immaculées de la basilique du Sacré-Cœur. Débutée en 1875, la basilique fut achevée en 1914 mais ne fut consacrée qu'après la Première Guerre mondiale, en 1919. La vue sur Paris depuis l'escalier devant la façade et, encore plus haut, depuis le dôme justifie à elle seule le déplacement. Par temps clair, on peut même voir jusqu'à 50 km à la ronde.

◉ Plan p. 82, D2

www.sacre-coeur-montmartre.com

Parvis du Sacré-Cœur

entrée libre ; dôme adulte/enfant 6/4 €

⊙6h-22h30, dôme 9h-19h avr-sept, 9h-17h30 oct-mars

Ⓜ Anvers

À ne pas manquer

Histoire

L'architecture romano-byzantine de la basilique est signée Paul Abadie. Dédiée au Sacré-Cœur de Jésus, elle devait permettre à la France de se racheter au sens spirituel de la guerre franco-prussienne (1870-1871), dont la défaite était interprétée par Monseigneur Fournier comme une punition divine. Sa construction, dans le cadre d'un nouvel "ordre moral", fut largement financée par des dons privés.

Saint sacrement

En un sens, la rédemption n'a jamais cessé au sein de la basilique : un cycle de prières commencé en 1835 continue jour et nuit, avec une Adoration perpétuelle du saint sacrement exposé au-dessus du maître-autel.

Le dôme

La vue depuis le Sacré-Cœur est encore plus impressionnante depuis le dôme principal (234 marches en colimaçon, 83 m de hauteur), perché à 200 m d'altitude et deuxième point le plus élevé de Paris après la tour Eiffel.

La crypte

L'entrée au dôme donne également accès à l'immense crypte bordée de chapelles.

La Savoyarde

C'est ainsi que se nomme la plus grosse cloche de France. Fondue à Annecy, elle fut offerte par les quatre diocèses de Savoie en 1895. L'immense clocher carré de la basilique abrite ce géant de 19 tonnes.

Mosaïque du Christ en gloire

Dans l'abside, la magnifique mosaïque du *Christ en gloire*, réalisée par Luc-Olivier Merson en 1922, est l'une des plus grandes au monde. Ses teintes dorées illuminent l'intérieur sombre de la basilique.

☑ À savoir

▶ Pour éviter l'ascension à pied jusqu'à la basilique, prenez le **funiculaire** (🕑 6h-minuit) : sur 36 m à flanc de coteau (1 minute 30 de trajet), vous jouirez d'un superbe panorama. Les tickets de métro et cartes de transport sont valables. On trouve aussi des guichets au départ et à l'arrivée.

▶ Les photographies et vidéos sont interdites dans la basilique.

▶ Gardez toujours un œil sur vos effets personnels, les alentours de la basilique étant un endroit de prédilection pour les pickpockets.

✗ Une petite faim ?

Si le quartier compte son lot de pièges à touristes, **Chez Plumeau** (plan p. 82, D2 ; 📞 01 46 06 26 29 ; 4 place du Calvaire, XVIIIe ; plats 15-26 € ; 🕑 11h-minuit avr-sept, midi et soir jeu-lun oct-mars ; 🖥 ; Ⓜ Abbesses) offre un bon rapport qualité/prix et s'ouvre sur une belle terrasse.

100% parisien
L'art à Montmartre

Pendant des siècles, Montmartre était un village bucolique qui approvisionnait Paris en farine grâce à ses moulins. Une fois intégré à la capitale en 1860, son charme pittoresque et ses bas loyers attirèrent des peintres comme Manet, Degas, Renoir, Van Gogh, Toulouse-Lautrec, Dufy, Picasso, Utrillo, Modigliani et Dalí, pendant son âge d'or, fin XIXe-début XXe.

❶ Le café d'Amélie

Commencez par un expresso dans ce café bohème où Amélie Poulain travaillait comme serveuse dans le film éponyme. Le **café des Deux Moulins** (15 rue Lepic, XVIIIe ; ⏰7h30-1h ; Ⓜ Blanche) a conservé sa simplicité. Idéal pour observer la vie montmartroise.

❷ Maison de Van Gogh

Théo Van Gogh était propriétaire du 54 rue Lepic. Son frère Vincent vécut

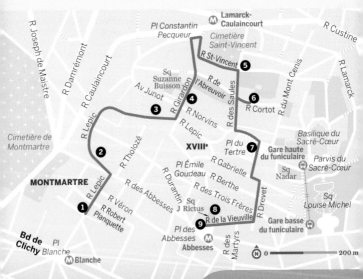

avec lui au 3e étage pendant deux ans à partir de 1886.

❸ Guinguette de Renoir

Des 14 moulins que comptait Montmartre, deux ont survécu : le Blute-Fin (1622 ; visible de la rue Lepic) et le Radet (1717 ; aujourd'hui un restaurant, Le Moulin de la Galette), à l'angle des rues Lepic et Girardon. Au XIXe siècle, ces moulins à vent furent transformés en guinguette, **Le Moulin de la Galette**, immortalisé par Renoir dans son tableau de 1876, *Le Bal du Moulin de la Galette* (conservé au musée d'Orsay ; p. 158).

❹ Le Passe-Muraille

Place Marcel-Aymé, au croisement de la rue Girardon et de la rue Norvins, une étrange sculpture semble sortir du mur : *Le Passe-Muraille*, réalisée par l'acteur Jean Marais en hommage à l'écrivain. Marcel Aymé habita l'immeuble attenant entre 1902 et 1967.

❺ La fresque "à Gill"

Sur la façade du cabaret légendaire **Au Lapin Agile** (📞 01 46 06 85 87 ; www.au-lapin-agile.com ; 22 rue des Saules, XVIIIe ; billets 28/20 €, pas de tarif réduit sam ; 🕑 21h-1h mar-dim ; Ⓜ Lamarck-Caulaincourt), admirez la peinture murale du caricaturiste André Gill, *Le Lapin à Gill*, représentant un lapin bondissant d'une casserole. Les **vignes de Montmartre** se trouvent juste à côté (voir 6 ◉ plan p. 82, D1).

❻ Cours d'histoire locale

L'histoire locale prend vie grâce aux tableaux et aux documents du **musée de Montmartre** (www.museedemontmartre.fr ; 12 rue Cortot, XVIIIe ; 9/7,50 € ; 🕑 10h-18h tlj ; Ⓜ Lamarck-Caulaincourt), qui occupe le plus ancien bâtiment du quartier, un manoir du XVIIe siècle entouré de jardins, où vécurent Renoir, Utrillo et Dufy. L'atelier-appartement restauré de Suzanne Valadon a rouvert depuis peu.

❼ Artistes à l'œuvre

La **place du Tertre** (Ⓜ Abbesses), place principale du village d'origine, a toujours attiré de nombreux peintres. Des artistes locaux, souvent très talentueux, peignent, dessinent et vendent leurs créations sur place. Les portraitistes, les musiciens ambulants et les foules de touristes confèrent au tableau un air de carnaval. Incontournable.

❽ Détour romantique

Les amoureux pourront se dire "Je t'aime" sous le *Mur des je t'aime* du square Jehan-Rictus.

❾ L'art de voyager

Avec sa marquise et ses deux réverbères en fer forgé d'origine qui illuminent l'inscription vert et jaune *Metropolitain*, toujours intacts, la **station Abbesses** est le plus bel exemple des bouches de métro Art nouveau (de style "nouille") créées par l'architecte Hector Guimard.

Nos adresses	
◉ Les incontournables	p. 78
◉ Voir	p. 83
✕ Se restaurer	p. 84
✕ Prendre un verre	p. 88
✱ Sortir	p. 89
ⓐ Shopping	p. 91

Voir

Espace Dalí Montmartre   MUSÉE

1 Plan p. 82, C2

Salvador Dalí vécut à Montmartre. Les illustrations, les sculptures, les gravures et les meubles (le célèbre sofa en forme de lèvres par exemple) du grand surréaliste d'origine catalane sont exposés sur des murs noirs. (www.daliparis.com ; 11 rue Poulbot, XVIIIe ; 11,50/6,50 € ; ⊙10h-18h, jusqu'à 20h juil-août ; ⓂAbbesses)

Musée de la Vie romantique   MUSÉE

2 Plan p. 82, B3

Dans le quartier jadis connu sous le nom de "Nouvelle Athènes", ce musée est consacré à la vie et à l'œuvre d'Amandine Aurore Lucile Dupin, baronne Dudevant, alias George Sand (1804-1876), et à son cercle intellectuel. Il renferme de nombreux tableaux, objets d'art et effets personnels de la femme de lettres. Le jardin est minuscule mais ravissant. (www.vie-romantique.paris.fr ; 16 rue Chaptal, IXe ; entrée libre ; ⊙10h-18h mar-dim ; ⓂBlanche ou Saint-Georges)

Cimetière de Montmartre   CIMETIÈRE

3 Plan p. 82, B2

Ce charmant cimetière aux allées pavées fut ouvert en 1798. Parmi les personnages célèbres qui y sont enterrés figurent notamment Alexandre Dumas, Stendhal (Henri Beyle de son vrai nom), Jacques Offenbach, Edgar Degas, François Truffaut ou encore le danseur russe Vaslav Nijinski. Un plan gratuit est disponible aux bureaux de la conservation du cimetière. (20 av. Rachel, XVIIIe ; entrée libre ; ⊙8h-17h30 lun-ven, 8h30-17h30 sam, 9h-17h30 dim ; ⓂPlace-de-Clichy)

Halle Saint-Pierre   EXPOSITIONS

4 Plan p. 82, D2

Ce bel édifice de type Baltard est dédié à l'art brut et singulier – autrement dit "la face cachée de l'art contemporain". De grandes expositions et des monographies se succèdent, faisant entrer le public dans des univers oniriques, parfois hallucinatoires et/ou chargés de poésie. Sur place : une galerie, une librairie et un agréable café. (www.hallesaintpierre.org ; 2 rue Ronsard, XVIIIe ; 8/6,50 € ; ⊙11h-18h lun-ven, 11h-19h sam, 12h-18h dim ; ⓂAnvers)

Musée de l'Érotisme   MUSÉE

5 Plan p. 82, B2

Ce musée retrace l'histoire de la production érotique dans le monde à l'aide de 5 000 pièces d'une étonnante qualité artistique : statues, peintures, films pornographiques muets des années 1920 et accessoires stupéfiants. Si cela vous inspire, le supermarché du sexe Rebecca Rils se trouve juste à côté ! (www.musee-erotisme.com ; 72 bd de Clichy, XVIIIe ; 10 € ; ⊙10h-2h ; ⓂBlanche)

◯ 100% parisien
Derrière la Butte

La partie résidentielle plus typique de Montmartre se déploie à l'arrière de la Butte. Parmi les nombreuses bonnes adresses, citons **Soul Kitchen** (plan p. 82, D1 ; 33 rue Lamarck, XVIIIᵉ ; menu 13,50 € ; ⏱8h30-18h30 mar-ven, 10h-19h sam-dim ; 🛜✏ ; 🅼Lamarck-Caulaincourt), une séduisante cantine végétarienne occupant un ancien café. Les plats – délicieuses soupes, quiches, lasagnes, etc. – changent en fonction du marché du jour.

Clos Montmartre   VIGNOBLE

6 ◉ Plan p. 82, D1

Planté en 1933 pour contrecarrer le développement immobilier, le petit Clos Montmartre est le seul vignoble toujours existant dans le centre de Paris. Ses 2 000 pieds permettent de produire en moyenne 800 bouteilles par an, vendues aux enchères pour des œuvres de bienfaisance. Le vignoble est visible depuis la rue. Des visites sont parfois organisées ; contactez l'Office du tourisme de Montmartre (p. 232). (18 rue des Saules, XVIIIᵉ ; 🅼Lamarck-Caulaincourt)

Cimetière Saint-Vincent   CIMETIÈRE

7 ◉ Plan p. 82, C1

Le peintre Maurice Utrillo (1883-1955) et le réalisateur Marcel Carné (1906-1996) font partie des "résidents" célèbres de ce petit cimetière. Horaires variables selon la saison. (6 rue Lucien-Gaulard, XVIIIᵉ ; ⏱9h-17h30 ; 🅼Lamarck-Caulaincourt)

Le Bal   EXPOSITIONS

8 ◉ Plan p. 82, A2

Dans un ancien cabaret, un lieu consacré à l'image documentaire (photo, vidéo, cinéma, nouveaux médias) conçu par les Amis de l'agence photographique Magnum. Objectif : apprendre à décrypter un monde saturé d'images à travers des expositions, des projections, des séminaires. (📞01 44 70 75 50 ; www.le-bal. fr ; 6 impasse de la Défense, XVIIIᵉ ; 5/4 € ; ⏱12h-20h mer-ven, jusqu'à 22h jeu, 11h-20h sam, 11h-19h dim ; 🅼Place-de-Clichy)

Se restaurer

Le Pantruche   BISTRONOMIQUE €€

9 🍴 Plan p. 82, C3

Baptisé du nom d'un théâtre du XIXᵉ siècle voisin, ce bistrot de grande classe s'est fait remarquer dans le panorama culinaire déjà dense du bas Pigalle. Il réalise sans surprise un sans-faute : cuisine bistrotière de saison, tarifs raisonnables et cadre intimiste. La carte oscille entre classiques (steak à la sauce béarnaise) et créations plus audacieuses (saint-jacques au bouillon de parmesan et mousseline de chou-fleur). (📞01 48 78 55 60 ; www.lepantruche.com ; 3 rue Victor-Massé, IXᵉ ; menu déj/dîner 19/35 € ; ⏱midi et soir lun-ven ; 🅼Pigalle)

Cimetière de Montmartre (p. 83)

Abri

BISTRONOMIQUE €€

10 Plan p. 82, E4

L'endroit n'est pas plus grand qu'une boîte à chaussures (20 couverts) et la décoration pour ainsi dire inexistante, mais les adeptes vous diront que cela fait partie du charme. La raison de cet engouement généralisé ? Le très talentueux chef japonais Katsuaki Okiyama au flair artistique et ses menus dégustation (trois plats le midi, six le soir) au rapport qualité/prix exceptionnel. Les lundis et samedis midis, optez pour le sandwich *tonkatsu*. Réservation indispensable. (☏01 83 97 00 00 ; 92 rue du Faubourg-Poissonnière, IXᵉ ; menu déj/dîner 25/43 € ; ☺midi lun, midi et soir mar-sam ; ⓂPoissonnière)

Bistrot La Bruyère

NÉOBISTROT €€

11 Plan p. 82, B4

Le jeune chef prodige Loïc Buisson signe des plats comme le gaspacho de tomates, la galette au pied de porc et ses chips de pommes ou le thon et sa poêlée de poireaux dans ce brillant petit bistrot sans prétention. La viande de bœuf vient du célèbre boucher Hugo Desnoyer (p. 205). Une adresse à suivre. (☏09 81 22 20 56 ; 31 rue La Bruyère, IXᵉ ; menu déj 2/3 plats 18/21 €, dîner 28/35 € ; ☺midi et soir tlj sauf dim ; ⓂSaint-Georges)

Chez Toinette

BISTROT €€

12 Plan p. 82, C2

Outre la spécialité maison (magret de canard au thym et au miel), ce bistrot

Comprendre
Paris à la Belle Époque
––––––––––––––––––––––––––––––––––––––

La Belle Époque à la créativité florissante s'épanouit dès l'avènement de la IIIe République, en 1870.

Elle voit naître l'Art nouveau en architecture, tout un éventail de courants artistiques, à commencer par l'impressionnisme, ainsi que des avancées scientifiques et d'ingénierie comme la première ligne du métro parisien (1900). La capitale accueille l'Exposition universelle de 1889 (avec pour vitrine la tour Eiffel) et de 1900 (au Grand Palais et au Petit Palais).

Les clubs et les cafés artistiques parisiens font leur apparition et Montmartre devient un pôle d'attraction pour les artistes, les écrivains, mais aussi pour les proxénètes et les prostituées. Des artistes comme Toulouse-Lautrec immortalisent les danseuses du Moulin-Rouge sur des affiches de cabaret.

Cette période de création prend fin avec le début de la Première Guerre mondiale, en 1914, et acquiert son nom de Belle Époque en souvenir d'un certain âge d'or pacifique.

Le musée d'Orsay (p. 158) présente quantité d'œuvres de l'époque, aussi bien des tableaux que du beau mobilier.

connu pour la qualité de ses plats simples propose aussi du gibier (cailles, biche et chevreuil). (☎01 42 54 44 36 ; 20 rue Germain-Pilon, XVIIIe ; plats 19-24 € ; ◷soir tlj sauf dim ; Ⓜ Abbesses)

Le Garde Temps　　NÉOBISTROT €€

 Plan p. 82, B3

Les menus à l'ardoise de ce bistrot contemporain sont encadrés aux murs et la promesse d'ériger la gastronomie au rang d'art ne déçoit pas. Les classiques font place à des créations plus inventives (tel ce fondant de choux rouge surmonté de confit de caille) et les prix le soir sont à peine plus élevés que ceux du café

lambda plus bas dans la rue. (☎01 83 76 04 66 ; www.restaurant-legardetemps.fr ; 19bis rue Pierre-Fontaine, IXe ; menu déj 17 €, dîner 2/3 plats 26/33 € ; ◷midi et soir lun-ven, soir sam ; Ⓜ Pigalle)

Le Relais Gascon　　SUD-OUEST €

 Plan p. 82, C2

En haut d'un escalier en bois, la salle à manger offre une jolie vue sur les toits de Montmartre. La carte, entre autres classiques de brasserie (rumsteak sauce poivre, saumon à l'oseille...), comprend des spécialités du Sud-Ouest. La clientèle qui se serre autour des tables communes apprécie surtout les salades gargantuesques, servies dans de grands saladiers avec des rondelles de pommes de terre sautées à l'ail. Autre **adresse** (☏ 01 42 52 11 11 ; 13 rue Joseph-de-Maistre, XVIIIᵉ ; Ⓜ Abbesses) au bout de la rue. Pas de CB au restaurant principal. (☏ 01 42 58 58 22 ; www.lerelaisgascon.fr ; 6 rue des Abbesses, XVIIIᵉ ; salades 11,50-16,50 € ; menu déj/dîner 17,50/27,50 € ; ⏱ 10h-2h tlj ; Ⓜ Abbesses)

Les Coulisses Vintage

BISTROT €€

15 Plan p. 82, C4

Habillé de rideaux rouges noués par des pompons dorés, Les Coulisses Vintage compte une clientèle de quartier fidèle qui apprécie l'excellent rapport qualité/prix des plats, à cheval entre tradition et modernité : foie gras au pain d'épice, morue aux cèpes au four et, pour le dessert, soufflé au chocolat ou bons fromages. (☏ 01 45 26 46 46 ; www.les-coulisses-vintage.fr ; 19 rue Notre-Dame-de-Lorette, IXᵉ ; menu déj 16 €, dîner 2/3 plats 32,50/39,50 € ; ⏱ midi lun-ven, soir lun-sam ; Ⓜ Saint-Georges)

Bistrot des Dames

BISTROT €€

16 Plan p. 82, A2

Un charmant petit bistrot qui plaira aux amateurs de cuisine simple et authentique. Au menu, salades généreuses, omelettes et belles planches de charcuterie avec pâté de campagne et chiffonnade de jambon Serrano. Si la salle côté rue ne manque pas de cachet, l'été,

la fraîcheur et la tranquillité du petit jardin à l'arrière attirent les foules. (☏ 01 45 22 13 42 ; 18 rue des Dames, XVIIᵉ ; plats 15-21 € ; ⏱ midi et soir tlj ; Ⓜ Place-de-Clichy).

La Mascotte

FRUITS DE MER €€€

17 Plan p. 82, C2

Depuis son ouverture en 1889, cet établissement sans prétention n'a rien perdu de son authenticité montmartroise. Il a pour spécialités les fruits de mer (huîtres, homard, saint-jacques) de qualité et des plats régionaux comme la saucisse d'Auvergne. On peut aussi simplement commander un verre de vin et une planche de charcuterie au bar. (☏ 01 46 06 28 15 ; www.la-mascotte-montmartre.com ; 52 rue des Abbesses, XVIIIᵉ ; menu déj/dîner 29/45 €, plats 23-39 € ; ⏱ 8h-23h30 ; Ⓜ Abbesses)

Le Petit Trianon

CAFÉ €

18 Plan p. 82, D3

Avec ses baies vitrées et ses quelques antiquités soigneusement choisies, ce café Belle Époque ressuscité il y a peu au pied de Montmartre semble aussi immuable que la Butte elle-même. Dans cet établissement de 1894 attenant au théâtre Le Trianon, on s'imagine facilement des artistes tel Toulouse-Lautrec et les nombreux spectateurs qui, le soir, fréquentaient les lieux. (☏ 01 44 92 78 08 ; 80 bd de Rochechouart, XVIIIᵉ ; plats 7,50-13,50 € ; ⏱ 8h-14h ; Ⓜ Anvers)

Le Bal Café

BRITANNIQUE, CAFÉ €

Dans leur petite cantine trendy à l'entrée de la salle d'expos du **Bal** (voir 8 plan p. 82, A2), Alice Quillet et Anna Trattles travaillent "les animaux du groin jusqu'à la queue" et les vieux légumes, revisitant une cuisine du terroir britannique peu connue. Idéal aussi pour le *tea time,* s'il vous prend l'envie de déguster un muffin au potimarron ou un *ginger biscuit.* Et comble du bonheur : la terrasse au calme, dans une impasse. (☎ 01 44 70 75 51 ; www.le-bal.fr ; 6 impasse de la Défense, XVIIIᵉ ; ◷12h-20h mer-ven, 12h-22h30 jeu, 11h-20h sam, 11h-19h dim, brunch 11h-15h sam et 16h dim ; Ⓜ Place-de-Clichy)

Prendre un verre

Le Progrès

BAR

19 Ⓟ Plan p. 82, D2

Véritable café de quartier perché à l'angle d'une rue des Abbesses, Le Progrès séduit une clientèle locale variée et décontractée d'artistes, de commerçants des boutiques environnantes, d'écrivains et de badauds. Reconnaissable à ses grandes baies vitrées, il est tout indiqué pour un café l'après-midi ou une soirée conviviale autour d'un verre ou d'un repas bon marché. (7 rue des Trois-Frères, XVIIIᵉ ; ◷9h-2h ; Ⓜ Abbesses)

La Fourmi

BAR

20 Ⓟ Plan p. 82, C3

À côté de La Cigale (ci-contre), salle de concerts réputée, et en face du Divan du Monde (p. 90), salle de spectacles et club tendance, La Fourmi attire toute la jeunesse hyperbranchée de Montmartre, qui vient y refaire le monde. Le grand lustre orné de bouteilles, le comptoir en zinc et les toiles accrochées aux murs composent une déco à la fois rétro et moderne. (74 rue des Martyrs, XVIIIᵉ ; ◷8h-1h lun-jeu, 8h-3h ven-sam, 10h-1h dim ; Ⓜ Abbesses)

Au P'tit Douai

BAR

21 Ⓟ Plan p. 82, B3

Un autre café de quartier à quelques encablures du Moulin-Rouge, et pourtant à des années-lumière. Troquez le brouhaha pour un peu de calme autour d'un café, d'un verre de vin ou d'une spécialité française traditionnelle aux heures des repas. (92 rue Blanche, IXᵉ ; ◷8h-2h sam, 11h-20h dim ; 📶 ; Ⓜ Blanche)

Cave des Abbesses

BAR À VINS

22 Ⓟ Plan p. 82, C2

La porte au fond de ce caviste vous conduira à un petit bar original. Ne vous laissez pas intimider par ce qui ressemble fort à une adresse d'habitués : prenez place et commandez un plateau de fromage et un verre de corbières pour vous fondre dans la masse. (www.cavesbourdin.fr/abbesses ; 43 rue des Abbesses, XVIIIᵉ ; fromage et charcuterie 7-13 € ; ◷17h-21h30 mar-dim ; Ⓜ Abbesses)

Glass

BAR

23 Ⓟ Plan p. 82, C3

Dans cet ex-bar à hôtesses (vitres teintées, porte insonorisée, etc.), on sert entre autres bières la Brooklyn Brewery et la Demory à la pression accompagnées de hot dogs artisanaux (7 €) sur fond de rock punk. Ambiance *speakeasy*, cocktails originaux (10-12 €) et DJ pour chauffer l'ambiance. (7 rue Frochot, IXᵉ ; 🕘19h-2h ; Ⓜ Pigalle)

Artisan
BAR À COCKTAILS

24 🍸 Plan p. 82, D3

Pigalle compte peu de bars sophistiqués, mais l'Artisan aux murs blancs comble joliment cette lacune avec ses délicieuses petites assiettes, ses vins au verre et ses cocktails bien dosés. (14 rue Bochart-de-Saron, IXᵉ ; 🕘19h-2h mar-sam, 12h-16h dim ; Ⓜ Anvers)

Sortir

La Cigale
CONCERTS

25 ⭐ Plan p. 82, D3

Ancien théâtre créé en 1887, puis cabaret, cinéma et music-hall, ce bâtiment classé a été refait par Philippe Starck. La salle a gardé tout son charme et l'ambiance y est souvent survoltée. Le balcon est idéal pour avoir une vue d'ensemble sur la scène. La Cigale occupe le devant de la scène rock et accueille des groupes avant-gardistes. (📞01 49 25 89 89 ; www.lacigale.fr ; 120 bd de Rochechouart, XVIIIᵉ ; billets 25-60 € ; 🕘billetterie 12h-19h lun-ven ; Ⓜ Anvers ou Pigalle)

Bus Palladium
CONCERTS, CLUBBING

26 ⭐ Plan p. 82, C3

Temple du yéyé dans les années 1960 ("C'est au Bus Palladium, qu'ça

◯ 100% parisien
La rue des Martyrs

Parmi les boutiques de cette rue très prisées des gourmets parisiens, ne manquez pas la boulangerie **Arnaud Delmontel** (plan p. 82, C4 ; www.arnaud-delmontel.com ; 39 rue des Martyrs, IXᵉ ; 🕘7h-20h30 mer-lun ; Ⓜ Pigalle), récompensée pour ses baguettes. Pour un bon repas, le charmant bistrot **Le Miroir** (plan p. 82, C4 ; 📞01 46 06 50 73 ; restaurantmiroir.com ; 94 rue des Martyrs, XVIIIᵉ ; menus dîner 27-34 € ; 🕘midi et soir mar-sam ; Ⓜ Abbesses) sert avec modestie de succulents pâtés et rillettes (pintade et dattes, canard et champignons, haddock et citron, etc.), suivis de classiques très bien préparés comme l'épaule de veau farcie, et dispose de son propre caviste de l'autre côté de la rue. Le **Cul de Poule** (plan p. 82, C3 ; 📞01 53 16 13 07 ; 53 rue des Martyrs, IXᵉ ; menu 2/3 plats déj 16/19 €, dîner 24/29 € ; 🕘midi et soir lun-sam ; Ⓜ Pigalle) propose lui une cuisine de bistrot pointue et actuelle.

s'écoute", dixit Gainsbourg), le Bus Palladium a redémarré en fanfare en 2010. S'il a gardé un décor rétro avec murs tapissés, banquettes en cuir, le Bus est désormais résolument rock. On peut dîner au resto de style rockabilly, au 1ᵉʳ étage (plats 15-28 €, concerts acoustiques tous les mardis à partir de 21h30 avec reprises de AC/DC à ZZ Top), et/ou se déchaîner toute la nuit au rez-de-chaussée (concerts et clubbing). Sélection un peu rude à l'entrée, venir looké. Entrée selon programmation, généralement 6 € le concert et 20 € le club (avec deux consos). (☎01 45 26 80 35 ; www.lebuspalladium.com ; 6 rue Pierre-Fontaine, IXᵉ ; ☺resto mar-sam 20h-2h, club jeu-sam à partir de 21h ; Ⓜ Pigalle)

Le Divan du Monde

CONCERTS, CLUBBING

27 ⭐ Plan p. 82, C3

Des "piliers de bar" prestigieux (Baudelaire, Toulouse-Lautrec, Yvette Guilbert et Picasso) ont hanté ce lieu. Aujourd'hui, alors que la salle de concerts et le "divan japonais" sur la mezzanine ont connu un grand toilettage il y a peu, le Divan est à la pointe de la nouvelle technologie. Concerts éclectiques et clubbing, mais aussi installations visuelles, performances de vidéastes... Un lieu atypique et chaleureux. (☎01 42 52 02 46 ; www.divandumonde.com ; 75 rue des Martyrs, XVIIIᵉ ; 0-20 € ; ☺billetterie 12h-19h lun-sam ; Ⓜ Pigalle)

Moulin-Rouge

MUSIC-HALL

28 ⭐ Plan p. 82, B2

Immortalisé par les affiches de Toulouse-Lautrec, le Moulin-Rouge brille sous une réplique de 1925 du moulin original. Les touristes s'y déversent par cars entiers, mais, du début à la fin, c'est un tourbillon ininterrompu de costumes, de décors et de danses féeriques. Réservation conseillée. (☎01 53 09 82 82 ; www.moulinrouge.fr ; 82 bd de Clichy, XVIIIᵉ ; Ⓜ Blanche)

La Machine du Moulin-Rouge

CLUBBING

Partie intégrante du **Moulin-Rouge** (voir 28 ⭐ plan p. 82, B2), cet immense bar-club-salle de concerts réveille la nuit avec une programmation variée et de qualité. L'éclectisme est au rendez-vous ! Une fois par mois, le "Bal de Montmartre", animé par ParisBalRock (l'ex-Grand Orchestre de l'Élysée-Montmartre) pour danser jusqu'au bout de la nuit sur des tubes intemporels. Là, tout est permis. (☎01 53 41 88 89 ; www.lamachinedumoulinrouge.com ; 90 bd de Clichy, XVIIIᵉ ; 10-20 € ; ☺concerts 20h-23h30 selon programmation, club 23h-6h ven-sam ; Ⓜ Blanche)

Chez Moune

CLUBBING

29 ⭐ Plan p. 82, C3

Cet ancien cabaret des années 1930 réservé aux dames est devenu l'une des références de la nuit pour les trentenaires parisiens. Même si électro et house dominent, la programmation est éclectique, avec des soirées rock, funk et disco et même tropicales. Une ambiance festive et la certitude de passer une excellente soirée ! (54 rue Jean-Baptiste-Pigalle, IXᵉ ; entrée libre mer-jeu, 10 € avec 1 conso ven-sam ; ☺mer-sam 23h30-6h ; Ⓜ Pigalle)

Les Trois Baudets

CONCERTS, CHANSONS

30 ⭐ Plan p. 82, C3

L'ancien vivier musical des années 1940-1960 a fait peau neuve tout en gardant le même propos : une scène dédiée à la nouvelle chanson francophone, avec quelques soirées poésie et slam. La programmation est dense. Deux bars (18h-1h30 mar-sam) invitent à prolonger la soirée. Bon plan : les spectacles jeune public (voir le site pour le programme). (www.lestroisbaudets.com ; 64 bd de Clichy, XVIIIᵉ ; 0-16 € ; ◷18h30-1h30 mar-sam, 10h-17h dim ; Ⓜ Blanche)

Shopping

La Citadelle   MODE, ACCESSOIRES

31 Plan p. 82, D3

Cette boutique de stocks de créateurs au détour d'une rue de Montmartre recèle de belles trouvailles de designers français, italiens et japonais. Un exemple ? Les marques Les Chemins Blancs et Yoshi Kondo. (1 rue des Trois-Frères, XVIIIᵉ ; ◷10h-19h ; Ⓜ Abbesses)

Tati   GRAND MAGASIN

32 Plan p. 82, E2

Depuis la fin des années 1940, Tati reste l'un des magasins les moins chers de la capitale. Vêtements, accessoires, vaisselle, ustensiles de cuisine et petit électroménager, produits de beauté et d'hygiène, objets de déco... On peut à peu près tout acheter à des prix absolument imbattables. (4 bd de Rochechouart, XVIIIᵉ ; ◷10h-19h lun-ven, 9h30-19h sam ; Ⓜ Barbès-Rochechouart)

100% parisien
Du canal Saint-Martin à Ménilmontant

Comment y aller

Ⓜ Métro La station République (lignes 3, 5, 8, 9 et 11) est centrale.

Ⓜ Métro Les stations Jacques-Bonsergent (ligne 5), Gare-de-l'Est (4, 5, 7),Château-d'Eau (4) et Goncourt (11) sont aussi bien situées pour atteindre le canal.

Bordé de chemins de halage ombragés et traversé de passerelles en acier, le canal Saint-Martin progresse dans les quartiers du nord-est parisien. Vous apprécierez de parcourir le canal en bateau, mais c'est en flânant dans les cafés décontractés, les boutiques originales et les bars et clubs branchés de ces quartiers en plein rajeunissement que vous comprendrez pourquoi les bobos parisiens s'y sentent si bien.

❶ Un café avec les habitués

Commencez par **Le Petit Château d'Eau** (34 rue du Château-d'Eau, Xᵉ ; ⊘8h-2h lun-ven, 9h-17h sam ; Ⓜ Jacques-Bonsergent ou Château-d'Eau), café de quartier immuable (carrelages fissurés, miroirs gigantesques, banquettes

en cuir usées) où les habitués discutent avec les serveurs autour du zinc.

❷ Séance shopping rétro

Chinez parmi les portants de fripes classés par couleur de la boutique vintage **Frivoli** (26 rue Beaurepaire, Xᵉ ; ⏱11h-19h mar-ven, 14h-19h sam-dim ; Ⓜ Jacques-Bonsergent).

❸ Pizza sur le pouce

Commandez une pizza Poulidor (magret de canard, pomme et fromage de chèvre) ou une Basquiat (gorgonzola, figues et jambon cru) chez **Pink Flamingo** (📞01 42 02 31 70 ; www.pinkflamingopizza.com ; 67 rue Bichat, Xᵉ ; pizzas 11,50-17 € ; ⏱soir lun-jeu, midi et soir ven-sam ; Ⓜ Jacques-Bonsergent). On vous remettra un ballon rose en hélium qui servira à repérer l'endroit où vous avez choisi de pique-niquer au bord du canal pour vous livrer.

❹ Centre culturel alternatif

Installé dans un ancien entrepôt, le **Point Éphémère** (www.pointephemere.org ; 200 quai de Valmy, Xᵉ ; ⏱12h30-2h lun-sam, jusqu'à 23h dim ; 📶 ; Ⓜ Louis-Blanc) est un lieu *arty* foisonnant qui accueille des artistes et des musiciens résidents, des expositions et un bar-restaurant décontracté. Repassez-y en soirée pour les concerts et les soirées clubbing.

❺ Tournée des cafés

Regardez les bateaux passer depuis le bar animé **L'Atmosphère** (49 rue Lucien-Sampaix, Xᵉ ; ⏱9h30-1h45 lun-sam, jusqu'à minuit dim ; Ⓜ Jacques-Bonsergent ou Gare-de-l'Est), faites halte au **Holybelly** (holybel.ly ; 19 rue Lucien-Sampaix, Xᵉ ; ⏱9h-18h jeu-lun, 10h-18h sam-dim ; Ⓜ Jacques-Bonsergent) tenu par un barista ou optez pour le QG d'origine des bobos parisiens

Chez Prune (71 quai de Valmy, Xᵉ ; ⏱8h-2h lun-sam, 10h-2h dim ; Ⓜ République).

❻ Refuge sur la colline

Au XIXᵉ siècle, après un passé de décharge publique et de carrière, l'endroit devint, grâce au baron Haussmann, le vallonné et boisé **parc des Buttes-Chaumont** (entrées rue Manin et rue Botzaris, XIXᵉ ; ⏱7h-22h mai-sept, 7h-20h oct-avr ; Ⓜ Buttes-Chaumont ou Botzaris), qui renferme grottes, cascades artificielles et une île coiffée d'un temple accessible par une passerelle. Un petit pavillon de chasse, le **Rosa Bonheur** (📞01 42 03 28 67 ; www.rosabonheur.fr ; entrée par le 7 rue Botzaris, XIXᵉ ; ⏱12h-minuit mer-ven, 10h-minuit sam-dim ; Ⓜ Botzaris), dispense une ambiance festive lors de sets dansants.

❼ Pause panoramique

Une vue exceptionnelle sur Paris se dévoile en haut du **parc de Belleville**. Surplombant le parc, le **O'Paris** (📞01 43 66 38 54 ; www.le-o-paris.com ; 1 rue des Envierges, XXᵉ ; ⏱10h30-2h tlj ; Ⓜ Pyrénées) est le spot idéal pour profiter de la vue autour d'un verre.

❽ Dîner postindustriel

Réservez une table au **Chatomat** (📞01 47 97 25 77 ; 6 rue Victor-Letalle, XXᵉ ; plats 15-20 € ; ⏱19h30-22h30 mar-sam et 1ᵉʳ dim du mois ; Ⓜ Ménilmontant, Couronnes ou Père-Lachaise), une ancienne boutique reconvertie en bistrot contemporain.

❾ Pour un verre, ou pour la nuit

Clôturez la journée par un verre au **Café Charbon** (www.lecafecharbon.com ; 109 rue Oberkampf, XIᵉ ; ⏱9h-2h tlj ; Ⓜ Parmentier), au cadre Belle Époque, ou profitez d'un concert ou d'une soirée clubbing dans sa salle **Le Nouveau Casino** (www.nouveaucasino.net ; 109 rue Oberkampf, XIᵉ ; ⏱tlj sauf lun ; Ⓜ Parmentier).

100% parisien
La Villette

Comment y aller

211 av. Jean-Jaurès, XIXᵉ

Ⓜ **Métro** Les stations Porte-de-la-Villette (ligne 7) et Porte-de-Pantin (5) se situent chacune à un bout du parc.

Ⓜ **Métro** Ourcq (ligne 5), Corentin-Cariou (7) et Crimée (7) ne sont pas loin.

Quand on parle de la Villette, on pense souvent à la Cité des sciences, à la Cité de la musique ou à la Géode. Mais la Villette, c'est aussi 55 ha de verdure qui en font le plus grand espace vert de Paris. De la porte de la Villette au nord à la porte de Pantin au sud, ce parc moderne et totalement plat, traversé par le canal de l'Ourcq, ne s'envisage pas comme un seul et même jardin mais comme une série de squares, de pavillons et d'activités variées. Les Parisiens viennent ici pour s'amuser, se balader le long du canal, jouer au ballon, visiter une fusée ou un sous-marin et, l'été, participer aux superbes festivals (cinéma, concerts...) en plein air.

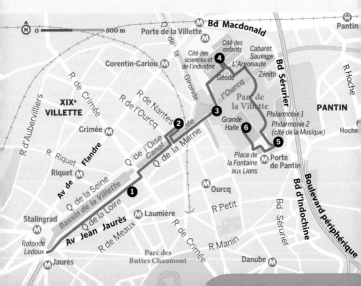

❶ Balade le long du bassin

Au départ de la **rotonde Ledoux** (Ⓜ Jaurès) fraîchement rénovée, la balade s'étire le long du **bassin de la Villette**, sur la droite (quai de la Loire), passant devant les deux cinémas MK2 se faisant face. À l'extrémité du bassin, d'anciens magasins généraux se reflètent dans leur double contemporain, qui a su en respecter les volumes et l'esprit.

❷ Déjeuner relax

Avant d'arriver au parc de la Villette, traversez le canal pour déjeuner au bistrot **Les Bancs publics** (☎ 09 80 76 36 71 ; 2 rue de Nantes ; formule midi 12,90 €, plats 13-18 € ; ☺ 8h-2h, tlj sauf dim et lun soir ; Ⓜ Crimée ou Corentin-Cariou) et succomber à sa cuisine savoureuse et inventive, à son service décontracté et attentif et à sa musique jazzy-pop.

❸ Entrée dans le parc

Révolutionnaire à plus d'un titre, le **parc de la Villette** n'a pas de clôture. Espace ouvert sur la ville, il fut dessiné par l'architecte franco-suisse Bernard Tschumi. Il mêle points (les "Folies", ces drôles de bâtiments rouges qui parsèment le parc), lignes (allées – galeries de la Villette et de l'Ourcq) et surfaces (prairies et jardins). Ce parc en théorie si déconstruit est en réalité très composé, comme un tableau abstrait. La **Galerie de la Villette**, passant par-dessus le canal de l'Ourq, mène à la Cité des sciences.

❹ Cité des sciences et Géode

Apprendre en s'amusant, c'est le credo de ce vaste **musée scientifique** (☎ 01 40 05 70 00 ; www.cite-sciences.fr ; 9-12/7-10 € selon les sites ; ☺ 10h-18h mar-sam, jusqu'à 19h dim) aux multiples propositions, comme la **Cité des enfants** (activités ludiques et pédagogiques pour les 2-7 ans et les 5-12 ans) ou les expositions d'Explora interactives et didactiques. À l'entrée, la sphère parfaite de la **Géode** (☎ 01 40 05 79 99 ; www.lageode.fr ; 12/9 €), abritant un cinéma hémisphérique, possède sans doute le plus grand pouvoir de fascination de tout le parc !

❺ Philharmonie de Paris

Après une pause sur les pelouses du parc, direction la **Cité de la musique**, rebaptisée **Philharmonie 2**, dont le bâtiment, conçu par Christian de Portzamparc, vaut à lui seul le déplacement. Avec ses parcours interactifs et sonores, son fabuleux **musée de la Musique** (☎ 01 44 84 44 84 ; coll. perm/ avec expo temporaire 7/9 €, audioguide gratuit ; ☺ 12h-18h mar-sam, 10h-18h dim) présente une collection de plus de 900 instruments du XVIIe siècle à nos jours et des expositions temporaires.

Dans le prolongement de la Cité de la musique s'élève l'ombre de la spectaculaire **Philharmonie de Paris** (☎ 01 44 84 44 84 ; www.philharmoniedeparis. fr ; 221 av. Jean-Jaurès), signée les Ateliers Jean Nouvel, inaugurée en janvier 2015 après maints reports de livraison et une explosion des coûts. Elle abrite un grand auditorium de 2 400 places et un espace d'expositions de 800 m².

❻ Apéro sous la Grande Halle

Sous la Grande Halle, ou sur le préau qui lui fait face, **La Petite Halle** est un spot idéal pour prendre un verre à l'apéro et reprendre des forces avant d'aller guincher sur des musiques métissées (bals, concerts...) au **Cabaret Sauvage** (www.cabaretsauvage.com ; 12-30 € ; Ⓜ Porte-de-la-Villette), installé dans un grand chapiteau chamarré.

Explorer

Centre Pompidou, le Marais et Bastille

Si le marais de Paris fut asséché au XIIe siècle, les réformes du baron Haussmann laissèrent intact l'essentiel de son enchevêtrement de ruelles médiévales. Restaurants et bars branchés, boutiques de jeunes créateurs et designers, et communautés gay et juive se concentrent dans ce quartier plein de vie, où l'on vient passer la soirée pour voir et être vu.

L'essentiel en un jour

☀ Le **marché Bastille** (p. 112) bihebdomadaire est l'un des plus grands et des plus animés de Paris – à voir si possible avant d'aller au **musée Carnavalet** (p. 106), consacré à l'histoire de Paris, et à la **maison de Victor Hugo** (p. 106), installée dans l'ancienne maison de l'auteur, sur la superbe **place des Vosges** (p. 109).

☀ Pour déjeuner, rejoignez les habitués devant **L'As du Fallafel** (p. 108) pour un sandwich à emporter ou installez-vous **Chez Marianne** (p. 112). Suivez ensuite la **Promenade plantée** (p. 108) ou passez en revue les trésors des boutiques du Marais, en faisant une pause glace chez **Pozzetto** (p. 113), ou en prenant un thé au **Loir dans la Théière** (p. 114).

★ Le **Centre Pompidou** (p. 98) reste ouvert jusqu'à 21h ; allez-y en fin d'après-midi pour admirer son époustouflante collection d'art moderne et contemporain, ainsi que la superbe vue sur les toits de Paris. Après un dîner au **6 Paul Bert** (p. 110), commencez votre tournée des bars au **Cap Horn** (p. 114).

Pour une journée dans le haut Marais, reportez-vous p. 102.

 Les incontournables

Centre Pompidou (p. 98)

Q 100% parisien

Immersion dans le haut Marais (p. 102)

♥ **Le meilleur du quartier**

Se restaurer
Le 6 Paul Bert (p. 110)

Bones (p. 111)

CheZaline (p. 113)

Prendre un verre
Le Pure Café (p. 114)

La Fée Verte (p. 114)

La Caféothèque (p. 115)

Le Baron Rouge (p. 113)

Comment y aller

Ⓜ **Métro** La station Rambuteau (ligne 11) est la plus proche du Centre Pompidou.

Ⓜ **Métro** Les stations Hôtel-de-Ville (lignes 1 et 11), Saint-Paul (1) et Bastille (1, 5 et 8) sont pratiques et centrales.

⛴ **Bateau** Le Batobus s'arrête au niveau de l'Hôtel de Ville.

Les incontournables
Le Centre Pompidou

Carrefour de la création moderne et contemporaine, le Centre Georges-Pompidou, inauguré en 1977, interpelle d'emblée par son architecture. On y entre pour le musée national d'Art moderne, pour des expositions temporaires, des cycles de cinéma, des spectacles de danse, des concerts ou des activités pédagogiques. Mais aussi pour sa bibliothèque, sa librairie, son restaurant ou juste pour sa vue sur les toits.

👁 Plan p. 104, A2

www.centrepompidou.fr

place Georges-Pompidou

Billet "musée et expositions" (avec vue sur Paris) 13/10 €, gratuit -13 ans

🕑11h-21h tlj sauf mar, Galeries 1 et 2 jusqu'à 23h jeu

Ⓜ Rambuteau

À ne pas manquer

L'architecture

Structure d'acier visible de tous côtés, avec une façade transparente barrée en oblique par la chenille des escalators et des gaines de circulation rejetées vers l'extérieur et peintes de couleurs vives (bleu pour l'air, vert pour l'eau, jaune pour l'électricité et rouge pour les humains et la sécurité), l'audacieux bâtiment signé Renzo Piano et Richard Rogers fit scandale lors de son inauguration. Et continue de fasciner.

Le forum du Centre Pompidou

Au rez-de-chaussée du bâtiment, le **forum du Centre Pompidou** (◷11h-22h tlj sauf mar) est un vaste espace avec mezzanine ouvert à la libre circulation. On y trouve guichets d'information et billetterie, location des audioguides (bientôt remplacés par des tablettes), librairie, poste, café, boutique design et quelques zones d'animations et d'expositions temporaires.

Le musée national d'Art moderne (MNAM)

Le **musée national d'Art moderne** possède l'une des deux plus riches collections au monde d'art moderne et contemporain. Soit plus de 100 000 œuvres (peintures, sculptures, dessins, photos, design, architecture, films, vidéos, installations, nouveaux médias) de 1905 à nos jours. À l'entrée du MNAM, un **espace médiation** (☎01 44 78 65 79) peut répondre à vos questions. De là partent aussi des **visites guidées gratuites** (◷16h-17h30 sam-dim, 15h30-17h30 1er dim du mois).

Un accrochage renouvelé

Compte tenu de son ampleur et de sa diversité, seul un cinquième environ de la collection est présenté, en alternance. Le musée change donc régulièrement de visage en fonction des thématiques d'exposition

---

☑ À savoir

▶ Le Centre Pompidou est ouvert jusqu'à 21h tous les soirs (sauf le mardi) ; allez-y vers 17h pour éviter les foules de la journée.

▶ Évitez les files d'attente en achetant vos billets pour le musée, les expositions, les spectacles et les autres événements sur Internet. La plupart du temps, vous devrez les imprimer et les présenter à l'entrée.

✕ Une petite faim ?

Pour un délicieux repas à quelques mètres du centre direction le **Café La Fusée** (plan p. 104, A1 ; 168 rue Saint-Martin, IIIe ; ◷8h-2h tlj ; Ⓜ Rambuteau ou Étienne-Marcel).

Dans le centre, le Café Mezzanine, donnant sur le hall, est économique.

Au 6e étage, **Le Georges** (☎01 44 78 47 99 ; plats à partir de 20 € ; ◷11h-2h tlj sauf mar), ultradesign, se caractérise par une carte raffinée et une superbe vue sur tout Paris. Accès par un ascenseur extérieur (porte rouge à gauche de l'entrée principale).

qui offrent chaque fois un éclairage nouveau sur les liens entre les œuvres, les artistes et les contextes créatifs.

L'art moderne : 1905-1980

Le niveau 5 du musée est centré autour des figures majeures (Braque, Brancusi, Duchamp, Dubuffet, Kandinsky, Léger, Matisse, Miró, Picasso, Pollock, Hartung...) et des grands courants artistiques (fauvisme, surréalisme, cubisme, abstraction, etc.) de 1905 à 1980. Dans le cadre de certaines expositions, des artistes majeurs peuvent être absents et des œuvres oubliées remises en scène.

L'art contemporain : 1980 à nos jours

Le niveau 4, consacré à la création contemporaine de 1980 à nos jours, met régulièrement en valeur des courants nouveaux et des œuvres récemment entrées dans les collections. Mais il peut aussi effectuer un retour sur l'art contemporain des 30 dernières années, comme le fait l'exposition "Une histoire, art, architecture et design, des années 1980 à nos jours", présentée jusqu'en mars 2016.

Les expositions temporaires

Nombreuses et variées, les expositions temporaires occupent différents espaces, dont les deux grandes galeries du 6e niveau. Parmi les expositions récentes attirant un large public figurent notamment la rétrospective Jeff Koons, l'un des artistes contemporains les plus célèbres et les plus controversés, l'exposition sur Marcel Duchamp, artiste emblématique de l'art du XXe siècle, et celle sur Frank Gehry, l'architecte de la nouvelle Fondation Louis Vuitton (p. 45). Certaines restent ouvertes jusqu'à 23h le jeudi. Elles sont incluses dans le billet d'entrée ; programme disponible dans la section *Agenda* du site Internet.

L'Atelier Brancusi

Dans le cadre de la visite du musée, ne manquez pas l'**Atelier Brancusi** (⏱14h-18h mer-lun) reconstitué par Renzo Piano sur le parvis du Centre Pompidou. Pour Constantin Brancusi (1876-1957), l'un des maîtres de la sculpture moderne, la relation entre ses sculptures et l'espace devint si importante que lorsqu'il vendait une œuvre il la remplaçait dans son atelier par un tirage en plâtre. Aussi légua-t-il son atelier et son contenu au musée national d'Art moderne à condition qu'il soit reconstitué tel qu'il se présentait le jour de son décès.

La galerie des Enfants et le studio 13/16

Située au rez-de-chaussée, à gauche du forum, la **galerie des Enfants** (☎01 44 78 13 16 ; www.junior.centrepompidou.fr ; accès avec billet musée et expositions, gratuit -26 ans ; ⏱11h-19h) accueille les juniors, seuls ou en famille, pour des expositions-ateliers temporaires. Des ateliers pour enfants y sont régulièrement organisés (voir le site Internet pour les tarifs et les inscriptions). Rare en son genre dans un musée, le **studio 13/16** (Forum - 1 ;

gratuit, sans réservation ; ☉14h-18h mer et sam-dim) propose aux 13-16 ans des rencontres avec des créateurs et des expériences dans de multiples domaines : musique, design, mode, graphisme, numérique, sport…

La galerie de photographies
Au sous-sol, la **galerie de photographies** (niveau -1, entrée libre ; ☉11h-21h), un nouvel espace de 200 m² dévolu à la photographie, a ouvert ses portes en 2014. Trois grandes expositions par an permettent au musée d'exposer ses fonds photographiques riches de 40 000 épreuves (et 60 000 négatifs) d'artistes modernes et contemporains.

Les nouveaux médias
Une salle équipée d'une douzaine de postes permet de consulter librement l'exceptionnelle collection de nouveaux médias (vidéos, films et sons) du musée.

La vue depuis le toit
Bien que le Centre Pompidou ne compte que 6 étages, il offre une vue extraordinaire sur le vieux Paris. Une vue que l'on savoure progressivement en accédant à sa terrasse par la chenille transparente des escalators (prix compris dans le billet Musée et expositions). Sinon, on peut accéder directement sur le toit, en prenant un **billet panorama** (3 € ; ☉11h-22h tlj sauf mar).

La bibliothèque publique d'information
La **BPI** (www.bpi.fr ; entrée par la rue Beaubourg ; entrée libre ; ☉12h-22h lun et mer-ven, 11h-22h sam-dim) est ouverte à tous, gratuitement et sans formalités. Elle dispose d'une grande quantité de ressources, dont des postes Internet et l'accès Wi-Fi gratuits (durée limitée). Vu la fréquentation durant l'année universitaire, mieux vaut consulter le site Internet pour connaître les heures creuses durant cette période (pas de problème l'été).

Cinémas et spectacles
Documentaires, rétrospectives et séries thématiques sont diffusés dans les **cinémas** (billets 6/4 €) du Centre ; programmation disponible sur le site Internet.

Des **spectacles** (billets 18-14/14-10 €) allant du concert de pop-rock à la danse contemporaine sont aussi régulièrement organisés ; programme et informations à la section *Agenda* du site Internet.

Le parvis du Centre Pompidou
Devant l'entrée principale du Centre, le parvis en pente douce de la place Georges-Pompidou est un lieu souvent très animé, où se donnent rendez-vous musiciens, mimes, jongleurs et artistes de rue.

La fontaine des Automates
À droite du bâtiment, sur la place Igor-Stravinski, les fontaines mécaniques mouvantes de Niki de Saint Phalle et Jean Tinguely, réalisées en 1983, font référence à l'œuvre du musicien Igor Stravinski.

100% parisien
Immersion dans le haut Marais

Le nord du Marais (ou NoMa pour North Marais) est devenu le quartier des stylistes et designers qui montent. On y trouve des boutiques ultrabranchées (avec des prix à l'avenant), des fripes de qualité, des magasins de déco, ainsi que des galeries d'art. Tout se passe actuellement autour des rues de Poitou, de Saintonge, Vieille-du-Temple, Debelleyme et Charlot. Ouvrez les yeux, de nouvelles adresses surgissent sans cesse.

❶ Achats solidaires

Le concept store **Merci** (www.merci-merci.com ; 111 bd Beaumarchais, IIIe ; ⊙10h-19h lun-sam ; Ⓜ Saint-Sébastien-Froissart) reverse les bénéfices de sa cantine bio et de ses ventes de vêtements, articles pour la maison, cadeaux et livres dernier cri à des enfants défavorisés.

❷ Pause café

Rechargez vos batteries avec un café provenant d'une brûlerie parisienne au

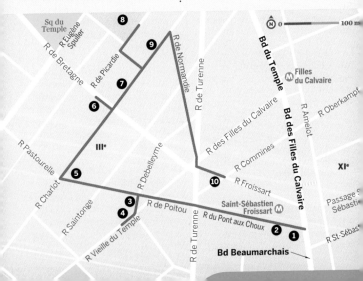

Boot Café (19 rue du Pont-aux-Choux, IIIᵉ ; ⊙8h30-19h30 mar-ven, 10h-18h sam ; Ⓜ Filles-du-Calvaire), installé dans une ancienne cordonnerie dont la devanture bleu pâle est admirablement conservée.

❸ Mode avant-gardiste

Shine (15 rue de Poitou, IIIᵉ ; ⊙11h-19h30 lun-sam ; Ⓜ Filles-du-Calvaire) est l'une des premières boutiques de mode à s'être installée dans le haut Marais. On y trouve des articles de jeunes créateurs.

❹ Mode arty

Surface to Air (www.surfacetoair.com ; 108 rue Vieille-du-Temple, IIIᵉ ; ⊙11h30-19h30 lun-sam, 13h30-19h30 dim ; Ⓜ Saint-Sébastien-Froissart ou Filles-du-Calvaire) vend des vêtements tendance, ainsi que des livres et accessoires *arty*. Régulièrement, ce magasin expose des installations artistiques et organise des manifestations collaboratives avec les artistes.

❺ Mode à petits prix

Les Parisiens avisés réalisent jusqu'à 70% d'économies en achetant des vêtements de créateurs de la saison passée (Dries van Noten…) chez **L'Habilleur** (44 rue de Poitou, IIIᵉ ; ⊙12h-19h30 lun-sam ; Ⓜ Saint-Sébastien-Froissart).

❻ Déjeuner au marché

Caché derrière un discret portail vert, l'ultrabobo **marché des Enfants-Rouges** (39 rue de Bretagne, IIIᵉ ; ⊙8h30-13h et 16h-19h30 mar-jeu, 9h-20h ven-sam, 8h30-14h dim ; Ⓜ Filles-du-Calvaire) se compose de stands de produits frais

et de restauration : bentos, crêpes, traiteur italien, etc., à déguster sur des tables communes.

❼ Le paradis du sac à main

Les sacs ultradoux et ultrastylés de **Pauline Pin** (www.paulinepin.com ; 51 rue Charlot, IIIᵉ ; ⊙11h-19h30 mar-sam ; Ⓜ Filles-du-Calvaire) sont fabriqués dans la célèbre boutique-atelier de Clarisse, fondatrice des lieux et créatrice.

❽ Événements culturels

Ancien marché couvert à la magnifique ferronnerie Art nouveau, **Le Carreau du Temple** (☎01 83 81 93 30 ; www.lecarreaudutemple.eu ; 4 rue Eugène-Spuller, IIIᵉ ; ⊙billetterie 14h-18h lun-sam ; Ⓜ Temple) a rouvert ses portes en 2014 après 7 ans de travaux. Il accueille en son vaste espace des expositions, des concerts, des spectacles et des cours de sport.

❾ Mode fibreuse

Vêtements et œuvres d'art textiles fabriqués à partir de fibres naturelles et de fibres animales rares sont exposés et vendus à **La Boutique Extraordinaire** (67 rue Charlot, IIIᵉ ; ⊙11h-20h mar-sam, 15h-19h dim ; Ⓜ Filles-du-Calvaire).

❿ Cocktail céleste

Le Mary Céleste (www.lemaryceleste.com ; 1 rue Commines, IIIᵉ ; cocktails 12-13 € ; tapas 8-12 € ; ⊙18h-2h ; Ⓜ Filles-du-Calvaire) sert des cocktails originaux et des tapas à un comptoir circulaire installé au milieu de sa salle ; idéal pour crâner autour d'un verre en observant la foule ultrabranchée.

A   R de Turbigo   B   R Au Maire   C   Sq du Temple   D

Ⓜ Étienne
Marcel
1
R aux Ours   R des Gravilliers   38 ✪   3 ◉
R de Montmorency   R Chapon   R de Bretagne   R Charlot   R Saintonge   Filles du
Calvaire
Ier   R St-Martin   R Michel   R du Temple   19 ◉   IIIe   18 ◉
le Comte   R Pastourelle   35 ◉   R Froissart
Rambuteau   Ⓜ   5 ◉   Musée de la Chasse   R de Poitou   Saint-Sébas
Pl Georges   R Rambuteau   Musée d'Art   et de la Nature   Froissa
Pompidou   ◉ Centre   et d'Histoire   15 ◉   R des Archives   R des Coutures   R St-Clauc
Pompidou   du judaïsme   St-Gervais
R St-Merri   R des Quatre Fils   Jardin   Thorigny   Musée
Pl Igor   R des Blancs Manteaux   de l'Hôtel   10 ◉   Picasso
Stravinsky   Archives   Salé
2   R de la Verrerie   R Ste-Croix de   nationales   33 ◉
Tour   la Bretonnerie   31 🚻   R Barbette   R du Parc Royal
Saint-Jacques   20 ◉ Musée   6 ◉   R St-Gille
12 ◉   R des   ✕ Cognacq-Jay   Musée   R de Béarn
Châtelet   Hospitalières   Carnavalet
Ⓜ 41 Ⓜ   R de Rivoli   St-Gervais   R des Francs   1 ◉
Hôtel de Ville   24 ◉   R des Rosiers   Bourgeois   R du Pas
3   Hôtel   Pl   Écouffes   29 ◉   R de Turenne   de la Mule
de Ville   7 Pl St-   Baudoyer   R du Roi de Sicile   R Malher   R de Sévigné   Pl des
Q des Gesvres   7 ◉ Gervais   R François Miron   Saint-Paul   Vosges
Hôpital   Pont   Mémorial   R Geoffroy   4 ◉   Maison européenne   Maison de   2 ◉
Hôtel-Dieu   d'Arcole   de la Shoah   l'Asnier   de la Photographie   Victor Hugo
Q aux Fleurs   Arrêt du   8 ◉ 32 ◉   Sq   R Charlemagne   27 ◉   R de
Île   Batobus   A Schweitzer   R de Fourcy   R St-Antoine   Biragu
de la Cité   Pont Louis-   Ⓜ   R St-Paul   R Charles V   R St-Antoine
R du Cloître   Philippe   Pont   Petit Musc
Notre-Dame   Marie
4   Cathédrale   Q de Bourbon   Pont   Q des Célestins   IVe   Bd Henri IV
Notre-Dame   Marie   Q d'Anjou   Sully-
Sq   Pont   Q d'Anjou   H Galli   Morland
Jean XXIII   Saint-Louis   Île   R St-Louis en l'île   Pont
Pont de   Saint-Louis   de Sully   Bd Morland   R de l'Arsenal
l'Archevêché   Q d'Orléans   13 ◉
Q de la Tournelle   Pont de   Q de Béthune   Pavillon   R Mornay
la Tournelle   de l'Arsenal
R des Bernardins   Sq   R de
5   Bd St-Germain   Barve   Schomberg
Ve   R du Cardinal Lemoine   Q St-Bernard   Q Henri IV

Voir

Musée Carnavalet   MUSÉE

1 ◉ Plan p. 104, D3

Le musée d'Histoire de Paris occupe deux somptueux hôtels particuliers des XVIe et XVIIe siècles. Il retrace l'histoire de la capitale des origines à nos jours, avec une partie importante consacrée à la Révolution. Parmi les 140 salles, ne manquez pas celle dans laquelle a été reconstituée la chambre tapissée de liège de Marcel Proust, quand il vivait dans un appartement du boulevard Haussmann. (www.carnavalet.paris.fr ; 23 rue de Sévigné, IIIe ; entrée libre ; ☉10h-18h mar-dim ; Ⓜ Saint-Paul ou Chemin-Vert)

Maison de Victor Hugo   MUSÉE

2 ◉ Plan p. 104, D3

Parmi les hôtels particuliers qui entourent la place des Vosges figure l'hôtel de Rohan-Guéménée, où Victor Hugo (1802-1885) loua un appartement de 1832 à 1848. Il y écrivit en particulier *Ruy Blas* et une partie des *Misérables*. On peut découvrir les pièces (salon rouge, salon chinois, etc.) où vécut l'écrivain. Le musée conserve une collection exceptionnelle de manuscrits, de dessins et de portraits. (www.musee-hugo.paris.fr ; 6 place des Vosges, IVe ; entrée libre sauf pendant expositions temporaires ; ☉10h-18h mar-dim ; Ⓜ Saint-Paul ou Bastille)

Musée des Arts et Métiers   MUSÉE

3 ◉ Plan p. 104, C1

Le plus ancien musée technique et industriel d'Europe (fondé en 1794) est un lieu de visite incontournable si vous êtes avec des enfants, ou même simplement si vous vous intéressez au fonctionnement des objets. Sur trois niveaux du sublime bâtiment du prieuré de Saint-Martin-des-Champs (XVIIIe siècle) sont exposés quelque 3 000 instruments, machines et maquettes datant du XVIIIe au XXe siècle. L'ancienne église Saint-Martin-des-Champs, attenante, abrite le pendule de Foucault, présenté au monde lors de l'Exposition universelle en 1855. (www.arts-et-metiers.net ; 60 rue Réaumur, IIIe ; 6,50/4,50 € ; ☉10h-18h mar, mer et ven-dim, jusqu'à 21h30 jeu ; Ⓜ Arts-et-Métiers)

Maison européenne de la photographie   MUSÉE

4 ◉ Plan p. 104, C3

Dans un hôtel du XVIIIe siècle, cet espace présente la création photographique française et étrangère depuis les années 1950 sous trois supports de diffusion : le tirage d'exposition, la page imprimée et le film. Il propose des expositions pointues (généralement des rétrospectives consacrées à un photographe) et possède une vaste collection retraçant l'histoire de la photographie et de ses relations avec la France. Le week-end, des petits films et des documentaires en lien avec les expositions en cours sont projetés dans l'auditorium. (www.mep-fr.org ; 5-7 rue de Fourcy, IVe ; 8/4,50 €, gratuit 17h-20h mer ; ☉11h-19h45 mer-dim ; Ⓜ Saint-Paul ou Pont-Marie)

Jardin du musée Carnavalet

Musée d'Art et d'Histoire du judaïsme

MUSÉE

5 ⊙ Plan p. 104, B2

Les documents relatifs à l'affaire Dreyfus, défendu par Émile Zola en 1898 dans sa fameuse lettre ouverte au gouvernement, *J'accuse*, sont les pièces les plus intéressantes de ce musée consacré aux communautés juives de toute l'Europe, du Moyen Âge à nos jours. L'hôtel du XVIIe siècle qu'occupe le musée est aussi un splendide écrin pour les œuvres de Chagall, de Modigliani et de Soutine. Des ateliers originaux destinés aux enfants, aux adultes et aux familles complètent les excellentes expositions. (www.mahj.org ; 71 rue du Temple, IIIe ; 8/6 € ; ⊙11h-18h lun-ven, 10h-18h dim ; Ⓜ Rambuteau)

Musée Cognacq-Jay

MUSÉE

6 ⊙ Plan p. 104, C2

Ce musée expose les peintures à l'huile, pastels, sculptures, porcelaines, meubles et objets du XVIIIe siècle collectionnés par le fondateur du grand magasin la Samaritaine, Ernest Cognacq, et son épouse Marie-Louise Jay. Une belle excuse pour s'introduire dans le superbe hôtel Donon. (www.museecognacqjay.paris. fr ; 8 rue Elzévir, IIIe ; entrée libre ; ⊙10h-18h mar-dim ; Ⓜ Saint-Paul ou Chemin-Vert)

Hôtel de Ville

EXPOSITIONS

7 ⊙ Plan p. 104, A3

Incendié pendant la Commune, le bâtiment fut reconstruit entre 1874 et 1882 dans un style néo-Renaissance.

100% parisien
Le cœur du Marais

À la fin du XIXᵉ siècle, les alentours de la **rue des Rosiers**, dans le Marais, étaient connus sous le nom de Pletzl, littéralement "petite place". C'est là qu'arrivaient et s'installaient les juifs d'Europe de l'Est. La population juive est aujourd'hui encore présente dans ces quelques rues. Depuis les années 1960, boutiques, cafés et restaurants branchés côtoient les librairies juives, les boucheries casher et les stands de falafels, parmi lesquels **L'As du Fallafel** (plan p. 104, C3 ; 34 rue des Rosiers, IVᵉ ; plats à emporter 5,50-8,50 € ; ⊘12h-minuit dim-jeu, 12h-17h ven ; **M**Saint-Paul), très apprécié des Parisiens – l'inévitable file d'attente est méritée.

La **synagogue** (plan p. 104, C3 ; 10 rue Pavée, IVᵉ) du quartier fut conçue en 1913 par le concepteur des célèbres bouches de métro, Hector Guimard. C'est un lieu de culte fermé au public.

La façade est ornée de 108 statues de Parisiens célèbres. L'Hôtel de Ville héberge toujours les bureaux de la municipalité parisienne. Des expositions, liées à Paris, y sont organisées, par exemple *Paris Magnum* en 2014. En hiver, une patinoire est installée sur le parvis. (www.paris.fr ; place de l'Hôtel-de-Ville, IVᵉ ; entrée libre ; ⊘10h-19h lun-sam ; **M**Hôtel-de-Ville)

Mémorial de la Shoah
MUSÉE, MÉMORIAL

8 Plan p. 104, B3

Cet important centre renferme la plus grande collection de documents sur la Shoah en Europe et présente des vidéos et témoignages poignants. Le mémorial en hommage aux victimes de la Shoah, mot hébreu signifiant "catastrophe", se trouve en fait à l'entrée, où les noms de 76 000 déportés sont inscrits sur un mur. (www.memorialdelashoah.org ; 17 rue Geoffroy-l'Asnier, IVᵉ ; entrée libre ; ⊘10h-18h dim-mer et ven, jusqu'à 22h jeu ; **M**Saint-Paul)

Promenade plantée
PARC EN HAUTEUR

9 Plan p. 104, F5

Aménagée sur le trajet d'une ancienne voie ferrée, cette "coulée verte" de 4,5 km traverse tout le XIIᵉ arrondissement de la capitale. La promenade, parsemée de lavandes, de rosiers et de cerisiers, débute derrière l'Opéra Bastille et se termine porte Dorée, à l'entrée du bois de Vincennes. Accès par des escaliers (à peu près un par pâté de maisons) et des ascenseurs (constamment en panne). En contrebas, les ateliers-galeries du **Viaduc des Arts** (www.viaducdesarts.fr ; 1-129 av. Daumesnil, XIIᵉ ; **M**Bastille ou Gare-de-Lyon) bordent l'avenue Daumesnil. (www.promenade-plantee.org ; XIIᵉ ; ⊘8h-coucher du soleil lun-ven, à partir de 9h sam-dim ; **M**Bastille ou Gare-de-Lyon)

Musée Picasso
MUSÉE

10 Plan p. 104, C2

Après 5 ans de travaux de rénovation et une vaste controverse, le musée

Picasso, l'un des préférés des Parisiens, a rouvert ses portes fin 2014. Ce musée, qui occupe l'hôtel Salé (XVIIe siècle), permet d'avoir une vision globale du travail de Pablo Picasso (1881-1973). La collection, exceptionnelle, compte plus de 5 000 œuvres – des peintures bien sûr mais aussi des sculptures, dont la célèbre *Tête de taureau*, des dessins, des gravures et des céramiques –, ainsi que des dizaines de milliers de pièces d'archives (écrites et photographiques). Le musée abrite aussi la collection personnelle de l'artiste comprenant, notamment, des œuvres de Braque, de Cézanne et d'art africain. L'ensemble a été donné, selon le vœu de l'artiste, à l'État français par ses héritiers, qui ont complété la première donation de plusieurs autres par la suite. Réservation des billets conseillée. (☎01 85 56 00 36 ; www.musee-picasso.fr ; 5 rue de Thorigny, IIIe ; 11 €, gratuit -18 ans ; ☉11h30-18h lun-ven, 9h30-18h sam-dim ; Ⓜ Saint-Sébastien-Froissart, Saint-Paul ou Chemin-Vert)

Place de la Bastille PLACE

11 ◉ Plan p. 104, E4

Il ne reste rien de l'ancienne prison assiégée le 14 juillet 1789, mais on ne peut passer à côté de la **colonne de Juillet** en bronze de 52 m de hauteur coiffée d'une sculpture d'Auguste Dumont, *Le Génie de la Liberté*. Des combattants des révolutions de 1830 et 1848 reposent sous la colonne. Ce rond-point est une destination incontournable pour les manifestations politiques. (Ⓜ Bastille)

Tour Saint-Jacques PLACE

12 ◉ Plan p. 104, A3

Ce clocher de 52 m de haut de style gothique flamboyant est tout ce qu'il reste de l'église Saint-Jacques-La Boucherie, construite par la guilde des bouchers en 1523. L'église fut démolie peu après la Révolution en 1797, mais la tour fut épargnée afin de servir de fonderie pour la fabrication de plombs de chasse. Récemment restaurée, la tour est ouverte à la visite durant de courtes périodes (généralement l'été,

Q 100% parisien
Place des Vosges

La place Royale fut inaugurée en 1612, à l'occasion des fiançailles de Louis XIII et d'Anne d'Autriche. Mme de Sévigné, Richelieu et Bossuet y résidèrent. C'est en 1800 qu'elle fut baptisée **place des Vosges** (plan p. 104, D3 ; Ⓜ Saint-Paul ou Bastille), pour honorer le département qui s'acquitta le premier de ses impôts pendant la Révolution. Aujourd'hui, le centre de la place est un jardin entouré de grilles. Tout autour, sous les arcades, des galeries d'art, cafés et restaurants accueillent les promeneurs. Le dimanche, sous les arcades, des petits orchestres jouent souvent pour les passants. C'est un lieu merveilleux, à ne pas manquer... malgré la foule des touristes. À deux pas se trouve le **Café Martini** (plan p. 104, E3 ; 9 rue du Pas-de-la-Mule, IVe ; ☉18h-minuit ; Ⓜ Chemin-Vert), à la devanture en bois.

par petits groupes, sur réservation). La montée des 300 (petites) marches mène à un superbe panorama. Claustrophobes s'abstenir. (square de la Tour-Saint-Jacques, 39 rue de Rivoli, IVᵉ ; 8/6 €, à partir de 10 ans ; Ⓜ Châtelet)

Pavillon de l'Arsenal   MUSÉE

13 Plan p. 104, C5

Ce bâtiment caractéristique de la fin du XIXᵉ siècle (une ancienne fabrique de poudre comprenant une grande halle sous verrière) accueille sur 800 m² une intéressante exposition permanente sur l'évolution architecturale de Paris, des origines à nos jours. Un volet est consacré aux projets en cours – avec une grande maquette actualisée de Paris – et un espace réservé à l'Île-de-France. Trois expositions temporaires sont aussi organisées au 1ᵉʳ étage, avec des scénographies qui méritent souvent le détour. (www.pavillon-arsenal.com ; 21 bd Morland, IVᵉ ; entrée libre ; ⏱10h30-18h30 mar-sam, 11h-19h dim ; Ⓜ Sully-Morland ou Bastille)

La Maison Rouge   MUSÉE

14 Plan p. 104, E5

Née dans une ancienne usine, de l'initiative privée d'Antoine de Galbert, La Maison Rouge offre un bel espace d'exposition à la création contemporaine – un chaleureux lieu de rencontres. Des expositions de grandes collections privées internationales alternent avec des projets monographiques et thématiques. Plusieurs lieux cohabitent au sein de La Maison Rouge : le Patio, espace extérieur sous verre, est régulièrement

investi par des artistes, le Vestibule permet de découvrir des jeunes talents encore non exposés en galerie. La déco du salon de thé-restaurant Rose Bakery Culture change en fonction des expositions. (www.lamaisonrouge.org ; 10 bd de la Bastille, XIIᵉ ; 9/6 € ; ⏱11h-19h mer-dim, jusqu'à 21h jeu ; Ⓜ Quai-de-la-Rapée)

Musée de la Chasse et de la Nature   MUSÉE

15 Plan p. 104, C2

À la chasse, ce musée installé dans le somptueux hôtel Guénégaud du XVIIᵉ siècle a su accoler le mot nature. Si les trophées (une salle leur est spécialement consacrée) et les fusils sont bien entendu au rendez-vous, ils sont complétés d'un regard sur le monde animal et sa représentation à travers les siècles. Le lieu, qui mêle classicisme et contemporain (notez le plafond de Jan Fabre), offre un agréable parcours. (☎01 53 01 92 40 ; www.chassenature.org ; 62 rue des Archives, IIIᵉ ; 8/6 € ; ⏱11h-18h mar-dim, jusqu'à 21h30 mer ; Ⓜ Hôtel-de-Ville)

Se restaurer

Le 6 Paul Bert   BISTROT €€

16 Plan p. 104, H4

Ouvert par Bertrand Auboyneau, patron du **Bistrot Paul Bert** (☎01 43 72 24 01 ; 18 rue Paul-Bert, XIᵉ ; menu 3 plats déj/dîner 19/38 € ; ⏱midi et soir mar-sam ; Ⓜ Faidherbe-Chaligny), et le chef québécois Louis-Philippe Riel, "Le 6" sert des menus époustouflants composés d'assiettes

Hôtel de Ville (p. 107)

assez petites à la présentation exquise. Les créations du chef Riel changent quotidiennement et comportent toujours des associations de saveurs inattendues (caille et navet, artichaut et chocolat blanc…). (☎ 01 43 79 14 32 ; 6 rue Paul-Bert, XIIᵉ ; menu déj 2/3 plats 15/19 €, dîner 4 plats 44 € ; ☺ midi mar, midi et soir mer-sam ; Ⓜ Faidherbe-Chaligny)

Bones

BISTRONOMIQUE €€€

 17 Plan p. 104, G3

Si vous n'obtenez pas de réservation pour le premier service (19h) du nouveau restaurant au style épuré de l'excellent chef australien James Henry, il vous reste deux solutions : venir pour le second service (21h30), uniquement sans réservation, ou vous installer dans

le bar animé pour déguster les petites assiettes créées par le patron (huîtres fumées, cœur de bœuf, carpaccio de loup de mer, charcuterie maison). (☎ 09 80 75 32 08 ; www.bonesparis.com ; 43 rue Godefroy-Cavaignac, XIᵉ ; assiettes au bar 4-16 €, menu 4/5 plats 47/55 € ; ☺ soir mar-sam ; Ⓜ Voltaire)

Candelaria

TAQUERIA €

 18 Plan p. 104, D1

Il faut connaître cette géniale *taqueria* pour la trouver. Avec une branchitude nonchalante dont seul Paris a le secret, la Candelaria sert de délicieux tacos, *quesadillas* et *tostadas* maison dans un cadre décontracté. Derrière le mur se cache un bar secret… (www.candelariaparis. com ; 52 rue Saintonge, IIIᵉ ; tacos 3,20-3,75 €, quesadillas et tostadas 3,50 €, menu déj 11,50 € ; ⊙midi et soir tlj ; Ⓜ Filles-du-Calvaire)

Dessance
DESSERTS €€

19 Plan p. 104, C1

Dessance est un restaurant unique en son genre : on n'y mange que des desserts, avec un étonnant sens du détail et une audace créative qui donnent des mariages d'ingrédients inattendus (brocoli, betterave et roquette sont ainsi associés au chocolat et au caramel). Que vous optiez pour le menu composé de quatre desserts ou pour un choix à la carte, un amuse-bouche sucré ouvrira votre repas et une assiette de mignardises le conclura. (☑01 42 77 23 62 ; www.dessance.fr ; 74 rue des Archives, IIIe ; desserts à la carte 19 €, menus 4 desserts 36-44 € ; ⊙15h-23h mer-ven, 12h-minuit sam-dim ; ♿ ; Ⓜ Arts-et-Métiers)

Chez Marianne
CASHER €€

20 Plan p. 104, C3

Il faut être patient pour obtenir une place dans la salle tapissée de bouteilles de vin de Chez Marianne. Mais les assiettes d'olives, d'houmous, de caviar d'aubergine et de bien d'autres spécialités en valent amplement la peine. Sinon, vous pouvez acheter des provisions pour un pique-nique sur la place des Vosges ou prendre un falafel (7 €) au comptoir donnant sur la rue (mais là aussi, l'attente est longue). (2 rue des Hospitalières-Saint-Gervais, IVe ; assiettes 4/5/6 zakouskis 14/16/18 €, plats 18-25 € ; ⊙12h-minuit tlj ; Ⓜ Saint-Paul)

Marché Bastille
MARCHÉ €

21 Plan p. 1047, E3

Si vous ne faites qu'un seul marché, choisissez celui-là, c'est l'un des meilleurs de la capitale. Le français traditionnel y côtoie l'exotique, sous toutes ses formes. Et c'est un bon endroit pour regarder vivre les Parisiens. (bd Richard-Lenoir, XIe ; ⊙7h-14h30 jeu et dim ; Ⓜ Bastille ou Richard-Lenoir)

À la Biche au Bois
FRANÇAIS TRADITIONNEL €€

22 Plan p. 104, E5

Si le gibier, et en particulier la biche, est la spécialité de ce restaurant convivial, des plats tels que le foie gras et le coq au vin contribuent également à l'ambiance rustique – tout comme le store vert et les plantes en pot à l'entrée. Les vins et les fromages sont excellents. Mention spéciale aux frites, sensationnelles. (☑01 43 43 34 38 ; 45 av. Ledru-Rollin, XIIe ; soir lun, midi et soir mar-sam ; ⊙menu déj 3 plats 29,80 €, plats 17-22,50 € ; Ⓜ Gare-de-Lyon)

Clamato
FRUITS DE MER €€

23 Plan p. 104, G4

Mieux vaut arriver tôt : contrairement à son voisin tenu par la même équipe, le très réputé **Septime** (☑01 43 67 38 29 ; 80 rue de Charonne, XIe ; menus déj 28-55 €, menu dîner 58 € ; ⊙midi et soir mar-ven, soir lun ; Ⓜ Charonne), le Clamato ne prend pas les réservations et vous ne voudrez pas manquer les tapas de la mer de Bertrand Grébaut et Théo Pourriat.

Le menu change quotidiennement, mais vous y trouverez peut-être des moules au confit d'oignons et au safran, des couteaux gratinés aux éclats de cacahuètes et au beurre d'herbes ou un carpaccio de poulpe à la pulpe de pamplemousse. (📞 01 43 72 74 53 ; www.septime-charonne.fr ; 80 rue de Charonne, XIᵉ ; tapas 6-19 € ; 🕙 soir lun-ven, midi et soir sam-dim ; Ⓜ Charonne)

Pozzetto

GLACIER €

24 🍴 Plan p. 104, B3

Le meilleur des nouveaux glaciers parisiens s'est ouvert dans le Marais il y a quelques années, lorsqu'un groupe d'amis d'Italie du Nord, désespérant de trouver leur glace favorite à Paris, décidèrent d'importer les ingrédients et de la fabriquer eux-mêmes. Parmi les 12 parfums proposés – servis à la spatule, et non avec une cuillère à glace – figurent le *gianduia* (chocolat aux noisettes originaire de Turin) et le *zabaione* (à base de jaunes d'œufs, sucre et marsala doux). Excellent café italien également. (www.pozzetto.biz ; 16 rue Vieille-du-Temple, IVᵉ ; glace 4-5,90 € ; 🕙 11h30-21h lun-jeu, jusqu'à 23h30 ven-dim ; Ⓜ Saint-Paul)

CheZaline

TRAITEUR €

25 🍴 Plan p. 104, G3

Cette ancienne boucherie chevaline (notez le jeu de mots) est aujourd'hui un fabuleux traiteur qui crée de généreux sandwichs de saison garnis d'ingrédients frais, ainsi que des salades et des terrines maison. Il n'y a que quelques places assises, mais vous trouverez de nombreux parcs alentour pour pique-niquer. Préparez-vous à faire la queue. (85 rue de la Roquette, XIᵉ ; plats 6,50-9 € ; 🕙 11h-17h30 lun-ven ; Ⓜ Voltaire)

Brasserie Bofinger

BRASSERIE €€

26 🍴 Plan p. 104, E4

Cette splendide brasserie Art nouveau propose une cuisine de grande qualité et le service est sympathique. Avec un peu de chance, vous obtiendrez une table sous la coupole de verre. Mikhaïl Gorbatchev et Madonna, notamment, ont signé le livre d'or. Mais ce sont

100% parisien
Le marché d'Aligre

Très animé et très fréquenté, surtout le dimanche, le **marché d'Aligre** (plan p. 104, G5 ; marchedaligre. free.fr ; rue et place d'Aligre, XIIᵉ ; 🕙 8h-13h et 16h-19h30 mar-sam, 8h-13h30 dim ; Ⓜ Ledru-Rollin), débordant de fruits et de légumes, est réputé pour être le moins cher de la capitale. Sur la place, la halle couverte du **marché Beauvau** abrite quant à elle de fins commerces. Une **brocante** (🕙 8h-13h mar-dim) complète le décor.

Les rues voisines sont émaillées de commerces de bouche, de bars à vins – notamment le merveilleux **Baron Rouge** (1 rue Théophile-Roussel, XIIᵉ ; 🕙 10h-14h et 17h-22h mar-ven, 10h-22h sam, 10h-16h dim ; Ⓜ Ledru-Rollin) – et de restaurants, de plus en plus nombreux.

surtout les petites bribes de vie parisienne saisies au vol qui font tout le charme du lieu. Au menu figurent des spécialités alsaciennes comme la choucroute, des huîtres et des plats de la mer. Si votre budget est trop serré, son petit frère, **Le Petit Bofinger** (📞01 42 72 05 23 ; 6 rue de la Bastille, IVᵉ ; menus 2/3 plats 25,90/31 € ; 🕐midi et soir tlj), de l'autre côté de la rue, est une solution plus abordable et pleine d'atmosphère également. (📞01 42 72 87 82 ; www.bofingerparis.com ; 5-7 rue de la Bastille, IVᵉ ; menus 36,50-59 €, plats 22,50-46 € ; 🕐midi et soir tlj ; Ⓜ Bastille)

Prendre un verre

Le Cap Horn BAR

 27 Plan p. 104, D4

Les soirs d'été, l'ambiance de ce bar chilien décontracté à deux pas de la place des Vosges est électrique. La foule déborde sur le trottoir et les voitures garées deviennent des tables où poser sa *piña colada*, son punch coco ou son cocktail au *pisco* (eau-de-vie chilienne). (8 rue de Biragu, IVᵉ ; 🕐10h-1h ; Ⓜ Saint-Paul ou Chemin-Vert)

Le Pure Café CAFÉ

 28 Plan p. 104, H4

Ce café rouge cerise, posé sur un angle entre deux rues, est un rendez-vous typiquement parisien. La cuisine est de bonne qualité et originale, mais c'est surtout un endroit sans prétention où il fait bon boire un verre de vin autour d'une planche de charcuterie ou de fromage, ou prendre un brunch

le dimanche. (www.purecafe.fr ; 14 rue Jean-Macé, XIᵉ ; 🕐7h-2h lun-ven, 8h-2h sam, 9h-minuit dim ; Ⓜ Charonne ou Faidherbe-Chaligny)

Le Loir dans la Théière SALON DE THÉ

29 Plan p. 104, C3

L'espace, rétro, est rempli de jouets anciens, de fauteuils et de canapés confortables. Et les tables en bois débordent de "petits" délices – comme la gigantesque tarte au citron meringuée ! Jetez un œil aux gâteaux sur le buffet... et vous n'aurez plus envie de partir avant de les avoir tous goûtés. Il y a beaucoup de monde, vous devrez donc faire la queue... et céder rapidement la place aux autres ! Un merveilleux endroit pour bruncher le week-end. (3 rue des Rosiers, IVᵉ ; 🕐9h-19h30 tlj ; Ⓜ Saint-Paul)

La Fée Verte BAR

30 Plan p. 104, G3

Vous l'aurez deviné, ici, l'absinthe est à l'honneur (servie avec une cuillère et un morceau de sucre), mais ce café-bar de quartier superbement vieillot propose également une nourriture excellente. (108 rue de la Roquette, XIᵉ ; 🕐8h-2h lun-sam, 9h-2h dim ; 📶 ; Ⓜ Voltaire)

Open Café BAR GAY

31 Plan p. 104, B2

La grande terrasse aux sièges blancs de ce bar gay, établi de longue date dans le Marais, est idéale pour prendre le pouls du quartier ou entamer une conversation, dans une ambiance plus mondaine que dragueuse. Sa cuisine sert

Le Pure Café

de bons petits-déjeuners (8,70 €) et des tartines (6,70 €) à toute heure. *Happy hour* tous les jours de 18h à 22h. (www. opencafe.fr ; 17 rue des Archives, IVᵉ ; 11h-2h dim-jeu, 11h-3h ven-sam ; M Hôtel-de-Ville)

La Caféothèque
CAFÉ

32 Plan p. 104, B4

Du moulin industriel aux conseils de dégustation élaborés, ce café prend son travail au sérieux. Prenez un siège, sélectionnez votre breuvage et commandez-le à votre gout (expresso, *ristretto*, *latte*, etc.). Le café du jour (3 €) maintiendra les voyageurs éveillés, tout comme la dégustation de trois crus (10 €). (www.lacafeotheque.com ; 52 rue de l'Hôtel-de-Ville, IVᵉ ; 9h30-19h30 tlj ; ; M Saint-Paul ou Hôtel-de-Ville)

La Perle
CAFÉ, BAR

33 Plan p. 104, C2

Dans ce bar festif du Marais, les bobos viennent s'encanailler autour d'un verre de rouge en attendant que le DJ arrive pour chauffer l'ambiance. L'aspect vieilli (authentique) et la locomotive miniature au-dessus du bar contribuent au charme du lieu. (cafelaperle.com ; 78 rue Vieille-du-Temple, IIIᵉ ; 9h-2h tlj ; M Saint-Paul ou Chemin-Vert)

Café de l'Industrie
CAFÉ, BISTROT

34 Plan p. 104, E3

Véritable institution du quartier depuis plus de 20 ans, le Café de l'Industrie (constitué de 3 salles) se fait café-bistrot le jour et bar la nuit. Écrivains avec

Q 100% parisien

La rue de Lappe

Si cette petite rue est calme en journée, elle s'anime le soir venu avec des bars qui battent leur plein. **Le Balajo** (plan p. 104, E4 ; www.balajo.fr ; 9 rue de Lappe, XIe ; ⏱variables ; Ⓜ Bastille) attire les foules depuis 1936 pour ses soirées dansantes, allant de la salsa (avec cours) au rock, en passant par du R&B et des DJ sets, sans oublier les bals musettes et thés dansants à l'ancienne, le lundi de 14h à 19h. Vous pouvez aussi opter pour **La Chapelle des Lombards** (plan p. 104, F4 ; www.la-chapelle-des-lombards.com ; 19 rue de Lappe, XIe ; ⏱23h-5h mer, jeu et dim, jusqu'à 6h ven-sam ; Ⓜ Bastille), où des concerts ont généralement lieu le vendredi et le samedi.

leur ordinateur portable et groupes d'étudiants investissent, dans un décor colonial original et cosy, ce bistrot particulièrement propice à la discussion entre les repas. Tard le soir, l'ambiance se fait beaucoup plus animée. Une bonne carte pour un bon bistrot de quartier (steak tartare, confit de canard, boudin normand au calvados, etc.). (16-17 rue Saint-Sabin, XIe ; ⏱9h-2h tlj ; Ⓜ Bastille)

Le Progrès

CAFÉ, BAR

35 Ⓟ Plan p. 104, D1

Un des hauts lieux du haut Marais avec Le Charlot (38 rue de Bretagne) pour prendre un café le matin, déjeuner (plats du jour 12-15 €) ou boire l'apéro. Parisien et très mode, il n'est pas rare

d'y croiser en terrasse quelque acteur ou actrice en vue. (☏01 42 72 01 44 ; 1 rue de Bretagne, IIIe ; ⏱8h-2h lun-sam ; Ⓜ Saint-Sébastien-Froissart)

Sortir

Opéra Bastille

OPÉRA

34 ⭐ Plan p. 104, E4

Le deuxième Opéra de Paris, construit en 1989 sur décision de Mitterrand, peut accueillir 3 400 personnes. Si vous ne pouvez obtenir un billet pour une représentation, sachez que l'Opéra se visite (renseignements au ☏01 40 01 19 70). Chaque soir, des places debout (5 €) sont vendues aux bornes automatiques 1 heure 30 avant la représentation. Des tarifs spéciaux sont aussi accordés s'il reste des places 15 minutes avant le spectacle. (☏08 92 89 90 90 ; www.operadeparis.fr ; 2-6 place de la Bastille, XIIe ; ⏱billetterie 14h30-18h30 lun-sam ; Ⓜ Bastille)

Badaboum

CONCERTS, CLUBBING

35 ⭐ Plan p. 104, F4

Dans l'ancienne salle entièrement rénovée de la Scène-Bastille, le Badaboum accueille depuis un an des concerts de tous genres – majoritairement électro, funk et hip-hop – sur sa scène intime. Ambiance géniale, excellents cocktails et "secret room" à l'étage. (www.badaboum-paris.com ; 2 bis rue des Taillandiers, XIe ; ⏱bar 19h-2h mer-sam, club et concerts variables ; Ⓜ Bastille ou Ledru-Rollin)

Le Tango

CLUBBING

36 ⭐ Plan p. 104, B1

Cette "boîte à frissons", comme elle se qualifie, accueille une foule gay et lesbienne bigarrée et cosmopolite dans un dancing historique des années 1930. Ici, on y danse la valse, la salsa et le tango dès l'ouverture, sans se prendre au sérieux. Un DJ se produit à partir de 0h30. Le thé dansant du dimanche est légendaire. (www.boiteafrissons.fr ; 13 rue Au-Maire, IIIᵉ ; entrée 6-9 € ; ☺22h30-5h ven-sam, 18h-23h dim ; Ⓜ Arts-et-Métiers)

Les Disquaires CONCERTS, CLUBBING

37 Plan p. 104, F4

Nouveaux propriétaires, nouveau décor, nouvelle programmation ! Mais les concerts sont toujours gratuits ! Les Disquaires, c'est désormais en première partie de soirée tous les soirs du funk, de la soul, du R'n'B, du disco, du jazz, ou du hip-hop et des DJ qui prennent le relais jusqu'à 2h du jeudi au samedi. Jazz tous les mardi et mercredi, DJ disco le 2ᵉ vendredi du mois. (☎01 40 21 94 60 ; www.lesdisquaires.com ; 4-6 rue des Taillandiers, XIᵉ ; entrée libre ; ☺18h-2h mar-sam ; Ⓜ Ledru-Rollin ou Bastille)

Panic Room BAR, CLUBBING

38 Plan p. 104, E2

Une ambiance détendue, sans chichis (ça n'est pas ici qu'on vous parlera dress code), une programmation très éclectique (pop, folk, électro, rock) et des DJ ou groupes tous les soirs, des serveurs cool... Une adresse parfaite pour passer une soirée en dégustant un cocktail (spécialité à base de concombre à tester). (☎01 58 30 93 43 ; www.panicroomparis.com ; 101 rue Amelot, XIᵉ ; entrée libre ; ☺18h30-2h mar-sam ; Ⓜ Saint-Sébastien-Froissard)

Shopping
Paris Rendez-Vous CONCEPT STORE

39 Plan p. 104, A3

Une gamme de souvenirs branchés de Paris vendue dans un concept store ultratendance, à l'intérieur de l'Hôtel de Ville, ça c'est Paris ! On y trouve de tout : vêtements, articles pour la maison, livres sur la capitale, petits bateaux à voile ou encore chaises Fermob identiques à celles du jardin du Luxembourg. (29 rue de Rivoli, IVᵉ ; ☺10h-19h lun-sam ; Ⓜ Hôtel-de-Ville)

La Manufacture de Chocolat CHOCOLATERIE

40 🔒 Plan p. 104, F4

C'est ici qu'est fabriqué le chocolat utilisé dans les restaurants du célèbre chef Alain Ducasse. Celui-ci a créé sa propre chocolaterie avec son ancien chef pâtissier, Nicolas Berger. Faites votre choix parmi les ganaches, pralinés, truffes et tablettes (pas moins de 48 variétés !). (www.lechocolat-alainducasse.com ; 40 rue de la Roquette, XIᵉ ; ☺10h30-19h mar-sam ; Ⓜ Bastille)

My Crazy Pop POP-CORN

41 🔒 Plan p. 104, G4

Wasabi, parmesan, barbecue et tapenade font partie des surprenants parfums proposés par cette boutique de pop-corn ; parmi les saveurs sucrées figurent pralin, pain d'épices, caramel au beurre salé et orange-cannelle. À travers la vitre au fond du magasin, on peut voir les grains de maïs éclater. (15 rue Trousseau, XIᵉ ; ☺11h-19h mar-ven, jusqu'à 20h sam ; Ⓜ Ledru-Rollin)

Les incontournables
Le cimetière du Père-Lachaise

Comment y aller

Ⓜ **Métro** Stations Père-Lachaise (lignes 2 et 3), Philippe-Auguste (2) et Gambetta (3 et 3bis)

Si Paris est composé de plusieurs villages, comme on le dit souvent, ce cimetière de 44 ha est sans aucun doute l'un d'entre eux. Les petites rues pavées plantées d'arbres sont bordées de tombes parfois grandes comme des petites maisons. Quand le cimetière fut créé en 1804, il eut peu de succès en raison de son éloignement du centre. On décida alors d'exhumer les dépouilles de personnages célèbres pour les réinhumer ici. Cette "opération marketing" réussit et le Père-Lachaise est même devenu le cimetière le plus prisé des Parisiens pour le repos éternel.

À ne pas manquer

Parmi son million de "résidents", le Père-Lachaise compte les sépultures de : Chopin, Molière, Balzac, Proust, Apollinaire, La Fontaine, Oscar Wilde, Gérard de Nerval, Colette, Delacroix, Pissarro, Seurat, Modigliani, Édith Piaf, Jim Morrison, Michel Petrucciani, Arman, Mano Solo, Claude Chabrol...

Tombes de Molière et de La Fontaine
25e division
Les sépultures de Molière (1622-1673) et de Jean de La Fontaine (1621-1695) sont les premières tombes de personnalités à avoir été transférées au Père-Lachaise, en 1817.

Tombe d'Édith Piaf
97e division
L'un des rituels propres à ce cimetière consiste à déposer des roses rouges sur la tombe de la Môme (née Gassion), décédée en 1963.

Tombe de Jim Morrison
6e division
La sépulture la plus vénérée du cimetière est celle de Jim Morrison, le chanteur des Doors, qui décéda dans un appartement du Marais en 1971. Autrefois, ses fans avaient pour habitude de venir se droguer et faire l'amour sur sa tombe. La sécurité a depuis été renforcée et des barrières protègent la tombe.

Tombe d'Oscar Wilde
89e division
Surmontée d'un ange ailé nu, la flamboyante tombe du dramaturge irlandais Oscar Wilde, mort à Paris en 1900, est recouverte de traces de rouge à lèvres protégées par une plaque de verre, installée en 2011.

www.pere-lachaise.com

16 rue du Repos et bd de Ménilmontant, XXe

entrée libre

⌚8h-18h lun-ven, 8h30-18h sam, 9h-18h dim

Ⓜ Père-Lachaise ou Gambetta

☑ À savoir

▶ Le cimetière comprend 5 entrées, dont 2 sur le bd de Ménilmontant.

▶ Des plans indiquant les tombes célèbres sont affichés en divers points du cimetière et disponibles sur le site Internet. Vous pouvez également vous procurer un plan gratuit à la conservation du cimetière (16 rue du Repos).

▶ La visite du Père-Lachaise s'inscrit bien dans la continuité d'une balade le long du canal Saint-Martin (p. 92).

✕ Une petite faim ?

Les chefs Shaun Kelly et Elenie Sapera ont ressuscité le bistrot **Yard** (☎01 40 09 70 30 ; 6 rue de Mont-Louis, XIe ; menu déj 3 plats 18 €, plats 15-18 € ; ⌚midi lun, midi et soir mar-ven ; Ⓜ Philippe-Auguste) installé dans un ancien atelier de ferronnerie.

Tombe de Frédéric Chopin
11ᵉ division

Des lettres manuscrites et des fleurs embellissent la tombe en marbre du pianiste-compositeur polonais (1810-1849) qui passa à Paris sa courte vie d'adulte. Son cœur est enterré à Varsovie.

Tombe de Marcel Proust
85ᵉ division

La tradition veut que l'on dépose des madeleines sur la tombe de Marcel Proust (1871-1922), dont la célèbre madeleine l'aura mené à l'écriture de son œuvre majeure, *À la recherche du temps perdu*.

Mur des Fédérés
76ᵉ division

C'est contre ce simple mur en briques que 147 insurgés de la Commune furent fusillés en 1871. L'allée bordée de mémoriaux de guerre autour du tombeau collectif est tout aussi émouvante.

Tombe de Victor Noir
92ᵉ division

Des protestations ont conduit au retrait de la barrière autour de la tombe de Victor Noir, alias Yvan Salmon (1848-1870), abattu à l'âge de 22 ans par Pierre Bonaparte, neveu de Napoléon, et devenu un symbole républicain. Il faut dire que, selon la légende, toucher l'entrejambe du gisant en bronze favoriserait l'activité sexuelle et la fertilité des femmes.

Tombes d'Héloïse et Abélard
7ᵉ division

Transférés au Père-Lachaise en 1817 pour en accroître la notoriété, ces Roméo et Juliette du XIIᵉ siècle que le destin tragique sépara continuèrent à correspondre via des lettres poétiques et passionnées. Ils partagent une tombe néogothique où les âmes romantiques déposent régulièrement des lettres d'amour.

Tombe d'Honoré de Balzac
48ᵉ division

Le célèbre auteur de *La Comédie humaine* fut inhumé ici en 1850. Parmi les grands intellectuels présents aux funérailles, Victor Hugo porta le cercueil et lui rendit hommage.

BRAUNO DE HOGUES / GETTY IMAGES ©

Statue en bronze ornant une tombe

Le gisant de Victor Noir

Tombe d'Eugène Delacroix
49ᵉ division

Delacroix (1798-1863) fait partie des nombreux artistes reposant ici. On peut voir des fresques de ce grand peintre romantique à l'église Saint-Sulpice (p. 166), certains de ses chefs-d'œuvre au Louvre (p. 52) et des œuvres plus intimistes dans son ancienne maison, devenue le musée national Eugène-Delacroix (p. 166).

Tombe de Georges Seurat
66ᵉ division

Le pionnier du pointillisme Georges Seurat (1859-1891), décédé subitement à 31 ans d'une angine infectieuse, est inhumé dans le caveau familial.

Future sépulture d'André Chabot
20ᵉ division

Spécialiste de l'art funéraire, le photographe contemporain André Chabot (né en 1941) a fait sculpter sur une merveilleuse chapelle du XIXᵉ siècle un gros appareil photo en granit assorti d'un Flashcode en prévision de son trépas.

Explorer

Notre-Dame et les îles

C'est ici, sur la Seine, que bat le cœur géographique et historique de Paris. Les débuts de la capitale eurent lieu sur l'île de la Cité, la plus grande des deux îles. À l'est, la sereine île Saint-Louis est dotée de luxueux appartements, d'une poignée d'hôtels intimistes et de charmants restaurants et boutiques.

L'essentiel en un jour

La célèbre **cathédrale Notre-Dame** (p. 124) domine l'île de la Cité, alors quel meilleur endroit pour commencer votre exploration ? (Le matin est aussi un bon moment pour éviter les foules.) À l'intérieur, après avoir admiré les vitraux, consacrez environ une heure à la visite du sommet, et une autre heure à la crypte archéologique. La **Sainte-Chapelle** (p. 132), à côté, renferme des vitraux encore plus beaux. De là, vous n'êtes qu'à deux pas de la prison de la Révolution, la **Conciergerie** (p. 132).

Traversez le **pont Saint-Louis** (p. 136) pour rejoindre la ravissante petite île Saint-Louis. Déjeunez au **Café Saint Régis** (p. 135) typiquement parisien, avant d'admirer les **boutiques** de l'île et fondre pour une **glace Berthillon** (p. 133).

Après un repas traditionnel au **Tastevin** (p. 135), traversez le pont Saint-Louis dans l'autre sens (vous y croiserez sûrement des musiciens de rue) et allez prendre un verre à la vénérable **Taverne Henri IV** (p. 136), sur l'île de la Cité. Si vous avez encore des forces, empruntez le **Pont-Neuf** (p. 132) pour continuer la soirée de l'autre côté de la Seine.

 Les incontournables

Cathédrale Notre-Dame (p. 124)

Le meilleur du quartier

Histoire

Cathédrale Notre-Dame (p. 124)

Sainte-Chapelle (p. 132)

Conciergerie (p. 132)

Prendre un verre

Taverne Henri IV (p. 136)

Marché

Marché aux fleurs Reine-Elizabeth-II (p. 137)

Églises

Cathédrale Notre-Dame (p. 124)

Sainte-Chapelle (p. 132)

Comment y aller

M Métro La station Cité (ligne 4) sur l'île de la Cité est la seule station insulaire, et la plus pratique pour aller à Notre-Dame.

M Métro La station Pont-Marie (ligne 7), sur la rive droite, est la station la plus proche de l'île Saint-Louis.

Bateau Le Batobus s'arrête en face de Notre-Dame, rive gauche.

Les incontournables
La cathédrale Notre-Dame

Ce chef-d'œuvre de l'architecture gothique a été édifié de 1163 à 1345 sur l'emplacement de deux églises. Fortement endommagée durant la Révolution, Notre-Dame fut très largement restaurée au XIXe siècle, par Viollet-le-Duc. Une grande harmonie se dégage de l'ensemble du bâtiment. L'intérieur est spectaculaire. La cathédrale peut accueillir jusqu'à 6 000 personnes. Le Grand Orgue possède 8 000 tuyaux. Les trois grandes roses, notamment celles des façades ouest et nord, sont superbes. Après 387 marches (tour nord), on accède à la corniche de la façade ouest, d'où l'on peut admirer les impressionnantes gargouilles et aussi jouir d'une vue exceptionnelle sur la ville.

Plan p. 130, D3

www.cathedraledeparis.com

6 place du Parvis-Notre-Dame, IVe

entrée libre ; visite des tours 6,50/5,50 €, gratuit -18 ans

cathédrale 7h45-18h45 lun-sam, 7h45-19h15 dim

MCité

À ne pas manquer

Les proportions

L'aspect le plus frappant de Notre-Dame est sa taille : l'intérieur mesure à lui seul 130 m de long, 48 m de large et 35 m de haut, et peut accueillir plus de 6 000 fidèles.

Les rosaces

Notre-Dame est également connue pour ses trois rosaces spectaculaires, dont les plus célèbres sont le vitrail de 10 m de large ornant la façade ouest (partiellement obstrué par l'orgue) et celui du côté nord du transept, qui est resté quasiment inchangé depuis le XIIIe siècle.

Les arcs-boutants

C'est depuis le square Jean-XXIII, à l'arrière de la cathédrale, que l'on voit le mieux la forêt d'arcs-boutants sculptés. Si Notre-Dame fut l'un des premiers bâtiments au monde à être doté de ce type d'éléments architecturaux, ces derniers n'étaient à l'origine pas prévus autour du chœur et de la nef. Un support extérieur devint pourtant nécessaire pour contrecarrer l'apparition de fractures dues à la poussée des murs vers l'extérieur.

Les tours

L'entrée des **tours de Notre-Dame** (notre-dame-de-paris.monuments-nationaux.fr ; rue du Cloître-Notre-Dame, IVe ; 6,50/5,50 € ; ⊙10h-18h30, 10h-23h ven-sam juil-août, 10h-17h30 tlj oct-mars ; Ⓜ Cité) se fait par la tour nord. Préparez-vous mentalement et physiquement à gravir les 422 marches en colimaçon menant au sommet (pas d'ascenseur).

Le Trésor

Le **Trésor** (adulte/enfant 3/2 € ; ⊙9h30-18h lun-ven, 9h30-18h30 sam, 13h30-18h30 dim) renferme des reliques, dont la sainte couronne d'épines, qui

☑ À savoir

▶ La file d'attente peut être longue et s'allonger pendant la journée, surtout l'été : arrivez le plus tôt possible pour éviter l'affluence maximum.

▶ Demandez un audioguide (5 €) au **guichet d'information** (⊙9h30-18h lun-ven, 9h-18h sam-dim) ; le prix inclut l'entrée au Trésor.

▶ L'accès aux tours est gratuit le 1er dimanche du mois, de novembre à mars.

▶ N'oubliez pas que Notre-Dame est un lieu de culte.

✗ Une petite faim ?

Cap sur l'île Saint-Louis voisine pour déguster une glace chez Berthillon (p. 133) ou prendre un verre, un en-cas ou un repas au Café Saint Régis (p. 135).

CATHÉDRALE NOTRE-DAME

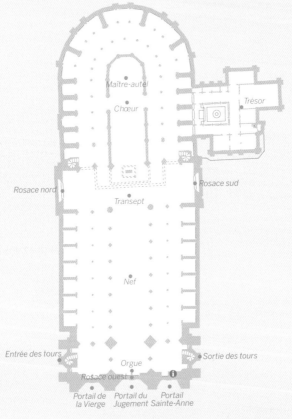

Maître-autel

Chœur

Trésor

Rosace nord

Rosace sud

Transept

Nef

Entrée des tours

Sortie des tours

Orgue

Rosace ouest

Portail de la Vierge

Portail du Jugement

Portail Sainte-Anne

Façade occidentale

Gargouille observant Paris

aurait été déposée sur la tête de Jésus avant sa crucifixion. Elle est exposée entre 15h et 16h le premier vendredi du mois et chaque vendredi de carême, et de 10h à 17h le vendredi saint.

Les gargouilles

En arrivant en haut de la façade ouest, on tombe nez à nez avec les gargouilles les plus effrayantes de la cathédrale. Les eaux de pluie s'évacuent par les gueules allongées et grandes ouvertes de ces statues grotesques, permettant ainsi de préserver le bâtiment (et de chasser les esprits maléfiques). Malgré leur aspect médiéval, elles furent installées au XIXe siècle par Eugène Viollet-le-Duc.

La vue

En haut de la façade ouest, depuis la galerie des Chimères (qui doit son nom aux monstres et créatures mythiques de Viollet-le-Duc), vous jouirez d'une vue spectaculaire sur Paris, notamment sur les rues anciennes du Quartier latin et sur la tour Eiffel.

Les cloches

Toujours depuis le sommet de la façade ouest, vous pourrez admirer sur la tour sud l'impressionnant bourdon (grosse cloche à son grave) de 13 tonnes. Toutes les cloches de la cathédrale portent un nom ; celle-ci s'appelle Emmanuel. Fondue en 1686, Emmanuel est la seule cloche ayant survécu à la Révolution,

Comprendre
Notre-Dame : chronologie

1160 Maurice de Sully, évêque de Paris, ordonne la démolition de la cathédrale Saint-Étienne, cathédrale d'origine datant du IVe siècle.

1163 Les fondations de la nouvelle cathédrale Notre-Dame sont posées et la construction commence.

1182 Fin de la construction de l'abside et du chœur.

Début des années 1200 Début des travaux de la façade ouest.

1225 Fin de la construction de la façade ouest.

1250 Fin de la construction des tours ouest et de la rosace nord.

Milieu des années 1200 Pour "moderniser" la cathédrale, les transepts sont remodelés dans le style rayonnant.

1345 Fin de la construction de la cathédrale.

1548 Les huguenots prennent d'assaut et endommagent la cathédrale à la suite du concile de Trente.

1793 Pendant la période la plus radicale de la Révolution française, de nombreux trésors de Notre-Dame sont pillés et détruits.

1845-1864 À la suite de requêtes pour empêcher la démolition de la cathédrale alors à l'abandon, l'architecte Eugène Viollet-le-Duc mène d'importants travaux.

1991 Un long programme d'entretien et de restauration est entrepris.

2013 Notre-Dame célèbre ses 850 ans.

lorsque les cloches de la cathédrale furent descendues et fondues en 1792. La pureté de son timbre viendrait des pierres précieuses et des bijoux que les Parisiennes auraient ajoutés au cuivre et au bronze lors de la fonte de la cloche. Pendant la nuit du 24 août 1944, lorsque l'île de la Cité fut reprise par les troupes françaises, alliées et résistantes, le son de l'Emmanuel annonça la libération prochaine de Paris. À l'occasion de la commémoration en 2013 du 850e anniversaire du début de la construction de Notre-Dame, neuf nouvelles cloches ont été installées reproduisant celles du Moyen Âge. Les anciennes cloches de 1856 (Angélique-

Françoise, Antoinette-Charlotte, Denise-David et Hyacinthe-Jeanne) ont été déposées dans le square Jean-XXIII, derrière la cathédrale.

Les abeilles

Depuis le printemps 2013, une ruche a pris place sur le toit de la sacristie près du square Jean-XXIII, dans le but de préserver la biodiversité et de rappeler "la beauté de la Création et la responsabilité de l'homme vis-à-vis d'elle".

Les portails

Sur la façade occidentale, admirez les superbes détails des trois portails du XIIIe siècle : à gauche, le portail de la Vierge, où l'on voit la montée de Marie au Paradis ; au centre, le portail du Jugement, représentant le Jugement dernier selon l'Évangile de saint Mathieu ; et à droite, le portail Sainte-Anne, qui est le plus ancien.

L'orgue

Le magnifique orgue de Notre-Dame est l'un des plus grands du monde, avec ses 8 000 tuyaux (dont 900 classés historiquement), 111 jeux, 5 claviers de 56 notes et un pédalier de 32 notes. On peut l'entendre le dimanche, lors des messes et de récitals gratuits à 16h30.

Offices religieux

Les horaires des messes et offices sont disponibles sur le site www. notredamedeparis.fr. La veille de Noël, la messe de minuit rassemble un grand nombre de fidèles.

Concerts de musique sacrée

Consultez le programme des **concerts de musique sacrée** (www.musique-sacree-notredamedeparis.fr ; billets 20/12 €). La saison s'étend généralement de début octobre à fin juin, avec une série de concerts supplémentaires en juillet-août.

Événements historiques

Notre-Dame fut le théâtre de grands événements, notamment le sacre d'Henri VI d'Angleterre en tant que roi de France en 1431 ; le mariage de Marie Stuart, reine d'Écosse, avec le dauphin François (devenu François II de France), en 1558 ; le sacre de Napoléon Ier par le pape Pie VII, en 1804 ; et la béatification en 1909, puis la canonisation en 1920 de Jeanne d'Arc.

Le point zéro

Notre-Dame est le cœur de Paris, à tel point que les distances entre Paris et le reste de la métropole sont mesurées depuis le parvis Notre-Dame, devant la cathédrale. Un médaillon de bronze indique la position exacte du point zéro des routes de France.

La crypte archéologique

La **crypte archéologique du parvis Notre-Dame** (www.crypte.paris.fr ; 7 parvis Notre-Dame, IVe ; 4/3 € ; ⊙10h-18h mar-dim ; Ⓜ Cité) révèle, couche par couche, l'histoire de l'île de la Cité, depuis la ville gallo-romaine de Lutèce jusqu'au XXe siècle. Louez un audioguide (3 €) pour apprécier pleinement votre visite.

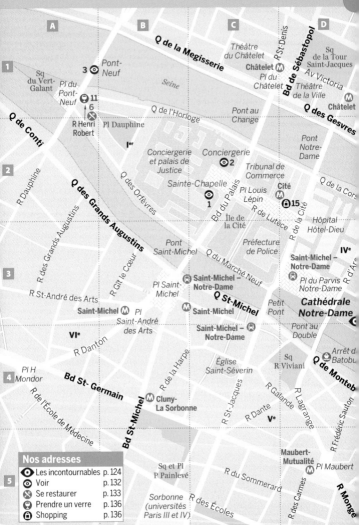

Q de la Megisserie

Théâtre
du Châtelet

R St-Denis

Sq
de la Tour
Saint-Jacques

Châtelet Ⓜ

Pl du
Châtelet

Bd de Sébastopol

Av Victoria

Théâtre
de la Ville

Châtelet

Q des Gesvres

A

B

C

D

Sq
du Vert-
Galant

Pont-
Neuf

3 ◉

Seine

Q de Conti

Pl du
Pont-
Neuf

11

6

R Henri
Robert

Pl Dauphine

Q de l'Horloge

Pont au
Change

Pont
Notre-
Dame

Iᵉʳ

R Dauphine

Q des Grands Augustins

Q des Orfèvres

Conciergerie
et palais de
Justice

Conciergerie
◉2

Tribunal de
Commerce

Q de la Cor

Sainte-Chapelle
◉
1

Bd du Palais

Pl Louis
Lépin

R de Lutèce

Cité Ⓜ

◉15

R de la Cité

Île de
la Cité

Hôpital
Hôtel-Dieu

IVᵉ

R des Grands Augustins

R Gît le Cœur

Pont
Saint-Michel

Q du Marché Neuf

Préfecture
de Police

Saint-Michel –
Notre-Dame

Ⓜ Pl du Parvis
Notre-Dame

R d'Ar

Pl Saint-
Michel

Ⓡ Saint-Michel –
Notre-Dame

Q St-Michel

Ⓜ Saint-Michel

Petit
Pont

Cathédrale
Notre-Dame

◉

R St-André des Arts

Saint-Michel Ⓜ

Pl
Saint-André
des Arts

Saint-Michel –
Notre-Dame Ⓡ

Pont au
Double

Arrêt d
Batobu

VIᵉ

R Danton

Pl H
Mondor

Bd St- Germain

R de l'École de Médecine

R de la Harpe

Église
Saint-Séverin

Sq
R.Viviani

Q de Monteb

Bd St-Michel

Ⓜ Cluny-
La Sorbonne

R St-Jacques

R Galande

R Dante

Vᵉ

R Lagrange

R Frédéric Sauton

Maubert-
Mutualité Ⓜ

Pl Maubert

R Monge

R des Carmes

Sq et Pl
P Painlevé

R du Sommerard

Sorbonne R des Écoles
(universités
Paris III et IV)

Nos adresses

◉ Les incontournables p. 124
◉ Voir p. 132
✕ Se restaurer p. 133
🍷 Prendre un verre p. 136
🔒 Shopping p. 136

1

2

3

4

5

Voir

Sainte-Chapelle   MONUMENT

1 👁 Plan p. 130, C2

Située dans l'enceinte du **Palais de
Justice**, cette magnifique chapelle,
chef-d'œuvre du gothique rayonnant,
consacrée en 1248, baigne dans
une lumière presque surnaturelle
créée par les nombreux vitraux
(les plus anciens de Paris). Des
concerts classiques (Vivaldi, Bach...)
y sont souvent donnés (billets 27,50/
17,60 €). Ils constituent d'ailleurs
une excellente occasion de découvrir
la chapelle. La programmation est
affichée à l'extérieur. (sainte-chapelle.

> #### Comprendre
> #### L'île Saint-Louis :
> #### deux îles en une
>
> Au début du XVIIᵉ siècle, l'actuelle
> île Saint-Louis était en fait divisée
> en deux îlots inhabités appelés
> île Notre-Dame et île aux Vaches.
> Les choses changèrent lorsque
> l'entrepreneur Christophe Marie
> et deux financiers conclurent un
> accord avec Louis XIII pour créer une
> île et construire deux ponts de pierre
> la reliant au continent. En échange,
> ils furent autorisés à subdiviser
> et à vendre les nouveaux terrains
> ainsi obtenus, et, en 1664, la totalité
> de l'île était couverte de belles et
> vastes maisons de pierre grise
> donnant sur la Seine et ses quais.

monuments-nationaux.fr ; 6 bd du Palais,
Iᵉʳ ; 8,50/5,50 €, billet combiné avec la
Conciergerie 12,50/8,50 € ; 🕒 9h30-18h
tlj, jusqu'à 21h30 mer mi-mai à mi-sept,
9h-17h tlj nov-fév ; Ⓜ Cité)

Conciergerie   MONUMENT

2 👁 Plan p. 130, C2

La Conciergerie est l'un des vestiges
du premier palais royal parisien.
Les parties que l'on peut visiter
aujourd'hui datent du XIVᵉ siècle.
La voûte de la salle des Gardes est
splendide. Quand les rois partirent
au Louvre et à Vincennes, l'édifice
devint une prison. Pendant la Terreur,
2 780 condamnés, traduits devant
le tribunal révolutionnaire attenant,
y attendirent la guillotine. Certaines
cellules, notamment celle de Marie-
Antoinette, ont été reconstituées. (www.
monuments-nationaux.fr ; 2 bd du Palais, Iᵉʳ ;
8,50/5,50 €, billet combiné avec la Sainte-
Chapelle 12,50/8,50 € ; 🕒 9h30-18h tlj ; Ⓜ Cité)

Pont-Neuf   PONT

3 👁 Plan p. 130, A1

Le plus ancien pont de Paris relie la
pointe ouest de l'île de la Cité à la rive
gauche et la rive droite depuis 1607. Il
a été inauguré par le roi qui le traversa
sur un étalon blanc, un événement que
rappelle la **statue équestre d'Henri IV**,
surnommé "le Vert-Galant" du fait de
ses innombrables maîtresses.

Admirez les sept arches du pont,
décorées de masques grotesques de
divers personnages depuis les berges
ou en bateau. (Ⓜ Pont-Neuf)

Le Pont-Neuf

Mémorial des martyrs de la déportation MONUMENT

4 ⊙ Plan p. 130, E4

Ce bâtiment obsédant, érigé en 1962, rend hommage aux 160 000 Français déportés et morts dans les camps de concentration nazis pendant la Seconde Guerre mondiale. Les parois du tombeau du Déporté inconnu sont gravées de citations de célèbres écrivains et poètes. Fermé pour travaux de rénovations lors de la rédaction de ce guide, le mémorial devrait rouvrir en mai 2015. (square de l'Île-de-France, IVe ; ⊙10h-12h et 14h-19h avr-sept, jusqu'à 17h oct-mars ; Ⓜ Saint-Michel–Notre-Dame)

Se restaurer

Berthillon GLACIER, SALON DE THÉ €

5 ✖ Plan p. 130, G4

Depuis sa création en 1954, ce célèbre glacier est resté aux mains de la même famille. Dans un style typiquement parisien, les boules de glace ne sont pas vulgairement fourrées dans des cornets, mais méticuleusement déposées. Les 70 parfums 100% naturels comprennent des sorbets aux fruits (cassis, pamplemousse, fraise des bois, etc.) et des glaces crémeuses au lait et aux œufs frais (caramel salé, whisky ou encore chocolat blanc), sans oublier les parfums de saison (ananas grillé, basilic, gingembre, caramel). Pas de CB. (www.

Comprendre
La Révolution française

Les critiques des Lumières, une suite de mauvaises récoltes, l'appauvrissement du peuple, l'exaspération de la bourgeoisie face à la crispation des nobles sur leurs privilèges annoncent la remise en question de la monarchie absolue. La révolte gronde, les troubles se multiplient lorsque Louis XVI renvoie Necker, son ministre, qu'il juge trop libéral.

Le 14 juillet 1789, la foule s'empare des armes de l'hôtel des Invalides et prend d'assaut la prison de la Bastille pour y chercher de la poudre. La révolte gagne les campagnes. La nuit du 4 août, l'Assemblée constituante abolit les privilèges, les droits féodaux, la vénalité des offices et les inégalités fiscales. C'est la fin de la société d'Ancien Régime. Le 26 août est votée la Déclaration des droits de l'homme et du citoyen qui abolit la société d'ordre, garantit les libertés individuelles et la propriété privée.

La monarchie constitutionnelle est alors soutenue par les Girondins, républicains modérés. Cependant, la guerre modifie l'équilibre des forces et radicalise le mouvement. La France est attaquée par l'Autriche, la Prusse et les alliés des royalistes en exil. Elle part en croisade pour la liberté et réprime dans le sang les ennemis de l'intérieur. Les Girondins sont écartés par les Montagnards puis les Jacobins extrémistes qui proclament la Ire République en 1792. L'Assemblée nationale est alors remplacée par une convention révolutionnaire élue.

La fuite à Varennes de Louis XVI et la découverte de documents accablants dans l'"armoire de fer" condamnent le roi aux yeux du peuple : il est guillotiné sur l'actuelle place de la Concorde en janvier 1793, et Marie-Antoinette est exécutée en octobre 1793.

Le Comité de salut public des Jacobins gère la défense nationale et fait régner la Terreur de septembre 1793 à juillet 1794 : il exécute des milliers de décapitations, révoque la plupart des libertés religieuses et impose la fermeture et la désacralisation des églises.

Le rappel des Girondins met fin à la Terreur. Une nouvelle Constitution instaure le Directoire. Le général Napoléon Bonaparte s'illustre dans sa campagne d'Italie et déclare aux citoyens lors de son coup d'État : "La révolution est fixée aux principes qui l'ont commencée [et] elle est finie."

berthillon-glacier.fr ; 31 rue Saint-Louis-en-l'Île, IVe ; glace 2/3/4 boules 2,50/5,50/7 € ; ⏰10h-20h mer-dim ; MPont-Marie)

Les Voyelles FRANÇAIS CONTEMPORAIN €€

6 🍴 Plan p. 130, A1

Ce nouveau venu vaut le petit détour à pied depuis Notre-Dame. Adresse pleinement contemporaine, les Voyelles – notez les lettres négligemment disséminées entre des livres et de jolis objets sur les étagères de la salle à manger "bibliothèque" intimiste – proposent aussi bien de quoi grignoter que des repas à part entière. (📞01 46 33 69 75 ; www.les-voyelles.com ; 74 quai des Orfèvres, IVe ; menu 2/3 plats 17/22,50 €, plat du jour 12 € ; ⏰8h-minuit mar-sam ; MPont-Neuf)

Café Saint Régis CAFÉ €

7 🍴 Plan p. 130, F3

Endroit à la fois branché et chargé d'histoire, naturellement rétro, le Saint Régis (pour les intimes) est un délicieux lieu de rendez-vous parisien à toute heure du jour. Des viennoiseries au petit-déjeuner à la crêpe au brunch, en passant par la brasserie au déjeuner ou une assiette d'huîtres à l'apéritif, il réalise un sans-faute. (cafesaintregisparis.com ; 6 rue Jean-du-Bellay, IVe ; salades et plats 14,50-28 € ; ⏰7h-2h tlj ; 📶 ; MPont-Marie)

Huré BOULANGERIE €

8 🍴 Plan p. 130, E3

Tartes salées et quiches appétissantes, salades géantes débordant de légumes

frais, cookies XXL et gâteaux multisaveurs de toutes les couleurs de l'arc-en-ciel. Si vous cherchez de quoi déjeuner sur le pouce en extérieur, vous trouverez difficilement meilleure boulangerie à proximité de Notre-Dame. Vous la repérerez aux piles d'immenses meringues sur le comptoir et à la queue qui se prolonge jusque dans la rue. (www.hure-createur.fr ; 1 rue d'Arcole, IVe ; menu déj à emporter 8,50-9,30 €, sandwichs 4-6 € ; ⏰6h30-20h lun-sam ; MSaint-Michel–Notre-Dame ou Châtelet)

Le Tastevin FRANÇAIS TRADITIONNEL €€€

9 🍴 Plan p. 130, G4

Rideaux traditionnels en dentelle, boiseries, poutres au plafond... cette adresse élégante à l'ancienne dans un immeuble du XVIIe siècle ne manque pas de charme. On y déguste une bonne cuisine de tradition : escargots, foie gras, sole ou ris de veau aux morilles et aux tagliatelles. (📞01 43 54 17 31 ; www.letastevin-paris.com ; 46 rue Saint-Louis-en-l'Île, IVe ; plats 27-34,50 €, menu à partir de 33 € ; ⏰midi et soir tlj sauf lun ; MPont-Marie)

Mon Vieil Ami BISTRONOMIQUE €€€

10 🍴 Plan p. 130, F4

Le client est effectivement reçu comme un ami dans cet élégant bistrot aux teintes sombres tenu par le chef étoilé Antoine Westermann. Ici, des légumes sont à l'honneur, avec des entrées comme les salades tièdes de saison aux raisins, amandes et toasts de tapenade.

Plat du jour de saison d'un bon rapport qualité/prix. (☎01 40 46 01 35 ; www.mon-vieil-ami.com ; 69 rue Saint-Louis-en-l'Île, IVᵉ ; plat du jour 15,50 € , menu 47,50 € ; ⏱midi et soir tlj ; Ⓜ Pont-Marie)

Prendre un verre

Taverne Henri IV
BAR À VINS

11 🍷 Plan p. 130, A1

L'un des rares lieux où prendre un verre sur l'île de la Cité, et ce depuis 1885. Fréquenté par les personnes travaillant au Palais de Justice (ainsi que par des écrivains et des acteurs célèbres comme l'attestent les photos d'autographes), il propose un choix

---

○ 100% parisien
Artistes de rue

La variété éclectique de clowns, mimes, statues vivantes, acrobates, musiciens et autres artistes de rue assurent le spectacle pour beaucoup moins qu'une place au théâtre (quelques pièces font toujours plaisir). D'excellents musiciens passent des auditions pour se produire dans le métro et ses couloirs. En surface, le spectacle est garanti dans de nombreux lieux en ville. Deux des meilleurs sont le **pont Saint-Louis** (Ⓜ Pont-Marie) entre l'île de la Cité et l'île Saint-Louis et le **pont au Double**, la passerelle piétonne reliant l'île de la Cité près de Notre-Dame à la rive gauche.

---

de tartines, ainsi que des planches de charcuterie et de fromage pour accompagner la longue carte des vins. (13 place du Pont-Neuf, Iᵉʳ ; ⏱11h30-23h lun-sam, fermé août ; Ⓜ Pont-Neuf)

La Charlotte de l'Isle
SALON DE THÉ

12 🍷 Plan p. 130, G4

Un tout petit salon de thé particulièrement enchanteur avec ses vieux bocaux à bonbon sur l'étagère et sa belle variété de thé, à tester sur place ou à la maison. Chocolats chauds, sculptures en chocolat, gâteaux et pâtisseries constituent aussi d'autres bonnes raisons sucrées de s'y arrêter. (www.lacharlottedelisle.fr ; 24 rue Saint-Louis-en-l'Île, IVᵉ ; ⏱11h-19h mer-dim ; Ⓜ Pont-Marie)

Le Flore en l'Île
CAFÉ

13 🍷 Plan p. 130, F4

Les touristes affluent dans cet élégant café à l'ancienne avec vue imprenable sur le pont Saint-Louis et ses musiciens. (42 quai d'Orléans, IVᵉ ; ⏱8h-1h tlj ; Ⓜ Pont-Marie)

Shopping

Clair de Rêve
JOUETS

14 🔒 Plan p. 130, G4

Des marionnettes à fil dansent au plafond de cette charmante petite boutique spécialisée dans les automates et les marionnettes faits main. Il y a aussi des jouets à remontoir. (www.

clairdereve.com ; 35 rue Saint-Louis-en-l'Île, IVᵉ ; ⊙11h-13h et 14h-19h lun-sam ; **M**Pont-Marie)

Marché aux fleurs Reine-Elizabeth-II

MARCHÉ

15 🔒 Plan p. 130, D2

On vend des fleurs sur cette place depuis 1808, ce qui en fait le plus ancien marché de Paris, tous genres confondus. Lors du passage de la reine du Royaume-Uni à Paris en juin 2014, celle-ci a pu inaugurer la nouvelle plaque du marché, renommé en son honneur. Le dimanche, de 9h à 19h, se tient aussi un **marché aux oiseaux** (⊙9h-19h). (place Louis-Lépin, IVᵉ ; ⊙8h-19h30 lun-sam ; **M**Cité)

Il Campiello

ARTISANAT

16 🔒 Plan p. 130, F4

Les masques de carnaval vénitiens – structures complexes de papier mâché, céramique et cuir – sont la spécialité de cette superbe boutique, où l'on trouve aussi des bijoux en perles de verre de Murano. Le lieu a été créé par un Vénitien, pour qui l'île Saint-Louis a plus qu'une légère ressemblance avec sa ville natale. (www.ilcampiello.com ; 88 rue Saint-Louis-en-l'Île, IVᵉ ; ⊙11h-19h tlj ; **M**Pont-Marie)

100% parisien
Les bouquinistes

Les étals en plein air des bouquinistes, le long des deux rives de la Seine, font partie intégrante du paysage parisien. On y trouve des livres d'occasion ou épuisés, des magazines, des cartes postales, des affiches et des souvenirs. Le soir, les boîtes en métal vert qui contiennent les livres sont refermées comme des valises et verrouillées. Beaucoup de bouquinistes ne travaillent que du printemps à l'automne (et ferment en août), mais, même au plus fort de l'hiver, vous trouverez toujours un bouquiniste pour apaiser votre soif de vieux livres.

Première Pression Provence

ÉPICERIE FINE

17 🔒 Plan p. 130, G4

Son nom évoque les olives du sud de la France et c'est justement ce que cette épicerie fine vend, sous toutes ses formes et ses déclinaisons : huile, tapenades, pestos, sauces, etc. (51 rue Saint-Louis-en-l'Île, IVᵉ ; ⊙11h-13h et 14h-19h lun-sam ; **M**Pont-Marie)

Explorer

Quartier latin

Il doit son nom au fait que, jusqu'à la Révolution, les étudiants internationaux y parlaient entre eux en latin. Aujourd'hui encore, ce quartier est le cœur de la vie étudiante parisienne. Centrée autour du campus principal de la Sorbonne, orné de fontaines et de tilleuls, cette zone animée abrite aussi de remarquables musées et églises, ainsi que la belle mosquée de Paris, de style Art déco, et les jardins botaniques.

L'essentiel en un jour

Prenez le **Batobus** (ci-contre) jusqu'au **Jardin des Plantes** (p. 146), où vous pourrez explorer le **Muséum national d'histoire naturelle** (p. 147) et la **ménagerie** (p. 146). Rendez-vous ensuite à la **mosquée de Paris** (p. 148) pour profiter du hammam, d'un thé à la menthe dans la cour intérieure et d'un délicieux tajine pour déjeuner.

Filez à l'**Institut du monde arabe** (p. 146) pour voir ses œuvres d'art et son architecture ingénieuse, puis allez rendre hommage à certains des plus grands penseurs de l'histoire de France au **Panthéon** (p. 146). Enchaînez sur un concentré d'histoire médiévale au **musée national du Moyen Âge** (p. 140).

Après un dîner fusion chez **Sola** (p. 149), chinez chez les libraires ouverts en nocturne, avant d'aller écouter du jazz au **Caveau de la Huchette** (p. 153) ou vous engouffrer dans un bar animé comme **Le Pantalon** (p. 152).

Pour une promenade dans l'authentique rue Mouffetard, reportez-vous p. 142.

👁 Les incontournables

Musée national du Moyen Âge (p. 140)

◯ 100% parisien

Balade dans la rue Mouffetard (p. 142)

💙 Le meilleur du quartier

Architecture
Institut du monde arabe (p. 146)

Histoire
Musée National du Moyen Âge (p. 140)

Arènes de Lutèce (p. 148)

La Sorbonne (p. 149)

Le Panthéon (p. 146)

Jardin
Jardin des Plantes (p. 146)

Comment y aller

Ⓜ **Métro** Les stations Saint-Michel (ligne 4) et Saint-Michel–Notre-Dame (RER B et C) sont les portes d'entrée du quartier.

Ⓜ **Métro** Les stations Cluny-La Sorbonne (ligne 10) et Place-Monge (ligne 7) sont également pratiques.

⚓ **Bateau** Le Batobus s'arrête dans le Quartier latin en face de Notre-Dame et devant le Jardin des Plantes.

Les incontournables
Le musée national du Moyen Âge

Centré sur l'art et la vie quotidienne du Moyen Âge ainsi que sur la civilisation gallo-romaine, le musée national du Moyen Âge – Thermes et hôtel de Cluny (de son nom officiel) abrite un joyau du XVe siècle, les tapisseries de *La Dame à la licorne*. Il doit aussi son caractère exceptionnel aux sites prestigieux qu'il occupe : les vestiges de thermes gallo-romains (Ier-IIIe siècle), les plus importants au nord de la Loire, et l'hôtel des abbés de Cluny (fin XVe siècle), le plus beau bâtiment civil médiéval de Paris.

◉ Plan p. 144, A2

www.musee-moyenage.fr

6 place Paul-Painlevé, Ve

8/6 €, 9/7 € en période d'exposition, audioguide inclus, gratuit -18 ans

🕘 9h15-17h45 tlj sauf mar

Ⓜ Cluny-La Sorbonne

À ne pas manquer

Les thermes gallo-romains

Ces thermes étaient les plus grands de Lutèce. Depuis la rue, on voit les vestiges du *caldarium* (salle chaude). Beaucoup mieux conservé, le *frigidarium* (salle froide) est englobé dans le musée. Haut de 13,50 m, il se caractérise par ses murs en moellons et en briques. Dans la salle, remarquez également la mosaïque de l'*Amour chevauchant un dauphin*.

L'hôtel de Cluny

Construit pour les abbés du monastère de Cluny, cet hôtel est un joyau de l'art médiéval flamboyant. En 1833, Alexandre Du Sommerard s'y installa avec sa collection d'objets médiévaux et Renaissance. Après sa mort, l'État racheta l'ensemble et en fit un musée, en conservant les dispositions intérieures d'origine.

La Dame à la licorne

La salle 13 renferme *La Dame à la licorne*, sublime série de tapisseries tissées en Flandre à la fin du XVᵉ siècle. Cinq d'entre elles sont une allégorie d'un des cinq sens. Plus mystérieuse, la sixième, *À mon seul désir*, se prête à diverses interprétations. On pense qu'elles ont été commandées à l'origine vers 1500 par la famille Le Viste à Paris. Découvertes en 1814 au château de Boussac, elles ont été acquises par le musée en 1882 et ont depuis inspiré maints auteurs, de Prosper Mérimée à George Sand.

Autres collections

Parmi les autres collections spectaculaires du musée figurent des sculptures provenant de Notre-Dame, des armes, des vitraux et de superbes pièces d'orfèvrerie.

Le jardin médiéval

Au nord-est du bâtiment ont été aménagés des petits jardins d'inspiration médiévale : le "jardin céleste", dont les fleurs symbolisent la Vierge, le "jardin d'amour", dont l'architecture raffinée évoque l'amour courtois, le "jardin des simples", dont les plantes sont utilisées par la médecine médiévale.

☑ À savoir

▶ Bien que musée national, Cluny n'attire pas autant de visiteurs que les autres grands sites touristiques, ce qui en fait un lieu agréable à tout moment. Les billets ne sont pas en vente sur Internet mais l'entrée est comprise dans le Paris Museum Pass (p. 229) et le Paris City Passport (p. 230).

▶ Les audioguides sont compris dans le prix d'entrée, sauf le 1ᵉʳ dimanche du mois : entrée gratuite et audioguides 1 €.

▶ Le musée abrite une excellente librairie, avec des ouvrages pour tous niveaux, et un **centre de documentation** (☏ 01 53 73 78 09 ; ⌚ sur rdv) qui compte d'intéressants dossiers thématiques sur la période médiévale.

✗ Une petite faim ?

Classée monument historique, la brasserie Bouillon Racine (p. 171) toute proche propose une cuisine française remarquable à prix raisonnables.

100% parisien
Balade dans la rue Mouffetard

Cette rue est l'une des plus anciennes de Paris. Elle suit le tracé de la voie romaine qui allait à Lyon. Elle acquit son nom actuel au XVIIIᵉ siècle, lorsque la Bièvre, qui passait juste à côté (aujourd'hui canalisée et souterraine), devint l'égout municipal utilisé par les tanneurs et les fabricants de pâte à papier. On la baptisa alors "Mouffette" (du nom du petit animal réputé pour sa puanteur), nom qui se transforma au fil du temps en "Mouffetard". "La Mouffe", comme les Parisiens l'appellent aujourd'hui, est bordée de petits restaurants et de cafés d'étudiants.

....

❶ **Jour de marché**
Aujourd'hui, les arômes de "La Mouffe", comme la surnomment les locaux, sont infiniment plus appétissants. Lors du **marché Mouffetard** (⊘8h-19h30 mar-sam, 8h-12h

dim ; Ⓜ Censier-Daubenton), les épiciers, bouchers, poissonniers et autres vendeurs d'alimentation disposent leurs produits dans la rue sur des étals.

❷ Fromages

Installée à Paris depuis plus d'un siècle, la fromagerie **Androuet** (androuet.com ; 134 rue Mouffetard, Vᵉ ; ◷9h30-13h et 16h-19h30 mar-ven, 9h30-19h30 sam, 9h30-13h30 dim ; Ⓜ Censier-Daubenton) compte aujourd'hui six boutiques à Paris. Outre un affinage parfait, Androuet propose aussi des boîtes cadeaux ou des plateaux thématiques originaux.

❸ Fine bouche

Olives et poivrons fourrés et aubergines marinées ne sont que quelques-unes des merveilles que vous trouverez pour votre pique-nique à l'épicerie fine italienne **Delizius** (134 rue Mouffetard, Vᵉ ; ◷9h30-20h mar-sam, 9h-14h dim ; Ⓜ Censier-Daubenton), qui vend aussi des plats chauds prêts à manger et des pâtes fraîches et sèches.

❹ Bonne toile

Même les habitants du quartier ratent facilement la petite entrée menant au cinéma **L'Épée de Bois** (www.cinema-epee-de-bois.fr ; 100 rue Mouffetard, Vᵉ ; Ⓜ Censier-Daubenton), qui programme des films d'art et d'essai.

❺ Délices sucrés

Macarons légers et succulents au jasmin, à la framboise ou encore au cassis, ainsi qu'un alléchant

choix de chocolats faits par trois maîtres chocolatiers – Fabrice Gillotte, Jacques Bellanger et Patrice Chapon – sont exposés comme des joyaux chez **Chocolats Mococha** (www.chocolatsmococha.com ; 89 rue Mouffetard, Vᵉ ; ◷11h-20h ; Ⓜ Censier-Daubenton).

❻ Apéro au Vieux Chêne

Le Vieux Chêne (69 rue Mouffetard, Vᵉ ; ◷16h-2h dim-jeu, 16h-5h ven-sam ; Ⓜ Place-Monge), qui accueillait les réunions révolutionnaires en 1848, est aujourd'hui un QG étudiant, notamment pendant l'*happy hour* (16h-21h mar-dim, 16h-fermeture lun).

❼ Glaces

La balade et le lèche-vitrines dans les commerces de bouche vous auront sans aucun doute ouvert l'appétit. Il est temps de faire halte chez **Gelati d'Alberto** (45 rue Mouffetard, Vᵉ ; ◷12h-minuit ; Ⓜ Place-Monge), où des as des glaces italiennes sculptent les différents parfums en forme de fleurs dans des cônes.

❽ Un dîner aux petits oignons

Caché derrière la petite place Monge, le néobistrot **Lilane** (☏01 45 87 90 68 ; 8 rue Gracieuse, Vᵉ ; menu déj 2/3 plats 20/24 € , dîner 31/35 € ; ◷tlj sauf sam midi, dim et lun ; Ⓜ Place-Monge) fait partie des nombreuses bonnes surprises gastronomiques du Quartier latin. Derrière les fourneaux, un ancien du Jules Verne (p. 25) concocte une cuisine très raffinée pour un prix raisonnable.

Sq Marie Curie

Ⓜ Saint-Marcel

Hôpital de la Pitié-Salpêtrière

R Jenner

R Jeanne d'Arc

R Esquirol

R Poliveau

R des Wallons

17 ✕

Bd de l'Hôpital

R Pinel

R Duméril

R Geoffroy St-Hilaire

Muséum national d'histoire naturelle

de l'Ermite Mosquée de Paris

R Larrey

R Daubenton

R Mirbel

R Mont

Ⓜ

22

Ⓜ Campo Formio

R Prandlip

XIIIe

R du Banquier

R Rubens

R Coypel

Av des Gobelins

R Abel Hovelacque

Pl d'Italie

Ⓜ Place d'Italie

R du Fer à Moulin

R Scipion

Bd St-Marcel

R Lebrun

Ⓜ

Ⓜ Les Gobelins

R Berbier du Mets

Sq René Le Gall

R de Croulebarbe

R de Croulebarbe

R de la Collégiale

PI B Halpern

Censier-Daubenton

R Censier

Sq Saint-Médard

R Pascal

R Mouffetard

R Broca

Bd de Port Royal

R de l'Arbalète

R Claude Bernard

R Rataud

R Vauquelin

rossolette

R St-Hippolyte

14 ✕

R de la Glacière

R Corvisart

R Vulpian

R Pascal

R de Cordelière

R Léon Maurice Nordmann

Bd Arago

Hôpital du Val-de-Grâce

XIVe

R de la Santé

Hôpital Cochin

Ⓜ Bd Auguste Blanqui

Ⓜ Glacière

400 m

0

N

Bd Vincent Auriol

Ⓜ

des euillantines

24

R St-Jacques

5

6

7

8

A B C D E

Voir

Panthéon
MAUSOLÉE

1 ⊙ Plan p. 144, B3

La basilique Sainte-Geneviève, commandée par Louis XV, fut transformée en Panthéon pendant la Révolution. Le bâtiment eut en effet la mauvaise fortune d'être achevé en 1789… Ce temple néoclassique accueille donc la dépouille des grands hommes : Victor Hugo, Voltaire, Louis Braille ou Émile Zola, parmi 80 autres. Les cendres de Marie Curie (la première femme au Panthéon) y furent transférées en 1995, celles d'Alexandre Dumas fin 2002. Chef-d'œuvre architectural, le vaste espace intérieur mérite la visite. Fermé pour rénovation lors de nos recherches, le dôme devait rouvrir courant 2015 (la restauration complète du Panthéon se poursuivra jusqu'en 2022). Il sera recouvert d'une œuvre monumentale du photographe JR durant la durée des travaux. (pantheon.monuments-nationaux.fr ; place du Panthéon, Vᵉ ; 7,50/4,50 € ; ⊙10h-18h30 avr-sept, jusqu'à 18h oct-mars ; Ⓜ Maubert-Mutualité, Cardinal-Lemoine ou RER Luxembourg)

Institut du monde arabe
MUSÉE

2 ⊙ Plan p. 144, D2

C'est ce bâtiment qui a lancé la carrière de Jean Nouvel. Conçu comme une synthèse des cultures arabe et occidentale, il possède une façade avec des ouvertures photosensibles inspirées des moucharabiehs. Le musée présente l'art arabe du IXᵉ au XIXᵉ siècle.

Depuis la terrasse du 9ᵉ étage, la vue est magnifique : sur la Seine, de Notre-Dame au Sacré-Cœur. L'Institut abrite aussi une bibliothèque, une librairie, un **café littéraire** (⊙10h-19h30 tlj sauf lun), une cafétéria, le **Moucharabié** (⊙12h-15h tlj sauf lun), et un restaurant panoramique, **Le Ziryab** (menus déj/dîner 39-45/58-65 € ; ⊙midi et soir tlj sauf lun, soir sur réservation uniquement). (www.imarabe. org ; place Mohammed-V, Vᵉ ; 8/6 €, terrasse en accès libre ; ⊙10h-18h mar-dim, terrasse 10h-18h mar-jeu, ven jusqu'à 21h30, 10h-19h sam-dim ; Ⓜ Cardinal-Lemoine ou Jussieu)

Jardin des Plantes
JARDIN

3 ⊙ Plan p. 144, E4

Héritier du jardin des plantes médicinales créé en 1626 sous Louis XIII, le **jardin botanique** est en fait un lieu d'étude avant d'être un lieu de plaisir. Il comprend 11 jardins (alpin, d'hiver, de rose et de roches, potager, écologique…), mais également le jardin de l'école de botanique, les **Grandes Serres** de verre et d'acier du XVIIᵉ siècle, et une ménagerie.

Comme le Jardin des Plantes, la **ménagerie du Jardin des Plantes** (www. mnhn.fr ; 57 rue Cuvier et 3 quai Saint-Bernard, Vᵉ ; 11/9 € ; ⊙9h-18h lun-sam, jusqu'à 18h30 dim ; Ⓜ Gare-d'Austerlitz, Censier-Daubenton ou Jussieu) est un centre de recherches et de reproduction pour les espèces en voie de disparition avant d'être un zoo classique. La ménagerie elle-même fut menacée lors du siège de Paris par les Prussiens en 1870, les habitants affamés ayant mangé presque tous les animaux… (www.jardindesplantes.net ;

Le Panthéon

accès par le 57 rue Cuvier, V^e ; jardins en entrée libre sauf jardin alpin 2 €, Grandes Serres 6/4 € ; ☺7h30-19h45 avr-oct, 8h-17h15 nov-mars ; Ⓜ Gare-d'Austerlitz, Censier-Daubenton ou Jussieu)

Muséum national d'histoire naturelle
MUSÉE

4 ◉ Plan p. 144, D5

Le Muséum national d'histoire naturelle comprend 3 galeries, toutes situées dans le Jardin des Plantes (voir ci-contre) : la **galerie de Minéralogie et de Géologie**, partiellement rouverte en décembre 2014 après dix années de travaux, qui présente une impressionante collection de minéraux, cristaux,

météorites, gemmes brutes et pierres précieuses, la **galerie d'Anatomie comparée et de Paléontologie** (accès par le 2 rue Buffon ; 7/5 €, gratuit -26 ans ; ☺10h-17h mer-lun) et son armée de squelettes, et, la plus intéressante de toutes, la **grande galerie de l'Évolution** (www.grandegaleriedelevolution.fr ; 7/5 €, gratuit -26 ans ; ☺10h-17h mer-lun), totalement rénovée et repensée en 1994. Des milliers de spécimens d'animaux sont littéralement "mis en scène" dans ce très bel espace. À l'occasion des 20 ans de sa rénovation, les deux escaliers monumentaux ont été ouverts au public. (www.mnhn.fr ; accès par le 36 rue Geoffroy-Saint-Hilaire ou le 57 rue Cuvier, V^e ; Ⓜ Censier-Daubenton ou Gare-d'Austerlitz)

Comprendre
1968 : sous les pavés, la plage

L'année 1968 marque un tournant dans l'histoire de Paris. En mars, une grande manifestation contre la guerre du Vietnam donne un nouvel élan aux revendications des étudiants de l'université de Nanterre. En mai, à la suite de la répression policière d'une énième manifestation, les étudiants en colère occupent la Sorbonne et érigent des barricades dans le Quartier latin. Les ouvriers se joignent rapidement au mouvement. Une grève générale qui paralyse presque tout le pays rassemble six millions de personnes.

Si les travailleurs veulent leur part du gâteau de la société de consommation, les étudiants semblent plutôt la contester. Profitant de ces divisions, le général de Gaulle agite la peur de l'anarchie auprès de la population. Quelque 100 000 gaullistes défilent en soutien au gouvernement, éloignant toute perspective révolutionnaire.

Une fois le calme revenu, le gouvernement réélu engage immédiatement la décentralisation de l'enseignement supérieur. La mise en place d'une série de réformes (abaissement de la majorité à 18 ans, loi sur l'avortement) tout au long des années 1970 va façonner la société française d'aujourd'hui.

Mosquée de Paris

MOSQUÉE

5 Plan p. 144, C5

Cette mosquée des années 1920 est un joli monument de style hispano-mauresque. On peut se promener dans la cour d'honneur, à colonnades, où vous entendrez peut-être l'appel à la prière. Des manuscrits anciens sont conservés dans la bibliothèque. La salle de prière est interdite aux visiteurs. Il y a également sur place un magnifique salon de thé et restaurant, ainsi qu'un **hammam** (exclusivement réservé aux femmes). (www.la-mosquee.com ; 2 bis place du Puits-de-l'Ermite, V^e, hammam et restaurant 39 rue Geoffroy-Saint-Hilaire, V^e ; 3/2 € ; hammam entrée/forfait massage, gommage et thé 18 €/à partir de 43 € ; ⏰mosquée 9h-12h et 14h-18h sam-jeu, salon de thé 9h-23h30 tlj ; restaurant midi et soir tlj ; hammam 10h-21h tlj sauf mar ; M Censier-Daubenton ou Place-Monge)

Arènes de Lutèce

VESTIGES

6 Plan p. 144, C4

L'amphithéâtre romain du IIe siècle pouvait jadis accueillir 10 000 personnes pour les combats de gladiateurs ou d'autres événements. Il fut découvert par hasard en 1869 pendant la construction de la rue Monge et sert aujourd'hui de terrain de football et de terrain de boules et de pétanque. (www.arenesdelutece.com ; 49 rue Monge, V^e ; accès libre ; ⏰9h-21h30 avr-oct, 8h-17h30 nov-mars ; M Place-Monge)

Musée de la Sculpture en plein air

MUSÉE

7 ⊙ Plan p. 144, D2

Sur le quai Saint-Bernard, ce musée à ciel ouvert (aussi appelé **jardin Tino Rossi**) égrène une cinquantaine de sculptures de la fin du XXe siècle et constitue un lieu parfait pour un pique-nique. Grignoter une salade sous une œuvre de César ou un sandwich à côté d'un Brancusi, voilà une manière plutôt classe de tutoyer la Seine. (quai Saint-Bernard, V^e ; entrée libre ; Ⓜ Gare-d'Austerlitz)

La Sorbonne

UNIVERSITÉ

8 ⊙ Plan p. 144, A2

C'est en 1253 que Robert de Sorbon fonda un collège de théologie accueillant 16 étudiants. Pendant des siècles, la Sorbonne joua un rôle politique non négligeable. La chapelle et son dôme, la façade monumentale et la place plantée de tilleuls devant le bâtiment principal dominent le Quartier latin. La grande bibliothèque a rouvert ses portes en 2014 après 4 ans de travaux, partie intégrante d'un grand projet de rénovation de la Sorbonne engagé depuis plusieurs années. Des visites guidées (sur rendez-vous) ont lieu du lundi au vendredi. (www.sorbonne.fr ; 12 rue de la Sorbonne, V^e ; visite guidée 9/4 € ; Ⓜ Cluny-La Sorbonne)

Église Saint-Étienne-du-Mont

ÉGLISE

9 ⊙ Plan p. 144, B3

Cette église construite entre 1492 et 1655 et coiffée d'un clocher renferme le seul jubé de Paris encore sur pied (1535), qui sépare le chœur de la nef. Les autres furent retirés pendant la Renaissance tardive, car ils empêchaient les fidèles assemblés dans la nef de voir le prêtre célébrer la messe. Dans le coin sud-est de la nef, une chapelle abrite la tombe de sainte Geneviève, patronne de Paris. (1 place Sainte-Geneviève, V^e ; ⊙ 8h-12h et 14h-19h mar-sam, 9h-12h et 14h30-19h dim ; Ⓜ Cardinal-Lemoine)

Se restaurer

Les Pipos

BAR À VINS €€

10 ✕ Plan p. 144, B3

Véritable plaisir pour les yeux comme pour les autres sens, ce bar à vins vaut surtout le déplacement pour sa cuisine. Les classiques de brasserie (bœuf bourguignon) et la charcuterie du terroir donnent l'eau à la bouche, tout comme la planche de fromages (bleu d'Auvergne, saint-félicien, saint-marcellin). Pas de CB. (☎ 01 43 54 11 40 ; www.les-pipos.com ; 2 rue de l'École-Polytechnique, V^e ; plats 13,90-26,90 € ; ⊙ 8h-2h tlj sauf dim ; Ⓜ Maubert-Mutualité)

Sola

FUSION €€€

11 ✕ Plan p. 144, B1

Le summum pour les fins gourmets dans le Quartier latin. Le chef reconnu Hiroki Yoshitake associe technique française et sensibilité japonaise dans des créations personnelles somptueuses, à l'image du foie gras mariné au miso sur une feuille de brick servie dans une écorce d'arbre. Les présentations esthétiques et le service prévenant en font une adresse propice aux dîners romantiques. Pour vivre pleinement cette expérience, réservez une table dans la salle à manger japonaise au sous-sol. (✆ déj 09 65 01 73 68, dîner 01 43 29 59 04 ; www.restaurant-sola.com ; 12 rue de l'Hôtel-Colbert, Vᵉ ; menu déj/dîner 48/98 € ; ◷ midi et soir mar-sam ; Ⓜ Saint-Michel)

Le Pré Verre

BISTRONOMIQUE €€

14 Plan p. 144, B2

La cuisine s'amuse ici des épices et réserve de belles surprises. La formule du midi (entrée, plat, verre de vin et café) est compétitive, l'ambiance, bavarde et décontractée, à l'image du cadre de ce néobistrot qui affiche son menu et sa carte des vins sur des ardoises au mur. (✆ 01 43 54 59 47 ; www.lepreverre.com ; 8 rue Thénard, Vᵉ ; formule déj 14,50 €, plats 20 €, menu 3 plats 32 € ; ◷ midi et soir tlj sauf dim-lun ; Ⓜ Maubert-Mutualité)

Le Comptoir du Panthéon

CAFÉ, BRASSERIE €

13 Plan p. 144, A3

Les énormes salades originales font parfaitement office de repas dans cette brasserie superbement située face au Panthéon, sur la partie ombragée de la rue. Sur la terrasse spacieuse, animée et typiquement parisienne, détournez le regard du lieu où repose Voltaire et la tour Eiffel apparaîtra en ligne de mire. (5 rue Soufflot, Vᵉ ; plats 12,40-15,40 € ;

◷ 7h-1h45 tlj ; Ⓜ Cardinal-Lemoine ou RER Luxembourg)

L'Ourcine

NÉOBISTROT €€

14 Plan p. 144, B7

Exemple type du néobistrot, L'Ourcine est un endroit à la déco toute simple et à l'atmosphère chaleureuse. La cuisine du marché regarde du côté du Pays basque. Goûtez le calmar frit au piment d'Espelette. (✆ 01 47 07 13 65 ; www. restaurant-lourcine.fr ; 92 rue Broca, XIIIᵉ ; menu 36 € ; ◷ midi et soir mar-sam ; Ⓜ Les Gobelins)

Le Coupe-Chou

FRANÇAIS TRADITIONNEL €€

15 Plan p. 144, B3

Dans une maison de ville du XVIIᵉ siècle couverte de végétation, ce labyrinthe de pièces à l'éclairage tamisé est incroyablement romantique avec ses poutres au plafond et ses meubles anciens. La musique classique en fond sonore se mêle aux conversations feutrées des convives. Comme du temps où Marlene Dietrich dînait ici, la réservation s'impose. (✆ 01 46 33 68 69 ; www.lecoupechou.com ; 9 et 11 rue de Lanneau, Vᵉ ; formules déj 14/20 €, menus 2/3 plats 27/33 € ; ◷ 12h-14h30 et 19h30-22h30 ; Ⓜ Maubert-Mutualité)

L'AOC

FRANÇAIS TRADITIONNEL €€

16 Plan p. 144, C2

Une idée ingénieuse que celle de ce restaurant estampillé "Bistrot carnivore". Il n'utilise que des produits gastronomiques français reconnus bénéficiant de l'appellation d'origine contrôlée (AOC). Le résultat ? Que du bon ! Choisissez entre les spécialités de viande incontournables (steak tartare) ou la rôtisserie (poulet rôti, cochon de lait). (📞 01 43 54 22 52 ; www.restoaoc.com ; 14 rue des Fossés-Saint-Bernard, Vᵉ ; menu déj 2/3 plats 21/29 €, plats 19-36 € ; 🕐 midi et soir mar-sam ; Ⓜ Cardinal-Lemoine)

Restaurant Variations   BISTROT €€

17 🍴 Plan p. 144, D6

Ce petit bijou à l'éclairage tamisé se niche dans une ruelle des plus paisibles qu'on ne trouve pas par hasard. Les baies vitrées dévoilent une salle décorée de grandes photographies. Des assiettes carrées blanches subliment les couleurs et les textures des spécialités aux accents italiens des frères Philippe et Pierre Tondetta, comme le carré d'agneau accompagné de polenta aux olives et de parmesan affiné. (📞 01 43 31 36 04 ; www.restaurantvariations.com ; 18 rue des Wallons, XIIIᵉ ; menu déj/dîner 17-19/24-44 € ; 🕐 midi et soir lun-ven, soir sam ; Ⓜ Saint-Marcel)

La Table des Bernardins   CAFÉTÉRIA €

18 🍴 Plan p. 144, C2

Le magnifique Collège des Bernardins, couvent cistercien du XIIIᵉ siècle, a été magnifiquement rénové, avec l'appui de l'architecte Jean-Michel Wilmotte, entre autres. Aujourd'hui, il est ouvert au public – une première dans son histoire. On peut y prendre ses repas à la cafétéria pour une somme modique grâce au traiteur La table de Cana, entreprise d'insertion par l'activité économique. Agréable aussi pour le goûter (pâtisseries, café gourmand). Vous pouvez entrer gratuitement dans le Collège et arpenter la nef, le jardin, l'oratoire et la sacristie. Pour accéder au reste du couvent, la visite guidée a lieu tous les jours à 16h (5 €). (📞 01 53 10 74 43 ; www.collegedesbernardins.fr ; 20 rue de Poissy, Vᵉ ; formules 9,90/15,30/18,50 € ; 🕐 9h30-18h lun-ven, 10h-18h sam ; Ⓜ Cardinal-Lemoine)

Le Comptoir du 5ᵉ   FRANÇAIS €€

19 🍴 Plan p. 144, C2

À deux minutes de Notre-Dame, un micro-restaurant avec 15 places assises pour goûter à la cuisine du jour et à de bons vins : roulé de bavette aux tomates confites, filet d'espadon, nem banane, mousse au chocolat, etc. Bon et frais. Et un super accueil. (📞 01 43 29 38 49 ; 1 rue des Grands-Degrés, Vᵉ ; menu 3 plats déj/dîner 13/32 € ; 🕐 midi et soir tlj, jusqu'à 22h30 ven-sam ; Ⓜ Maubert-Mutualité)

Terroir parisien   BISTRONOMIQUE €€€

20 🍴 Plan p. 144, C2

Au rez-de-chaussée de la Maison de la Mutualité revue par l'architecte Jean-Michel Wilmotte, Yannick Alléno, le chef très étoilé du Meurice, fait honneur aux produits du terroir d'Île-de-France en proposant, dans un cadre chic et sobre, une cuisine de bistrot (chou farci, bœuf mironton, boudin noir-purée). Au comptoir, snacks gourmets : hot dog à la saucisse de tête de veau (10 €) ou jambon-beurre (8 €). (📞01 44 31 54 54 ; www.yannick-alleno.com ; 20 rue Saint-Victor, Vᵉ ; plats 19-25 € ; plat du jour 15 € ; 🕐tlj 12h-15h et 19h-23h ; Ⓜ Maubert-Mutualité)

Prendre un verre

Le Pub Saint-Hilaire
PUB

21 🍷 Plan p. 144, B3

Ce bar remuant ne désemplit pas d'étudiants, grâce à de longues *happy hours*, un billard, des jeux de société, une musique entraînante et une cuisine de bar copieuse. (www.pubsainthilaire.com ; 2 rue Valette, Vᵉ ; 🕐15h-2h lun-jeu, 15h-4h ven, 16h-4h sam, 16h-minuit dim ; Ⓜ Maubert-Mutualité)

La Fût Gueuze
BAR

22 🍷 Plan p. 144, D7

Point de bières commerciales très connues dans ce bar de quartier à l'angle d'une rue, mais 74 variétés de bières françaises, belges et allemandes en bouteille et 12 autres à la pression, à déguster dans une bonne ambiance. *Happy hours* de 16h à 21h. (24 rue Dumeril, XIIIᵉ ; 🕐16h-2h ; Ⓜ Campo-Formio)

Le Pantalon
BAR

23 🍷 Plan p. 144, A3

Les fauteuils en vinyle déchirés, les lampes en verre coloré et les vieux autocollants au mur font de ce bar caché le repaire favori des musiciens parisiens. (7 rue Royer-Collard, Vᵉ ; 🕐17h30-2h tlj ; Ⓜ Cluny-La Sorbonne ou RER Luxembourg)

Sortir

Café Universel
JAZZ, BLUES

24 ⭐ Plan p. 144, A5

Les jeunes artistes et producteurs ont carte blanche dans ce bar qui programme une belle variété de concerts aussi bien be-bop que jazz ou latinos. Étudiants et amateurs de jazz s'y mélangent dans une atmosphère conviviale et détendue. Concerts gratuits avec participation au chapeau. (📞01 43 25 74 20 ; cafeuniversel.com ; 267 rue Saint-Jacques, Vᵉ ; entrée libre ; 🕐21h-2h lun-sam ; 📶 ; Ⓜ Censier-Daubenton ou RER Port-Royal)

Le Champo
CINÉMA

25 ⭐ Plan p. 144, A2

Derrière sa façade Art déco, ce cinéma d'art et d'essai diffuse des rétrospectives

100% parisien

Le Café de la Nouvelle Mairie

À deux pas du Panthéon mais caché sur une placette où glouglloute une fontaine, le **Café de la Nouvelle Mairie** (plan p. 144, A3 ; 19 rue des Fossés-Saint-Jacques, Vᵉ ; plats 14-16 € ; 🕐8h-minuit lun-ven ; Ⓜ Cardinal-Lemoine) est un petit bar à vins secret, servant des crus sélectionnés avec soin, au verre ou à la bouteille. Pas de CB.

de grands réalisateurs tels Alfred Hitchcock, Jacques Tati, Alain Resnais, Frank Capra, Tim Burton et Woody Allen. (www.lechampo.com ; 51 rue des Écoles, Vᵉ ; 9/7 €, 1ʳᵉ séance 5,50 € ; Ⓜ Saint-Michel ou Cluny-La Sorbonne)

Caveau de la Huchette
JAZZ, BLUES

26 ⭐ Plan p. 144, B1

Ces caves ont vu défiler, entre autres pointures du jazz, Count Basie, Lionel Hampton, Memphis Slim, Hal Singer et Sacha Distel. De nos jours, le Caveau est plutôt enclin aux rétrospectives, avec des concerts swing jazz à partir de 22h, et propose, à partir de 2h du matin, de venir écouter gratuitement les musiques des années 1950 jusqu'au début des années 1980. Pas de réservation. (📞 01 43 26 65 05 ; www.caveaudelahuchette.fr ; 5 rue de la Huchette, Vᵉ ; 13 € dim-mar, 15 € ven-sam, consommations à partir de 7 € ; ⏰ 21h30-2h30 dim-mer, jusqu'à l'aube jeu-sam ; Ⓜ Saint-Michel)

Shopping

Diptyque
PARFUMS, BOUGIES

27 🔒 Plan p. 144, C2

La mythique marque parisienne vend ses indémodables parfums et bougies parfumées dans cette boutique depuis 1961. Les luxueuses créations s'inspirent de matières naturelles

et de voyages. (www.diptyqueparis.com ; 34 bd Saint-Germain, Vᵉ ; ⏰ 10h-19h lun-sam ; Ⓜ Maubert-Mutualité)

Crocodisc
CD ET VINYLES D'OCCASION

28 🔒 Plan p. 144, B2

Bonne sélection de CD et de vinyles – neufs et d'occasion –, de soul, funk, salsa, world music, reggae, pop et rock au n°40 et de hard, punk, new wave et musiques de films au n°42. Pour le jazz, le blues, le gospel et la country, passez à Crocojazz (64 rue de la Montagne-Sainte-Geneviève), au coin de la rue. (www.crocodisc.com ; 40 et 42 rue des Écoles, Vᵉ ; ⏰ 11h-19h mar-sam ; Ⓜ Maubert-Mutualité ou Cardinal-Lemoine)

Au Vieux Campeur
ÉQUIPEMENT DE PLEIN AIR

29 🔒 Plan p. 144, B2

Cette enseigne semble avoir colonisé le Quartier latin avec quelque 25 boutiques disséminées dans le quartier, chacune dédiée à un sport ou à une activité : escalade, ski, plongée, camping, vélo, etc. Une précieuse adresse pour s'équiper, mais la multiplication des points de vente transforme parfois la séance shopping en chasse aux trésors, d'autant plus que beaucoup changent totalement leur offre selon les saisons. (www.auvieuxcampeur.fr ; 48 rue des Écoles, Vᵉ ; ⏰ 11h-19h30 lun-mer et ven-sam, jusqu'à 21h jeu ; Ⓜ Maubert-Mutualité ou Cluny-La Sorbonne)

100% parisien
Le sud-est parisien

Comment y aller

M **Métro** Les stations Gare-de-Lyon (lignes 1 et 14) et Place-d'Italie (5, 6 et 7) sont de bons points de départ et d'arrivée.

Réparti sur les deux rives de la Seine, le sud-est de Paris est un mélange éclectique de quartiers donnant lieu à des promenades agréables loin des foules de touristes. S'il se caractérise par son authenticité, il compte aussi des sites de premier plan, comme l'Institut national de l'audiovisuel et la Bibliothèque nationale de France.

❶ Fastes de gares

Offrez-vous un voyage en première classe en prenant un verre ou un plat au **Train Bleu** (☎01 43 43 09 06 ; www.le-train-bleu.com ; 1ᵉʳ ét., gare de Lyon, 26 place Louis-Armand, XIIᵉ ; menus 60-102 €, plats 27-46 € ; ☺restaurant 11h30-15h et 19h-23h, bar 7h30-23h lun-sam, 9h-23h dim ; 📶 ;

Ⓜ Gare-de-Lyon), véritable modèle du genre Belle Époque, classé monument historique par André Malraux en 1972.

❷ Histoire du cinéma

Au sein d'un bâtiment moderne imaginé par Frank Gehry, la **Cinémathèque française** (www.cinematheque.fr ; 51 rue de Bercy, XIIᵉ ; expositions 11/8,5 € ; 🕙12h-19h lun et mer-sam, jusqu'à 20h dim ; Ⓜ Bercy) diffuse aussi bien de grands classiques que des films avant-gardistes. Elle renferme un musée où est présentée l'histoire du cinéma français.

❸ Esprit de village

Installé dans d'anciens entrepôts de vins, **Bercy Village** (📞01 40 02 90 80 ; www.bercyvillage.com ; cour Saint-Émilion, XIIᵉ ; 🛒magasins 11h-21h lun-sam, restaurants 11h-2h tlj ; Ⓜ Cour-Saint-Émilion) s'étire le long de son allée pavée bordée de boutiques, de bars et de restaurants.

❹ D'une rive à l'autre

La ligne aérienne de la **passerelle Simone-de-Beauvoir**, pont piétonnier et cycliste de chêne et d'acier inauguré en 2006, relie le parc de Bercy à la BnF.

❺ Rats de bibliothèque

Les quatre tours de la **Bibliothèque nationale de France** (www.bnf.fr ; 11 quai François-Mauriac, XIIIᵉ ; expositions à partir de 9/7 € , bibliothèque 3,50 € ; 🕙expositions 10h-19h mar-sam, 13h-19h dim, bibliothèque 14h-19h lun, 9h-19h mar-sam, 13h-19h dim ; Ⓜ Bibliothèque) représentent des livres ouverts. Hautes de 79 m, elles abritent plus de 10 millions d'ouvrages protégés de la lumière par des volets de bois. Un jardin de plus de 1 ha est situé en contrebas. Excellentes expositions.

❻ En mode docks

L'entrepôt vert acidulé des **Docks en Seine** (www.paris-docks-en-seine.fr ; 34 quai d'Austerlitz, XIIIᵉ ; Ⓜ Gare-d'Austerlitz ou Quai-de-la-Gare), alias la **Cité de la mode et du design**, est le QG de la mode française. Il accueille l'Institut français de la mode, des expositions (www.artludique.com), des soirées clubbing au Wanderlust (wanderlustparis.com), ainsi que deux bars-restaurants avec son *rooftop* avec vue imprenable sur la Seine.

❼ Une brasse sur la Seine

Piquez une tête dans la **piscine flottante Joséphine-Baker** (📞01 56 61 96 50 ; quai François-Mauriac, XIIIᵉ ; 3/1,70 € ; 🕙7h-8h30 et 13h-21h lun, mer et ven, 13h-23h mar et jeu, 11h-20h sam, 10h-20h dim ; Ⓜ Quai-de-la-Gare ou Bibliothèque), à même la Seine.

❽ Sur le devant de la Seine

Embarquez sur la jonque chinoise de **La Dame de Canton** (www.damedecanton.com ; face au 11 quai François-Mauriac, XIIIᵉ ; 🕙20h30-2h mar-jeu, jusqu'à 5h ven-sam ; Ⓜ Quai-de-la-Gare), sur le remorqueur rouge du **Batofar** (www.batofar.org ; face au 11 quai François-Mauriac, XIIIᵉ ; 🕙restaurant midi et soir mar-sam, concerts 19h-23h, clubbing 23h-6h ; Ⓜ Quai-de-la-Gare) ou sur la barge jaune citron de **Petit Bain** (www.petitbain.org ; 7 port de la gare ; Ⓜ Quai-de-la-Gare).

❾ Restaurant de quartier

Si vous préférez la terre ferme, direction le petit bistrot **Chez Nathalie** (📞01 45 80 20 42 ; www.cheznathalie.fr ; 41 rue Vandrezanne, XIIIᵉ ; plats 21-28 € ; 🕙midi et soir mar-ven, soir sam ; Ⓜ Corvisart ou Place-d'Italie) dans le quartier de la Butte-aux-Cailles bien pourvu en bars.

Explorer

Musée d'Orsay et Saint-Germain-des-Prés

Ce quartier mythique est un aimant pour les mordus de littérature, d'antiquités et de mode. Il fut le point de rendez-vous de grands écrivains comme Sartre, Beauvoir, Camus, Hemingway et Fitzgerald, tout comme le fut Montparnasse, plus au sud. Là, malgré les horreurs architecturales du XXe siècle comme cette imposante tour des années 1970, les brasseries de la grande époque ont survécu et les petites rues connaissent un nouvel élan.

L'essentiel en un jour

☼ Prenez vos marques depuis la terrasse panoramique de la **tour Montparnasse** (p. 168) avant d'aller rendre hommage à Jean-Paul Sartre, Simone de Beauvoir et Serge Gainsbourg au **cimetière du Montparnasse** (p. 168) et de faire le plein d'art contemporain à la **Fondation Cartier pour l'art contemporain** (p. 168).

☼ Après un déjeuner au **Bouillon Racine** (p. 171) ou un pique-nique au **jardin du Luxembourg** (p. 160), flânez dans ce beau parc tout en vous rapprochant des œuvres de Delacroix de l'**église Saint-Sulpice** (p. 166) et du **musée national Eugène-Delacroix** (p. 166). Arrêtez-vous à l'**église Saint-Germain-des-Prés** (p. 166), puis installez-vous dans l'un des célèbres cafés littéraires comme **Les Deux Magots** (p. 176), avant d'aller faire un tour dans les boutiques de créateurs.

☽ Découvrez les collections grandioses du **musée d'Orsay** (p. 158) en fin d'après-midi, lorsque l'entrée est moins chère. Dînez dans l'un des superbes restaurants de Saint-Germain, tel **Les Climats** (p. 174), puis passez la soirée dans l'un des prestigieux cafés de Montparnasse, comme **La Closerie des Lilas** (p. 174).

Pour découvrir les magasins historiques de Saint-Germain-des-Prés, reportez-vous p. 162.

◉ Les incontournables

Musée d'Orsay (p. 158)

Jardin du Luxembourg (p. 160)

◔ 100% parisien

Des magasins chargés d'histoire (p. 162)

♥ Le meilleur du quartier

Architecture

Musée d'Orsay (p. 158)

Bouillon Racine (p. 171)

Fondation Cartier pour l'art contemporain (p. 168)

Des magasins chargés d'histoire (p. 162)

Églises

Église Saint-Sulpice (p. 166)

Église Saint-Germain-des-Prés (p. 166)

Avec des enfants

Jardin du Luxembourg (p. 160)

Comment y aller

Ⓜ **Métro** Les stations Saint-Germain-des-Prés (ligne 4), Mabillon (10) et Odéon (4 et 10) sont au cœur de l'action.

Ⓜ **Métro** La station Montparnasse-Bienvenüe (lignes 4, 6, 12 et 13) est le noyau de Montparnasse.

⛴ **Bateau** Le Batobus s'arrête au musée d'Orsay et au quai Malaquais, à Saint-Germain-des-Prés.

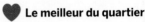

Les incontournables
Le musée d'Orsay

Consacré à l'art des années 1848 à 1914, ce musée a pour cadre la glorieuse gare d'Orsay, construite pour l'Exposition universelle de 1900. Sculpture, photographie, arts décoratifs, ses collections sont très riches, mais il est surtout célèbre par la présence sur ses cimaises des chefs-d'œuvre de l'impressionnisme et du postimpressionnisme. De récentes rénovations ont encore amélioré leur mise en valeur.

À ne pas manquer

Architecture : de la gare au musée
Inaugurée en 1900, la gare d'Orsay fut construite par Victor Laloux. Désaffectée dès 1939, elle remplit alors différents usages. En 1977, il fut décidé d'y aménager un musée en respectant son architecture. De grands travaux de rénovation initiés en 2009 visant à mieux exploiter l'espace et à améliorer la présentation des

👁 Plan p. 164, B1

www.musee-orsay.fr

62 rue de Lille, VIIe

11/8,50 €, gratuit -18 ans

🕙9h30-18h mar, mer et ven-dim, jusqu'à 21h45 jeu

Ⓜ Assemblée-Nationale ou RER Musée-d'Orsay

œuvres ont été achevés en 2011. La grandiose nef, mise en valeur par l'architecte Gae Aulenti, marque l'axe du musée. Ne manquez pas la vue à travers l'immense cadran de l'ancienne gare et depuis la terrasse adjacente.

Peinture : un tourbillon de chefs-d'œuvre
Parmi les innombrables chefs-d'œuvre d'Orsay, il en est d'incontournables. *L'Angélus* de Millet, devenu une icône. *Un enterrement à Ornans* et *L'Origine du monde* de Courbet, chefs-d'œuvre de réalisme. *Le Déjeuner sur l'herbe* et *L'Olympia* de Manet, annonciateurs de l'impressionnisme. La série des *Cathédrale de Rouen* de Monet, le *Bal du moulin de la Galette* et les *Jeunes Filles au piano* de Renoir, parmi les plus illustres œuvres impressionnistes. Le monde de la danse par Degas et celui des cabarets par Toulouse-Lautrec. *Les Joueurs de cartes* et les natures mortes de Cézanne. Le *Portrait de l'artiste* et les paysages d'Auvers-sur-Oise par Van Gogh. Puis les œuvres de Pissarro, Gauguin, Sisley, Bonnard…

Arts décoratifs : l'Art nouveau
Outre des chefs-d'œuvre des années 1850-1880, dont le mobilier de toilette de la duchesse de Parme, le musée d'Orsay offre un très intéressant panorama de l'Art nouveau. On y voit notamment des œuvres de Majorelle, Gallé, Daum et Guimard, du Catalan Gaudí ou du Belge Horta.

Sculptures de maîtres
Bien mises en valeur, les sculptures invitent à s'attarder sur l'exubérante *Danse* de Jean-Baptiste Carpeaux, qui fit scandale par sa sensualité ; à comparer l'*Ugolin* de Carpeaux et celui de Rodin ; à saluer *La Petite Danseuse* de Degas ; à admirer la puissance de l'*Héraklès archer* d'Antoine Bourdelle et l'épure des statues de Maillol ou à confronter les bestiaires de Bugatti, Pompon et Barye.

Arts graphiques : les surprises
Moins connue, la collection de dessins réserve de belles surprises, dont *Le Nœud noir* de Georges Seurat et le poignant autoportrait de Paul Gauguin.

☑ À savoir
▶ Économisez en achetant un billet combiné avec le musée Rodin voisin (p. 26 ; 15 € si vous visitez les deux le même jour) ou avec le musée de l'Orangerie (p. 62 ; 16 € si vous visitez les 2 en 4 jours).

▶ L'entrée pour le musée d'Orsay passe à 8,50 € à partir de 16h30 (18h jeu). Elle est gratuite le 1er dimanche du mois.

▶ Gagnez du temps en achetant vos billets sur Internet.

✕ Une petite faim ?
Au **Café Campana** (plats 9-18 € ; ⏱10h-17h mar, mer et ven-dim, 10h-21h jeu), habillé par les célèbres designers brésiliens et donnant sur la grosse horloge.

Au **restaurant du musée** (☎01 45 49 47 03 ; menus 2/3 plats 22/32 €, plats 16-25 € ; ⏱9h30-17h45 mar-mer et ven-dim, jusqu'à 21h30 jeu), qui a conservé son décor 1900.

Les incontournables
Le jardin du Luxembourg

Au moindre rayon de soleil, tout Paris se donne rendez-vous dans les parcs, le long de la Seine et aux terrasses des cafés. Les chaises métalliques du jardin du Luxembourg, particulièrement cher au cœur des Parisiens, sont prises d'assaut dès qu'il fait beau. Napoléon dédia le parc aux enfants, et beaucoup de Parisiens de souche se souviennent du temps où ils faisaient naviguer des petits bateaux sur le bassin octogonal, assistaient à des spectacles de Guignol, faisaient des tours de manège et des promenades à dos de poney. Ces activités n'ont pas disparu, mais d'autres – une aire de jeux moderne, des terrains de sport – s'y sont ajoutées.

👁 Plan p. 164, D5

nombreuses entrées : place Edmond Rostand, place André Honnorat, rue Guynemer, rue de Vaugirard

🕐 7h30/8h15-16h45/21h selon la saison

Ⓜ Saint-Sulpice, Rennes ou Notre-Dame-des-Champs, ou RER Luxembourg

À ne pas manquer

Les spectacles de marionnettes

Il n'est pas nécessaire d'être un enfant pour prendre plaisir à un spectacle de marionnettes... Plusieurs parcs parisiens en proposent, notamment le **jardin du Luxembourg** (www.marionnettesduluxembourg.fr ; billets 4,80 € ; ⊙généralement 15h30 mer, 11h et 15h30 sam-dim, tlj durant vac scol ; Ⓜ Notre-Dame-des-Champs ou RER Luxembourg).

Le grand bassin

Les adultes pourront paresser au bord de ce paisible plan d'eau octogonal, tandis que leurs enfants joueront avec des voiliers miniatures des années 1920. À côté, les plus petits pourront faire un tour de poney ou de carrousel, ou galoper sur les terrains de jeux. Une petite participation financière est demandée pour ces activités.

Musée du Luxembourg

De prestigieuses expositions temporaires sont organisées au beau **musée du Luxembourg** (www.museeduluxembourg.fr ; 19 rue de Vaugirard, VIᵉ ; généralement 13,50/9 € ; ⊙10h-19h30 mar-jeu et sam-dim, jusqu'à 22h ven et lun ; Ⓜ Rennes ou RER Luxembourg), qui occupe une ancienne **orangerie**.

Palais du Luxembourg

Construit vers 1620, il abrite aujourd'hui le **Sénat** (📞visites guidées 01 44 54 19 49 ; www.senat.fr ; 15 rue de Vaugirard, VIᵉ ; 8/6 € ; Ⓜ Rennes ou RER Luxembourg). Il est parfois ouvert au public pour des visites guidées.

Les vergers

Des dizaines de variétés de pommiers poussent dans le sud du parc. Depuis le XIXᵉ siècle, des abeilles sont à l'œuvre dans le **rucher-école du Luxembourg** voisin. Pendant deux jours, pour la fête annuelle du Miel (généralement le dernier week-end de septembre), les visiteurs peuvent déguster et acheter leur production.

☑ À savoir

▶ Les horaires d'ouverture varient selon la saison et sont affichés aux entrées.

▶ Si vous prévoyez de pique-niquer, inutile d'apporter une nappe : les pelouses manucurées ne sont pas accessibles, à part une petite zone à l'extrémité sud. Faites comme les Parisiens en vous installant sur l'une des chaises métalliques de 1923 dans votre coin préféré.

▶ Arrivez au moins une demi-heure à l'avance pour les spectacles de marionnettes.

✗ Une petite faim ?

Kiosques et cafés, dont certains vendant de la barbe à papa, sont répartis dans tout le parc.

Depuis 1845, **Polidor** (📞01 43 26 95 34 ; www.polidor.com ; 41 rue Monsieur-le-Prince, VIᵉ ; menus 22-35 € ; ⊙12h-14h30 et 19h-0h30 lun-sam, jusqu'à 23h dim ; Ⓜ Odéon) propose une cuisine française familiale dans un cadre resté inchangé.

100% parisien
Des magasins chargés d'histoire

Si Saint-Germain-des-Prés déborde de boutiques chics de mode et de décoration, il compte également bon nombre d'antiquaires et de petits magasins aux spécialités très pointues allant des parapluies faits main aux soldats de plomb. Ils offrent tous un bon aperçu de l'histoire du quartier, tout comme Le Bon Marché, le plus vieux grand magasin de la ville, conçu par Gustave Eiffel.

❶ **La cour du Commerce-Saint-André**
Admirez les boutiques de ce passage au toit de verre, construit en 1735, et esquivez-vous pour un déjeuner dans le café le plus ancien du monde (1686), **Le Procope** (www.procope.com ; 13 rue de l'Ancienne-Comédie, VIᵉ ; menus 2/3 plats à partir de 29/36 € ; ⏱11h30-minuit dim-mer, jusqu'à 1h jeu-sam ; Ⓜ Odéon).

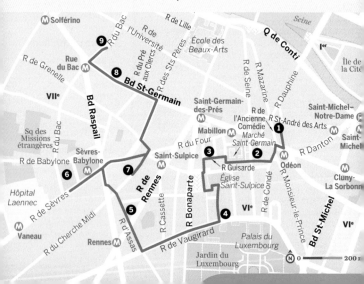

2 Bougies traditionnelles

Claude Trudon commença à vendre des bougies ici en 1643. **Cire Trudon** (www.ciretrudon.com ; 78 rue de Seine, VIᵉ ; 10h-19h mar-sam ; MOdéon), jadis fournisseur officiel de Versailles et de Napoléon, est aujourd'hui le plus ancien fabricant de bougies au monde (voir l'inscription sur le mur entre les deux stores).

3 Armée invincible

La petite boutique **Au Plat d'Étain** (www.auplatdetain.sitew.com ; 16 rue Guisarde, VIᵉ ; 10h30-18h30 mar-sam ; MOdéon ou Mabillon) vend des soldats de plomb et d'étain miniatures depuis 1775.

4 Maison de poupée

En face de la résidence du président du Sénat, la minuscule **Maison de Poupée** (06 09 65 58 68 ; 40 rue de Vaugirard, VIᵉ ; 14h30-19h lun-sam, sur rdv dim ; MOdéon ou RER Luxembourg) est emplie, vous l'aurez deviné, de maisons de poupée et de poupées anciennes.

5 Pour être dans le bain

Depuis de nombreuses années, les miroirs anciens et rétro (portatifs ou sur pied), vaporisateurs de parfum, porte-savons et même lavabos et robinets du **Bain Rose** (www.le-bain-rose.fr ; 11 rue d'Assas, VIᵉ ; 11h30-19h lun-sam, fermé en août ; MRennes) transforment les salles de bains en véritables sanctuaires de la Belle Époque.

6 Opulence des grands magasins

Le Bon Marché (www.bonmarche.fr ; 24 rue de Sèvres, VIIᵉ ; 10h-20h lun-mer et sam, 10h-21h jeu et ven ; MSèvres-Babylone),

établi depuis 1852, renferme des articles de mode et objets pour la maison, ainsi que le célèbre marché alimentaire **La Grande Épicerie de Paris** (www.lagrandeepicerie.fr ; 38 rue de Sèvres, VIIᵉ ; 8h30-21h lun-sam ; MSèvres-Babylone), avec ses alléchants étalages de chocolats, pâtisseries, biscuits, fromages et autres.

7 Pains authentiques

Pierre Poilâne arriva de Normandie en 1932 pour ouvrir sa boulangerie. Aujourd'hui, c'est sa petite-fille qui tient les rênes de **Poilâne** (www.poilane.fr ; 8 rue du Cherche-Midi, VIᵉ ; 7h15-20h15 lun-sam ; MSèvres-Babylone), où les pains au levain arrondis, au sel de Guérande et à la farine moulue à la meule, sont toujours cuits au feu de bois. Le café voisin utilise du pain Poilâne pour préparer ses tartines salées.

8 Jour de pluie

Les parapluies et ombrelles signés **Alexandra Sojfer** (www.alexandrasojfer.fr ; 218 bd Saint-Germain, VIIᵉ ; 10h-19h lun-sam ; MRue-du-Bac) sont fabriqués ici depuis 1834.

9 Drôle de ménagerie

Depuis 1831, la maison **Deyrolle** (www.deyrolle.com ; 46 rue du Bac, VIIᵉ ; 10h-13h et 14h-19h lun, 10h-19h mar-sam ; MRue-du-Bac) croule sous les créatures empaillées, notamment lions, tigres, zèbres et cigognes (à louer ou à vendre), ainsi que les minéraux, les coquillages, les coraux et les crustacés, les œufs d'autruche montés sur pied et les planches pédagogiques. Un véritable cabinet de curiosités !

Voir

Église Saint-Germain-des-Prés

ÉGLISE

1 Plan p. 164, D3

La plus ancienne église de la capitale, de style roman, fut construite au XIe siècle sur le site d'une abbaye du VIe siècle. Elle était le principal lieu de culte à Paris avant l'arrivée de la cathédrale Notre-Dame. L'édifice a subi plusieurs modifications au fil du temps, mais la chapelle Saint-Symphorien (sur la droite quand on entre) faisait partie de l'abbaye d'origine et abriterait la tombe de saint Germain (496-576), premier évêque de Paris. L'église accueille régulièrement des concerts de musique classique. (www.eglise-sgp.

100% parisien
Le Carré Rive gauche

Entre Saint-Germain-des-Prés et le musée d'Orsay, les 120 antiquaires du **Carré Rive gauche** (plan p. 164, C1 ; www.carrerivegauche.com ; Ⓜ Rue-du-Bac ou Solférino) sont installés entre le quai Voltaire, la rue de l'Université, la rue des Saints-Pères et la rue du Bac. Au cours de l'année, de grands salons d'antiquaires ont lieu à Paris. La **Biennale des antiquaires** (www.bdafrance.eu) se tient au Grand Palais (p. 42) et accueille les plus grands marchands du monde entier. Moins prestigieux et plus éclectique, le Pavillon des antiquaires se déroule aux Tuileries.

org ; 3 place Saint-Germain-des-Prés, VIe ; ⏰ 8h-19h45 lun-sam, 9h-20h dim ; Ⓜ Saint-Germain-des-Prés)

Musée national Eugène-Delacroix

MUSÉE

2 Plan p. 164, D3

Le père du romantisme français a vécu et travaillé dans un appartement et un atelier donnant sur cette jolie cour, jusqu'à sa mort en 1863. Si ses œuvres les plus célèbres sont au Louvre (p. 52), au musée d'Orsay (p. 158) et dans l'église Saint-Sulpice (voir ci-dessous), le musée conserve une collection d'huiles, d'aquarelles, de pastels et de dessins intéressante, notamment de nombreuses œuvres intimes telles que *Un lit défait* (1828) et ses peintures du Maroc. Et, surtout, le cadre est absolument merveilleux.

Le billet d'entrée du Louvre donne accès au musée Delacroix le même jour ; vous pouvez aussi acheter vos billets ici et éviter les files d'attente du Louvre. (www.musee-delacroix.fr ; 6 rue de Fürstenberg, VIe ; 6 €/gratuit, exposition temporaire 7,50 €, billet jumelé Delacroix-Louvre 12 € ; ⏰ 9h30-17h mer-lun ; Ⓜ Mabillon ou Saint-Germain-des-Prés)

Église Saint-Sulpice

ÉGLISE

3 Plan p. 164, D4

En 1646 commença la construction de cette église à deux clochers, bordée de 21 chapelles à l'intérieur. Il fallut six architectes et 150 ans pour l'achever. On la visite en général pour admirer les

Église Saint-Sulpice

fresques peintes par Eugène Delacroix dans la chapelle des Saints-Anges (*Saint Michel terrassant le dragon* et *La Lutte de Jacob avec l'ange*). Le peintre y travailla avec acharnement de 1849 à 1861.

Vous pourrez entendre l'orgue monumental de 1781 durant la messe de 10h30 le dimanche ou lors des concerts qui ont parfois lieu le dimanche après-midi. (pss75.fr/saint-sulpice-paris ; place Saint-Sulpice, VIᵉ ; ⏲7h30-19h30 tlj ; Ⓜ Saint-Sulpice)

Magnum Gallery
GALERIE

4 ⊙ Plan p. 164, D3

Au rez-de-chaussée de l'éditeur d'art et de photographie Robert Delpire

près de la place Saint-Germain-des-Prés, Magnum ne pouvait rêver meilleur emplacement pour sa galerie, qui accueille huit expositions par an, choisies dans le fonds de la prestigieuse agence – près de 80 auteurs, dont Martin Parr, Lise Sarfati, Marc Riboud et Antoine d'Agata ! (www.magnumgallery.fr ; 13 rue de l'Abbaye, VIᵉ ; entrée libre ; ⏲11h-19h mar-sam ; Ⓜ Saint-Germain-des-Prés)

Musée de la Monnaie de Paris
MUSÉE

5 ⊙ Plan p. 164, D2

Après 4 ans d'importants travaux, le musée de la Monnaie de Paris a partiellement rouvert ses portes en

2014 avec l'inauguration de l'espace d'exposition du palais de Conti. Le musée s'ouvre à l'art contemporain à travers de grandes expositions temporaires faisant écho au parcours permanent, à l'image de l'exposition d'ouverture *Chocolate Factory* dédiée au plasticien américain Paul McCarthy. La fin des travaux, prévue pour 2016, donnera accès à un parcours permanent révélant les collections de l'institution et aux ateliers de la Monnaie. Le site accueille un restaurant gastronomique – et, à terme, une brasserie – du chef étoilé Guy Savoy. L'hôtel de la Monnaie (XVIIIe siècle) est encore utilisé par le ministère des Finances pour produire des pièces et médailles commémoratives. (☎ 01 40 46 56 66 ; www.monnaiedeparis.fr ; 11 quai de Conti, VIe ; exposition temporaire 8 € ; ⊙ 11h-19h tlj, jusqu'à 22h jeu ; Ⓜ Pont-Neuf)

Fondation Cartier pour l'art contemporain
EXPOSITIONS

6 ◉ Plan p. 164, C7

Ce bâtiment tout de verre vêtu, conçu par Jean Nouvel, vaut le détour ne serait-ce que pour son architecture. Les expositions d'art contemporain y sont variées (peinture, photographie, vidéo et mode) et en général intéressantes. L'artiste Lothar Baumgarten a créé le jardin merveilleusement sauvage. (www.fondation.cartier.fr ; 261 bd Raspail, XIVe ; 10,50/7 € ; ⊙ 11h-20h mar-dim, jusqu'à 22h mar ; Ⓜ Raspail)

Cimetière du Montparnasse
CIMETIÈRE

7 ◉ Plan p. 164, B7

Inauguré en 1824, le cimetière du Montparnasse, deuxième de Paris en taille après le Père-Lachaise, s'étend sur 19 ha. Quelque 1 200 arbres y sont plantés, notamment des érables, des frênes, des tilleuls et des conifères. Au nombre des célébrités reposant dans ce cimetière figurent notamment Charles Baudelaire, Guy de Maupassant, Samuel Beckett, Man Ray, Jean-Paul Sartre et Simone de Beauvoir. Des tickets de métro sont déposés régulièrement sur la tombe de Serge Gainsbourg, en référence à sa chanson *Le Poinçonneur des Lilas*. Pour vous orienter, demandez un plan (gratuit) au bureau de la conservation, à l'entrée. (accès par bd Edgar-Quinet et rue Froidevaux, XIVe ; entrée libre ; ⊙ 8h-18h lun-ven, 8h30-18h sam, 9h-18h dim ; Ⓜ Edgar-Quinet ou Raspail)

Tour Montparnasse
TOUR

8 ◉ Plan p. 164, B6

Au milieu d'autres tours, ce gratte-ciel de 210 m construit au début des années 1970 passerait inaperçu. Mais, à Paris, où il n'y a pas de tours, impossible de manquer ce vilain immeuble de bureaux aux vitres fumées. On accède à l'observatoire et au bar du 56e étage en 38 secondes par l'ascenseur le plus rapide d'Europe. La terrasse panoramique du 59e étage est accessible par des escaliers. (www.tourmontparnasse56.

Comprendre

Littérature

- -

Paris occupe une belle place dans la littérature, française et étrangère. Plonger dans un roman ayant pour cadre la capitale est une excellente manière de prendre contact avec la ville. Voici quelques classiques, d'hier et d'aujourd'hui...

Les Misérables (Victor Hugo, 1862 ; Le Livre de Poche). Fresque sociale racontant 20 années de la vie de l'ancien bagnard Jean Valjean, traversée par les conflits qui agitaient Paris au début du XIXᵉ siècle.

Le Fantôme de l'Opéra (Gaston Leroux, 1910 ; Le Livre de Poche). Roman noir qui met en scène une figure fantomatique rôdant dans l'Opéra Garnier. Il fournira la trame de la comédie musicale américaine restée le plus longtemps à l'affiche dans toute l'histoire de Broadway.

Le Paysan de Paris (Louis Aragon, 1926 ; Folio Gallimard). Une balade dans Paris, décrite par un regard neuf, comme celui d'un paysan qui arriverait dans la ville.

Zazie dans le métro (Raymond Queneau, 1959 ; Folio Gallimard). Alors que le métro est en grève, Zazie parcourt Paris et rencontre des personnages étranges et drôles.

La Vie, mode d'emploi (Georges Perec, 1978 ; Le Livre de Poche). Roman aux histoires enchevêtrées racontant la vie des résidents d'un immeuble parisien de 10 étages, de 1833 à 1975.

Au bonheur des ogres (Daniel Pennac, 1985 ; Folio Gallimard). Le premier tome des aventures délirantes de la tribu de Benjamin Malaussène, qui vit dans le quartier de Belleville.

Le Parfum (Patrick Süskind, 1985 ; Le Livre de Poche). Le personnage central, Jean-Baptiste Grenouille, naît dans la puanteur du marché aux poissons de Paris, au XVIIIᵉ siècle, doué d'un sens olfactif anormalement développé. Il deviendra un parfumeur macabre.

Dans le café de la jeunesse perdue (Patrick Modiano, 2005 ; Folio Gallimard). La capitale joue un rôle essentiel dans l'œuvre de l'écrivain, Prix Nobel, qu'il aborde le souvenir trouble de l'Occupation ou qu'il se remémore, comme dans ce roman, l'atmosphère de la Rive gauche à la fin des années 1950.

100% parisien

La rue Daguerre

Nichée au sud-ouest de la station de métro et RER Denfert-Rochereau, près des Catacombes, l'étroite **rue Daguerre** (plan p. 164, B8 ; XIVe) – piétonne entre l'av. du Général-Leclerc et la rue Boulard – est bordée de fleuristes, de commerces de bouche (fromagerie, primeur, boulangerie, pâtisserie), de traiteurs (grecs, asiatiques et italiens) et de cafés d'où l'on observe l'activité de la rue. Certaines boutiques installent des présentoirs sur le trottoir ; le dimanche matin est particulièrement animé.

com ; rue de l'Arrivée, XVe ; 14,50/9 € ; ⏲9h30-23h30 avr-sept, jusqu'à 22h30 dim-jeu, jusqu'à 23h ven-sam oct-mars ; Ⓜ Montparnasse-Bienvenüe)

Catacombes

OSSUAIRE

9 ◉ Plan p. 164, C8

Les catacombes sont d'anciennes carrières qui furent transformées en ossuaire en 1786 afin de vider les cimetières paroissiaux devenus des foyers d'infections. On accède aux 2 km de galeries tapissées d'ossements par un pavillon sur l'ancienne place Denfert-Rochereau. Il faut descendre 130 marches et en monter 83 pour sortir, rue Rémy-Dumoncel). Attention, il fait frais. Claustrophobes s'abstenir. Comptez environ 2 heures d'attente (pas de réservation). (www.catacombes.

paris.fr ; 1 av. du Colonel-Henri-Rol-Tanguy, XIVe ; 8/6 € ; ⏲10h-20h mar-dim, dernier accès 19h ; Ⓜ Denfert-Rochereau)

Fondation Henri Cartier-Bresson

EXPOSITIONS

10 Plan p. 164, B8

La Fondation Henri Cartier-Bresson expose les œuvres du cocréateur de l'agence Magnum, mais des expositions temporaires sont consacrées à d'autres photographes, à des peintres, à des sculpteurs, à des dessinateurs. Un rendez-vous est destiné au lauréat du prix HCB d'aide à la création, remis tous les deux ans à un photographe dont la sensibilité est proche du reportage. (www.henricartierbresson.org ; 2 impasse Lebouis, XIVe ; 7/4 € ; ⏲13h-18h30 mar-ven et dim, 11h-18h45 sam, jusqu'à 20h30 mer ; Ⓜ Gaîté ou Edgar-Quinet)

Parc Montsouris

PARC

11 ◉ Plan p. 164, C8

Aménagé autour d'un lac, ce vaste parc abrite marronniers, ifs, cèdres, hêtres pleureurs et platanes. Son nom vient de "moque souris", car les lieux étaient autrefois infestés de rongeurs. Aujourd'hui, c'est un coin agréable pour pique-niquer, avec quelques aires de jeux amusantes dont un circuit en béton où les enfants peuvent faire rouler leurs petites voitures.

Le parc se trouve juste en face de la **Cité universitaire** (☎01 40 78 50 06 ; www.ciup.fr ; visite guidée 10/6 € ; ⏲14h30 1er et 3e dim du mois), construite dans les années 1920, où l'on peut se promener librement. Certains bâtiments ont été conçus par de grands architectes, notamment Le Corbusier (Maison du Brésil et Fondation suisse).

(parc accès par bd Jourdan et av. Reille, XIVᵉ ; ☺8h-coucher du soleil, à partir de 9h sam-dim ; **M**RER Cité-Universitaire)

Fondation Dina Vierny – musée Maillol
MUSÉE

12 🎯 Plan p. 164, B3

Ancien modèle et muse d'Aristide Maillol mais aussi collectionneuse et galeriste, Dina Vierny a rassemblé des pièces majeures de l'art du XXᵉ siècle (Gauguin, Bonnard, Kandinsky, le Douanier Rousseau), des sculptures de Maillol et une collection de dessins, qui trouvent leur place dans l'hôtel Bouchardon. Des expositions temporaires en bouleversent régulièrement l'agencement. (www.museemaillol.com ; 61 rue de Grenelle, VIIᵉ ; 13/11 € ; ☺10h30-19h tlj, jusqu'à 21h30 ven ; **M**Rue-du-Bac)

Musée Bourdelle
MUSÉE

13 🎯 Plan p. 164, A6

Les œuvres du sculpteur Antoine Bourdelle (1861-1929) ont dû au moins une fois attirer votre regard. Pensez par exemple au fameux *Héraklès archer* (1909-1924) qui a un temps orné les cahiers d'écoliers. Le musée, très agréable, et gratuit, renferme nombre de sculptures (bas-reliefs du théâtre des Champs-Élysées

1910-1913, plâtre du monument au général Alvear 1913-1923), peintures, dessins et photographies de cet artiste du début du XXᵉ siècle, qui eut pour élève Alberto Giacometti et Henri Matisse. (www.bourdelle.paris.fr ; 18 rue Antoine-Bourdelle, XVᵉ ; collection permanente en entrée libre, audioguide 5 €, exposition 7/5,50 € ; ☺10h-18h mar-dim ; **M**Montparnasse-Bienvenüe ou Falguière)

Se restaurer

JSFP Traiteur
TRAITEUR €

14 🍴 Plan p. 164, D3

Le grand choix de salades, pâtés et autres quiches variées (courgette-ciboulette, saumon-épinards, etc.) que propose ce traiteur permet de faire un excellent pique-nique dans un parc du quartier ou en bord de Seine. (jsfp-traiteur.com ; 8 rue de Buci, VIᵉ ; plats 3,40-5,70 € ; ☺9h30-20h30 tlj ; ; **M**Mabillon)

Bouillon Racine
BRASSERIE €€

15 🍴 Plan p. 164, E4

À l'écart dans une rue calme, cette brasserie Art nouveau de 1906 classée monument historique est magnifiquement ornée de miroirs, de motifs floraux et de carreaux de céramique. La nourriture égale le décor, avec des plats superbement exécutés comme les saint-jacques et gambas au coulis de homard. (📞01 44 32 15 60 ; www.bouillonracine.com ; 3 rue Racine, VIᵉ ; menu déj 16 €,

menus dîner 31-42 € ; midi et soir tlj ;
Ⓜ Cluny-La Sorbonne)

L'Avant Comptoir
BAR À HORS-D'ŒUVRE €

16 Plan p. 164, D3

Trois mois d'attente pour une table
le soir au Comptoir du Relais du
Béarnais Yves Camdeborde ? Consolez-
vous en vous précipitant à son Avant-
Comptoir, juste à côté. Là, debout,
accoudé au zinc, levez les yeux au
plafond, scrutez les petites pancartes
qui y sont accrochées pour faire
votre choix parmi les alléchants
hors-d'œuvre proposés (croque à

l'effiloché de queue de bœuf, macaron
de boudin béarnais, crumble chèvre-
parmesan...). À arroser d'un petit
verre de rouge. Vous pouvez aussi
commander une soupe du jour.
(☎01 44 27 07 97 ; www.hotel-paris-relais-
saint-germain.com ; 3 carrefour de l'Odéon,
VIᵉ ; portions 2,50-9 €, soupe 3,50 € ; ⏱midi
et soir tlj ; Ⓜ Odéon)

Café Trama
FRANÇAIS MODERNE €€

17 Plan p. 164, B5

Devanture noire, éclairage doux,
carrelage, meubles anciens et
tables sur le trottoir : sous ses airs
classiques, ce café sert une cuisine
de bistrot aux accents contemporains.
Essayez l'encornet poêlé garni de
roquette et de quartiers d'orange,
le croque-monsieur au sel à la truffe
sur pain Poujauran, ou le steak
tartare au gingembre et au basilic,
dont la viande provient du fameux
boucher parisien Hugo Desnoyer
(p. 205), accompagné d'un vin naturel.
(☎01 45 48 33 71 ; 83 rue du Cherche-Midi,
VIᵉ ; plats 15-22 € ; ⏱midi et soir mar-sam ;
Ⓜ Vaneau ou Saint-Placide)

Brasserie Lipp
BRASSERIE €€

18 Plan p. 164, C3

Dans cette véritable institution
parisienne, les bières sont servies
dans de longs verres par des serveurs
en gilet noir et tablier blanc. La
cuisine de type brasserie (jarret
de porc aux lentilles, choucroute
garnie...) est délicieuse et les lieux,
un peu ternis mais pas trop, juste

100% parisien

La petite Bretagne

La gare Montparnasse relie
Paris à la Bretagne, et les rues
qui l'entourent – notamment la
rue du Montparnasse et la rue
d'Odessa (XIVᵉ) – sont bordées
d'authentiques crêperies par
dizaines. Les savoureuses galettes
de sarrasin et crêpes sucrées, aux
garnitures traditionnelles telles
que le caramel au beurre salé, se
dégustent arrosées d'une bolée
de cidre brut. Tentez la **crêperie
Josselin** (plan p. 164, B6 ; ☎01 43
20 93 50 ; 67 rue du Montparnasse,
XIVᵉ ; crêpes 7-10 € ; ⏱midi et soir
mar-ven, 11h30-23h sam-dim ; Ⓜ Edgar-
Quinet) à la décoration bretonne
traditionnelle (panneaux de bois
sombre, rideaux en dentelle,
vaisselle peinte...).

La brasserie Lipp

parfaits. (📞 01 45 48 53 91 ; 151 bd Saint-Germain, VIᵉ ; plats 22-38 € ; ⏰ midi et soir tlj ; Ⓜ Saint-Germain-des-Prés)

Le Bac à Glaces
GLACES €

19 🍴 Plan p. 164, B3

Fabrication artisanale à l'ancienne, vrais fruits, pas de colorants chimiques : c'est la recette du succès des glaces et sorbets de cet incontournable glacier, qui sévit à deux pas du Bon Marché. Côté parfums, le choix est large. Des classiques qui assurent toujours, mais aussi des plus insolites comme le sorbet citron-basilic ou celui griotte-menthe, ou la glace huile d'olive et tomates confites ou miel-pignons de pin. (www.bacaglaces.com ; 109 rue du Bac, VIIᵉ ; 1/2 boules 3,50/4,50 €, pot 4 € ; ⏰ 10h30-19h30 lun-sam, plus dim aux beaux jours ; Ⓜ Sèvres-Babylone)

Le Dôme
FRUITS DE MER €€€

20 🍴 Plan p. 164, C6

Encore un lieu mythique ! Ouvert au début du XXᵉ siècle, Le Dôme devint vite le rendez-vous des artistes (Picasso, Diego Rivera, Modigliani, Max Jacob...). La décoration date des années 1930 et n'a rien perdu de son charme. Les fruits de mer, eux, sont absolument délicieux. (📞 01 43 35 25 81 ; 108 bd du Montparnasse, XIVᵉ ; plats 43-67 €, plateau de fruits de mer 69 € ; ⏰ midi et soir tlj ; Ⓜ Vavin)

Au Pied de Fouet

BISTROT €

21 Plan p. 164, D2

Les nappes à carreaux donnent à ce petit restaurant une atmosphère typique de bistrot, havre d'authenticité au cœur de Saint-Germain-des-Prés. À des prix imbattables pour le quartier, l'ardoise propose des plats simples faits maison (foies de volaille sautés, confit de canard…). (📞 01 42 96 59 10 ; www.aupieddefouet.com ; 3 rue Saint-Benoît, VIᵉ ; plats 9-12,50 € ; ⏱ midi et soir tlj sauf dim ; Ⓜ Saint-Germain-des-Prés)

Les Climats

FRANÇAIS TRADITIONNEL €€€

22 Plan p. 164, C1

Comme son voisin le musée d'Orsay, l'ancienne Maison des Dames des PTT (1905) est un magnifique joyau Art nouveau. Le bâtiment comporte de hauts plafonds en voûte et des vitraux d'origine, ainsi qu'un jardin pour les déjeuners estivaux et un jardin d'hiver. Les plats, exquis, complètent la carte de 150 pages de vins, de crémants et de whiskies de Bourgogne. (lesclimats.fr ; 41 rue de Lille, VIIᵉ ; menu déj 2/3 plats 36/42 €, plats 32-44 €, assiettes du bar 7-22 € ; ⏱ midi et soir mar-sam ; Ⓜ Solférino)

La Closerie des Lilas

BRASSERIE €€

23 Plan p. 164, D7

Voilà un établissement qui a un passé plus que prestigieux, puisqu'il remonte à Baudelaire. C'est ici que Hemingway a écrit la plus grande partie du *Soleil se lève aussi*, à l'époque où il habitait au coin de la rue. Des plaques signalent les places attitrées de Picasso, d'Apollinaire, de Man Ray, de Jean-Paul Sartre ou de Samuel Beckett. L'établissement comporte une brasserie, un restaurant chic et un piano-bar, le tout entouré d'une belle terrasse. (www.closeriedeslilas.fr ; 171 bd du Montparnasse, VIᵉ ; plats restaurant 27,50-56,50 €, plats brasserie 25-33 € ; ⏱ restaurant 12h-14h15 et 19h-23h30, brasserie 12h-0h30, bar 11h-1h30 ; Ⓜ Vavin ou RER Port-Royal)

Cosi

SANDWICHERIE ITALIENNE €

24 Plan p. 164, D3

Chez Cosi, on choisit les ingrédients qui vont farcir les délicieux pains chauds tout juste sortis du four, ou on opte pour des sandwichs déjà établis. Des airs d'opéra résonnent souvent dans la salle à l'étage dont les murs sont décorés de toiles. (📞 01 46 33 35 36 ; 54 rue de Seine, VIᵉ ; sandwichs 5,50-9 € ; ⏱ midi et soir tlj ; Ⓜ Mabillon)

Le Cinq Mars

NÉOBISTROT €€

25 Plan p. 164, B1

Une atmosphère très Rive gauche se dégage de ce discret bistrot. Beau bar en bois, haut plafond et tommettes au sol complètent une déco moderne jouant entre brut et velours. La cuisine privilégie les classiques (entrecôte à la fleur de sel, cabillaud au beurre de câpres…). Carte des vins riche en trouvailles. (📞 01 45 44 69 13 ; cinq-mars-restaurant.com ; 54 rue de Verneuil, VIIᵉ ;

Comprendre

Cinéma

La Ville Lumière a inspiré et continue d'inspirer les réalisateurs d'hier et d'aujourd'hui. René Clair, Marcel Carné et Jean Renoir dans les années 1920 et 1930, Chabrol, Godard, Rohmer et Truffaut, dans les années 1960, ont su voir en la capitale une grande dame du 7e art, leur inspirant des films devenus aujourd'hui des classiques.

Hôtel du Nord (Marcel Carné, 1938). L'hôtel du Nord et le canal Saint-Martin ont été entièrement reconstitués en studios.

Les Enfants du paradis (Marcel Carné, 1945). Un amour impossible dans le Paris du XIXe siècle.

French Cancan (Jean Renoir, 1955). Le Moulin-Rouge, sur la butte Montmartre, à la Belle Époque.

À bout de souffle (Jean-Luc Godard, 1960). Tourné caméra au poing, ce film de la Nouvelle Vague avec Jean-Paul Belmondo et Jean Seberg a révolutionné le cinéma de son époque.

Le Dernier Tango à Paris (Bernardo Bertolucci, 1972). Un Marlon Brando torride en homme d'affaires américain empêtré dans une histoire d'amour sordide avec une jeune Parisienne.

Frantic (Roman Polanski, 1988). Un polar dans les quartiers malfamés de la capitale. Harrison Ford y reçoit l'aide d'Emmanuelle Seigner pour retrouver sa femme kidnappée.

Les Amants du Pont-Neuf (Leos Carax, 1991). Envoûtante histoire d'amour entre deux jeunes Parisiens sans foyer ayant pour cadre le plus vieux pont de Paris.

Le Fabuleux Destin d'Amélie Poulain (Jean-Pierre Jeunet, 2001). Fable contemporaine originale autour d'une serveuse de bar de Montmartre, incarnée par Audrey Tautou.

Paris je t'aime (collectif, 2006). La fine fleur des réalisateurs a été rassemblée pour tourner 18 films de 5 minutes ayant pour thème la rencontre amoureuse dans un arrondissement de Paris.

Les Chansons d'amour (Christophe Honoré, 2007). Un film d'amour musical dont beaucoup de scènes ont été tournées dans le Xe arrondissement.

Two Days in Paris (Julie Delpy, 2007). Les déboires d'un couple franco-américain lors d'un séjour dans la capitale.

Paris (Cédric Klapisch, 2008). Un Parisien malade qui se demande s'il va mourir redécouvre sa ville et ses habitants avec un regard neuf.

Minuit à Paris (Woody Allen, 2011). La magie intemporelle de Paris est palpable dans la déclaration d'amour de Woody Allen à la ville.

formule midi 17/21,50 €, plats 13-34 € ; midi et soir tlj sauf dim ; MRue-du-Bac ou Solférino)

Prendre un verre

Les Deux Magots
CAFÉ

26 Plan p. 164, C3

S'il existe un lieu emblématique de Saint-Germain-des-Prés et de son passé littéraire, c'est bien Les Deux Magots. Comme au Café de Flore (voir ci-contre), vous dépenserez une petite fortune pour avoir le privilège de boire un café sur une chaise cannée, sous les bannes vert sombre de la terrasse entourée de jardinières de géraniums. Mais l'endroit est tellement mythique... que cela vaut bien quelques euros. (www.lesdeuxmagots. fr ; 6 place Saint-Germain, VI⁰ ; ⏱7h30-1h tlj ; MSaint-Germain-des-Prés)

Au Sauvignon
BAR À VINS

27 Plan p. 164, C3

Installez-vous en terrasse pour profiter des derniers rayons du soleil ou à l'intérieur de ce bar à vins merveilleusement authentique, au décor de bistrot avec comptoir en zinc d'origine, tables serrées et plafond peint à la main rendant hommage à la tradition viticole française. Les casse-croûtes au pain Poilâne (jambon, pâté, terrine, saumon fumé ou foie gras) accompagnent parfaitement les vins à la carte.

(80 rue des Saints-Pères, VII⁰ ; ⏱8h30-22h lun-sam, 8h30-21h dim ; MSèvres-Babylone)

Café de Flore
CAFÉ

28 Plan p. 164, C3

Un repaire germanopratin. C'est ici que, sous l'Occupation, Jean-Paul Sartre et Simone de Beauvoir venaient se mettre au chaud pour écrire. Il est moins touristique que son voisin, Les Deux Magots, mais, hélas, les prix sont tout aussi élevés. (www.cafedeflore. fr ; 172 bd Saint-Germain, VI⁰ ; ⏱7h-2h tlj ; MSaint-Germain-des-Prés)

Bistro des Augustins
BAR, BISTROT

29 Plan p. 164, E3

Coincé entre un pub irlandais, un bar canadien et d'autres établissements plus convenus de ce quai, ce tout petit bistrot authentiquement Rive gauche, tapissé de vieilles affiches provenant des bouquinistes d'en face, est une bonne adresse pour prendre un verre en contemplant la superbe architecture de Notre-Dame. On peut aussi y manger à petits prix (tartines chaudes, gratins, charcuterie, etc.). (www.bistrodesaugustins.com ; 39 quai des Grands-Augustins, VI⁰ ; ⏱10h-2h tlj ; MSaint-Michel)

Brasserie O'Neil
MICROBRASSERIE

30 Plan p. 164, D3

Ouverte par un restaurateur et un brasseur français il y a 15 ans, la première microbrasserie de Paris produit toujours quatre bières fabuleuses (blonde, ambrée, brune et blanche). À accompagner d'une *flammekueche* (tarte flambée alsacienne) à la pâte extra-fine. (www.oneilbar.fr ; 20 rue des Canettes, VIᵉ ; ⏱12h-2h ; Ⓜ Saint-Sulpice ou Mabillon)

Sortir

Le Lucernaire
CENTRE CULTUREL

 31 ⭐ Plan p. 164, C5

Ce dynamique centre artistique à l'impressionnant répertoire programme tous les dimanches soir des concerts (chanson, guitare classique, etc.) et accueille des expositions, un théâtre, un cinéma, un bar et un restaurant convivial. (☎réservation 01 45 44 57 34 ; www.lucernaire.fr ; 53 rue Notre-Dame-des-Champs, VIᵉ ; cinéma 8/7 € ; ⏱bar 11h-22h lun, 11h-0h30 ven, 16h-0h30 sam, 16h-22h dim, concerts dim à partir de 19h30 ; Ⓜ Notre-Dame-des-Champs)

Jane Club
CLUBBING

32 ⭐ Plan p. 164, D3

Installé dans l'ancien local du Wagg et équipé d'une nouvelle sono, le Jane Club est un temple aux années 1980-1990 et au rock intemporel. Des concerts ont lieu parfois (Pete Doherty est venu s'y produire). Salsa tous les dimanches. Les horaires peuvent varier. (www.janeclub.fr ; 62 rue Mazarine, VIᵉ ; ⏱22h30-6h ven-sam, 15h30-2h dim ; ; Ⓜ Odéon)

Q **100% parisien**

Paris à rollers

Paris est le théâtre de la plus grande randonnée à rollers du monde, **Pari-Roller** (plan p. 164, A6 ; www.pari-roller.com ; départ/arrivée place Raoul-Dautry, XIVᵉ ; inscription gratuite ; ⏱22h-1h ven, arriver à 21h30 ; Ⓜ Montparnasse-Bienvenüe), qui attire régulièrement plus de 10 000 patineurs. Les parcours de ces randonnées du vendredi soir (baptisées "Friday Night Fever") comportent des parties sur pavés et des descentes. Ils s'adressent donc aux patineurs expérimentés (pour la sécurité de tous).

Un peu moins fiévreuses, les randonnées organisées par **Rollers & Coquillages**, par le biais de **Nomadeshop** (www.nomadeshop.com), nécessitent tout de même de savoir au moins freiner !

Ces deux événements sont encadrés par des bénévoles vêtus de jaune, des policiers (dont certains à rollers) et des ambulances. Un conseil : portez des habits clairs pour être vu des automobilistes et des autres patineurs.

Théâtre du Vieux-Colombier
THÉÂTRE

33 ⭐ Plan p. 164, C3

L'une des trois salles de la mythique Comédie-Française (voir p. 71). (www.theatreduvieuxcolombier.com ; 21 rue du Vieux-Colombier, VIᵉ ; Ⓜ Saint-Sulpice)

Odéon Théâtre
de l'Europe

THÉÂTRE

34 ⭐ Plan p. 164, D4

Les deux superbes salles de
ce théâtre, qui a subi de longs
travaux de rénovation, accueillent
des spectacles de grande qualité
et il est possible d'avoir des places
à des prix tout à fait raisonnables.
Des représentations ont également
lieu aux **Ateliers Berthier** (www.
theatre-odeon.fr ; 8 bd Berthier, XVIIᵉ ;
Ⓜ Porte-de-Clichy). (📞réservation 01 44
85 40 40 www.theatre-odeon.fr ; 1 place de
l'Odéon, VIᵉ ; 6-38 € ; ☺billetterie 11h-18h
lun-sam, spectacles 20h mar-sam, 15h dim ;
Ⓜ Odéon)

Shopping

Adam Montparnasse

BEAUX-ARTS

35 🔒 Plan p. 164, B6

Si les galeries et musées d'art de
Paris vous ont inspiré, allez faire
le plein de pinceaux, blocs à dessins,
aquarelles, huiles, acryliques, toiles
et autre matériel dans ce magasin
historique. Picasso, Brancusi et
Giacometti se fournissaient chez
Édouard Adam. Un autre client
célèbre était Yves Klein, avec qui
Adam a mis au point le fameux
bleu profond qui porte son nom
– le vernis VLB25 Bleu Klein est
vendu exclusivement ici. (www.
adamparis.com ; 11 bd Edgar-Quinet, XIVᵉ ;
☺9h30-19h lun-sam ; Ⓜ Edgar-Quinet)

À la recherche
de Jane

CHAPEAUX

36 🔒 Plan p. 164, D3

Ce chapelier propose des centaines
de chapeaux faits main. Confection de
modèles sur mesure. (alarecherchedejane.
wordpress.com ; 41 rue Dauphine, VIᵉ ; ☺11h30-
19h mer-sam, 13h-19h dim ; Ⓜ Odéon)

Plastiques

DÉCORATION

37 🔒 Plan p. 164, C4

Ce magasin original et bon marché
propose des centaines d'accessoires
et d'articles pour la maison aux
couleurs acidulées. (www.plastiques-
paris.fr ; 103 rue de Rennes, VIᵉ ; ☺10h15-
19h lun-sam ; Ⓜ Rennes)

Sonia Rykiel

MODE

38 🔒 Plan p. 164, C3

C'est ici que Sonia Rykiel ouvrit
sa première boutique, au plus fort
du mouvement de Mai 68. Elle
révolutionna ensuite la mode en
inventant la couture à l'envers,
le "pas d'ourlet" et le "pas doublé".
Boutiques homme, accessoires et
enfant à proximité. (www.soniarykiel.com ;
175 bd Saint-Germain, VIᵉ ; ☺10h30-19h lun-
sam ; Ⓜ Saint-Germain-des-Prés)

Pierre Hermé

PÂTISSERIE

39 🔒 Plan p. 164, C3

À la manière de la haute couture,
Pierre Hermé réalise des collections
par saison avec, dans le rôle de la
robe de mariée finale, ses fameux
macarons qui ont fait sa réputation.

(www.pierreherme.com ; 72 rue Bonaparte,
VIe ; ⊘10h-19h tlj, jusqu'à 19h30 jeu-ven
et 20h sam ; Ⓜ Saint-Sulpice)

Sentou   DÉCORATION

40 🔒 Plan p. 164, B3

Cette boutique-galerie sur plusieurs
niveaux réunit des créations de
designers de talent – parmi lesquels
Tsé & Tsé associées, Arik Lévy et
100Drine, entre autres. Le mobilier
et les objets sont originaux et certains
à des prix abordables. (www.sentou.
fr ; 26 bd Raspail, VIe ; ⊘11h-19h mar-sam ;
Ⓜ Rue-du-Bac ou Sèvres-Babylone)

Arty Dandy   CONCEPT STORE

À deux pas du musée Delacroix
(voir **2** ◎ plan p. 164, D3) et de l'une des
plus charmantes places de Paris, un
collectif d'amoureux de la création
propose une sélection d'objets
singuliers à la frontière de l'art et du
design. À tous les prix et pour tous les
goûts : nectar de bougie Papillon rouge,
T-shirts à motifs exclusifs, boutons de
manchettes Skultuna, lunettes "waiting
for the sun" en bois... (📞 01 43 54 00 36 ;
www.artydandy.com ; 1 rue de Fürstenberg, VIe ;
⊘lun-sam 10h-19h, 19h30 avr-sept ; Ⓜ Saint-
Germain-des-Prés)

Les incontournables
Le château de Versailles

Comment y aller

Versailles est à environ 20 km au sud-ouest de Paris.

🚇 **RER** Ligne C5 (3,25 €, 45 min), station Versailles-Rive-Gauche

🚇 **Train** Au départ de la gare Montparnasse, train SNCF (arrêt Versailles-Chantiers) ou de Saint-Lazare (Versailles-Rive-Droite)

La visite du château de Versailles, classé au patrimoine mondial par l'Unesco, fait partie des incontournables de tout séjour à Paris. Le pavillon de chasse de Louis XIII fut transformé au milieu du XVIIe siècle par son fils, Louis XIV (1643-1715), en un somptueux palais entouré d'extraordinaires jardins, archétype de l'art classique à la française. Versailles fut le siège du pouvoir royal et de la cour de 1682 à la Révolution.

À ne pas manquer

Le château de Versailles en chiffres

Entouré de 900 ha de bois et de jardins à la française, le bâtiment compte 700 pièces, 2 153 fenêtres, 352 cheminées et 11 ha de toits. Il hébergeait une cour de 6 000 personnes, que servaient 5 000 domestiques. Le Roi-Soleil fit appel aux meilleurs artistes de son

temps : l'architecte Louis Le Vau et, plus tard, Jules Hardouin-Mansart, le paysagiste André Le Nôtre et le peintre décorateur Charles Le Brun. Ce dernier dirigea une équipe comprenant des centaines d'artisans qui ornèrent tous les plafonds, moulures, corniches, et portes de peintures, de sculptures et de gravures. Ils fabriquèrent aussi des meubles et des objets d'art fabuleux.

La galerie des Glaces

La galerie des Glaces, le chef-d'œuvre de Versailles, est une salle de bal de 75 m de longueur, rythmée par 17 miroirs faisant face à un nombre égal de baies vitrées donnant sur les jardins. Le plafond est orné de peintures de Le Brun à la gloire de Louis XIV.

Le Grand Appartement du Roi

Aménagé en 1670, le Grand Appartement du Roi célèbre la gloire de Louis XIV. Les salons de Vénus, de Diane, de Mars, de Mercure et d'Apollon sont chacun consacrés à un astre.

Visites guidées

Pour visiter l'Opéra, la Chapelle royale, les appartements privés de Louis XV et de Louis XVI et nombre de pièces cachées du château, il faut être accompagné d'un conférencier. Ces **visites guidées** (📞 01 30 83 78 00 ; www.chateauversailles.fr ; 7 €, plus billet d'entrée au château ; durée 90 min) se réservent pour certaines sur Internet (10h et 14h30, programme régulier) et pour d'autres uniquement sur place (9h-15h15, programme variable selon les jours).

Les jardins

Louis XIV confia au célèbre architecte paysagiste André Le Nôtre la conception des magnifiques **jardins du château** (gratuit sauf pdt les événements musicaux ; ⊘ jardins 9h-20h30 avr-oct, 8h-18h nov-mars, parc 7h-20h30 avr-oct, 8h-18h nov-mars). La galerie des Glaces offre le meilleur point de vue sur les bassins rectangulaires. Les sentiers incluent le tapis vert de l'Allée royale et des chemins plus étroits conduisant aux bosquets, dont celui du Théâtre d'eau, récemment redessiné et doté d'une nouvelle fontaine signée par l'artiste Jean-Michel Othoniel.

www.chateauversailles.fr

Billet château 15 € (audioguide inclus), Passeport (accès à tout le domaine) 18 €, avec spectacles musicaux 25 € ; gratuit -18 ans

⊘ 9h-18h30 tlj sauf lun avr-oct, jusqu'à 17h30 nov-mars ; Trianon et domaine de Marie-Antoinette 12h-18h30 tlj sauf lun, jusqu'à 17h30 nov-mars

☑ À savoir

▶ À midi, l'attente est déjà énorme : arrivez tôt le matin et évitez le mardi et le dimanche, jours d'affluence.

▶ Achetez vos billets sur le site du château ou à la Fnac, ou avec le Paris Museum Pass (p. 229), et allez directement à l'entrée A.

▶ Estimation du temps de visite : château : 2h-2h30 ; domaine de Marie-Antoinette et Trianon : 2h-3h

▶ De novembre à mars, l'entrée est gratuite le 1er dimanche du mois.

✖ Une petite faim ?

Angelina (www.angelina-versailles.fr ; Cour des Princes ; en-cas 14-25 €, plats 23-35 € ; ⊘ 10h-18h mar-sam avr-oct, jusqu'à 17h nov-mars)

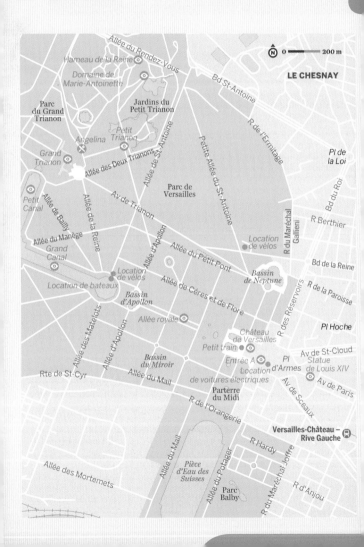

N   0 ━━━━━ 200 m

LE CHESNAY

Allée du Rendez-Vous

Hameau de la Reine

Domaine de
Marie-Antoinette

Bd St-Antoine

Parc
du Grand
Trianon

Jardins du
Petit Trianon

R de l'Ermitage

Pl de
la Loi

Angelina

Petit
Trianon

Bd du Roi

Grand
Trianon

Allée des Deux Trianons

Allée de St-Antoine

Petite Allée du St-Antoine

R Berthier

Petit
Canal

Av de Trianon

Parc de
Versailles

R du Maréchal Gallieni

Bd de la Reine

Allée de Bailly

Allée de la Reine

Location
de vélos

Bd de la Reine

Allée du Manège

Allée d'Apollon

Allée du Petit Pont

Bassin
de Neptune

R des Réservoirs

R de la Paroisse

Grand
Canal

Location
de vélos

Allée de Céres et de Flore

Pl Hoche

Location de bateaux

Bassin
d'Apollon

Allée royale

Château
de Versailles

Av de St-Cloud

Allée des Matelots

Allée d'Apollon

Bassin
du Miroir

Petit train

Entrée A

Location

Pl
d'Armes

Statue
de Louis XIV

Av de Paris

Rte de St-Cyr

Allée du Mail

de voitures électriques

Av de Sceaux

Parterre
du Midi

R de l'Orangerie

Versailles-Château –
Rive Gauche

Allée du Mail

Allée du Potager

R Hardy

R du Maréchal Joffre

R d'Anjou

Allée des Mortemets

Pièce
d'Eau des
Suisses

Parc
Balby

Les canaux

Construit entre 1668 et 1679, le Grand Canal, de 1,6 km de long et 62 m de large, est orienté pour refléter le coucher du soleil. Il est traversé par le Petit Canal, long de 1 km, formant un plan d'eau en forme de croix d'un périmètre de plus de 5,5 km. Location de barques.

Le domaine de Marie-Antoinette

Au nord-ouest du château se trouve le **domaine de Marie-Antoinette** (10 € ou inclus dans le passeport ; ⊙12h-18h30 tlj sauf lun avr-oct, jusqu'à 17h30 nov-mars), lieu champêtre et simple où l'épouse de Louis XVI aimait à se retirer. Il inclut le **Petit Trianon**, les **jardins de la Reine** et le **hameau de la Reine**, reproduction d'un village normand de 12 chaumières entourées de jardins potagers et de fleurs, ainsi que d'une ferme et d'une laiterie (qui alimentaient les cuisines). Le billet comprend l'accès au Grand Trianon.

Les palais du Trianon

Le **Grand Trianon** (10 € ou inclus dans le passeport ; ⊙12h-18h30 tlj sauf avr-oct, jusqu'à 17h30 nov-mars), orné de colonnes roses, fut construit en 1687 pour Louis XIV et sa famille comme refuge à l'étiquette rigide de la cour, puis rénové sous Napoléon Ier dans le style Empire. Le **Petit Trianon**, de couleur ocre, date des années 1760. Offert par Louis XVI à sa femme Marie-Antoinette en 1776, qui en fit son havre de paix et d'intimité, il fut par la suite redécoré en 1867 par l'épouse de Napoléon III, l'impératrice Eugénie, qui ajouta des meubles de style Louis XVI.

Sculpture *Amour* du Petit Trianon

Les spectacles

Versailles est le théâtre de superbes spectacles, notamment durant l'été. Les samedi et dimanche, d'avril à octobre, ont lieu les **Grandes Eaux musicales** (9/7,50 € ; ⊙mise en eau 11h-12h et 15h30-17h30 sam-dim avr à mi-mai et juil-oct, plus mar mi-mai à fin juin), un spectacle qui allie la musique aux jaillissements des fontaines. Les samedis d'été, à la tombée de la nuit, le jardin royal se pare de lumières et de couleurs pour finir sur un éclatant feu d'artifice lors des **Grandes Eaux nocturnes** (24/20 € ; durée 2 heures 30 ; ⊙20h30 sam mi-juin à mi-sept). Certains mardis de la belle saison, les jardins se font mélodieux le temps des **Jardins musicaux** (8/7 € ; ⊙10h-18h30 mar, dates sur le site Internet).

Consultez la programmation et achetez vos **billets** (☎01 30 83 78 89 ; www.chateauversaillesspectacles.fr) à l'avance.

Paris
selon ses envies

Place de la Concorde (p. 62)
PAWEL LIBERA / GETTY IMAGES ©

Les plus belles balades
La Rive gauche des écrivains anglo-saxons

✦ Itinéraire

Les écrivains du début du XXᵉ siècle furent séduits par Paris non seulement pour sa pensée libérale et ses mœurs décontractées, mais aussi pour sa Rive gauche bon marché où, contrairement aux États-Unis où sévissait la Prohibition, l'on pouvait boire jusqu'à plus soif. Cette boucle vous fera découvrir des lieux clés de cette époque.

Départ Rue du Cardinal-Lemoine ; Ⓜ Cardinal-Lemoine

Arrivée Rue Notre-Dame-des-Champs ; Ⓜ Vavin

Distance et durée 6,5 km ; 3 heures

✗ Une petite soif ?

Le circuit est parsemé de cafés et de brasseries en lien avec la littérature, dont Les Deux Magots (p. 176) et le Café de Flore (p. 176), QG de Sartre et de Beauvoir ; la Brasserie Lipp (p. 172) et La Closerie des Lilas (p. 174), lieux de prédilection de Hemingway ; et Le Dôme (p. 173), véritable aimant à hommes de lettres.

La librairie Shakespeare & Company (ci-contre)

❶ Rue du Cardinal-Lemoine

Longez la rue du Cardinal-Lemoine vers le sud-ouest, en jetant un coup d'œil au **n°71**, où James Joyce acheva *Ulysse* dans l'appartement E. De 1922 à 1923, Ernest Hemingway occupa le **n°74**.

❷ La mansarde de Hemingway

Ernest Hemingway aurait écrit dans la mansarde d'un hôtel au **39 rue Descartes** – le même hôtel où mourut le poète Paul Verlaine –, ainsi qu'il le laisse entendre dans *Paris est une fête*.

❸ La pension de George Orwell

En 1928, George Orwell logeait dans une pension à l'étage du **6 rue du Pot-de-Fer**, qu'il appela "rue du Coq-d'Or" dans son livre *Dans la dèche à Paris et à Londres* (1933).

❹ L'hôtel de Jack Kerouac

Le **Relais Hôtel du Vieux Paris** au 9 rue Gît-le-Cœur était l'un des lieux favoris du poète Allen Ginsberg et de l'écrivain de la *beat generation* Jack Kerouac dans les années 1950.

❺ Shakespeare & Company

La librairie anglophone **Shakespeare & Company** (37 rue de la Bûcherie, Vᵉ) se trouvait à l'origine au 12 rue de l'Odéon, où la propriétaire Sylvia Beach prêtait des livres à Hemingway et publia *Ulysse* pour James Joyce en 1922. Elle ferma pendant l'occupation nazie.

❻ La chambre de Henry Miller

Henry Miller séjourna au 5ᵉ étage du **36 rue Bonaparte** en 1930. Il relata cette expérience dans *Lettres à Emil*.

❼ L'hôtel d'Oscar Wilde

Oscar Wilde décéda en 1900 à l'ancien Hôtel d'Alsace (aujourd'hui **L'Hôtel** ; p. 224), 13 rue des Beaux-Arts.

❽ La première nuit de Hemingway à Paris

Hemingway passa sa première nuit à Paris à l'**Hôtel d'Angleterre**, 44 rue Jacob.

❾ La maison de Gertrude Stein

Ezra Pound et Ernest Hemingway avaient l'habitude de passer du temps au **27 rue de Fleurus**, chez Gertrude Stein et Alice B. Toklas.

❿ Rue Notre-Dame-des-Champs

Ezra Pound vivait au **70 bis rue Notre-Dame-des-Champs** et le premier appartement de Hemingway dans le quartier se trouvait au-dessus d'une scierie au **n°113**.

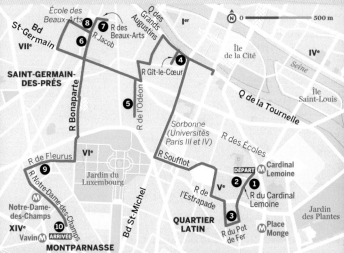

Les plus belles balades
Flânerie romantique en bord de Seine

🏃 Itinéraire

Si la ville la plus romantique du monde ne manque pas d'endroits séduisants, les bords de Seine restent un must. Vous passerez par d'élégants jardins, palais et parcs intimistes, ainsi que par un marché aux fleurs et une merveilleuse librairie. Descendez les escaliers menant aux quais là où il est possible de longer le fleuve.

Départ Place de la Concorde ; **M** Concorde

Arrivée Jardin des Plantes ; **M** Gare-d'Austerlitz

Distance et durée 7 km ; 3 heures

🍴 Une petite faim ?

Les îles de la Seine – l'île de la Cité et l'île Saint-Louis – comptent de nombreuses bonnes adresses pour manger ou prendre un verre, comme le Café Saint Régis (p. 135), ainsi que de jolis endroits pour pique-niquer. Vous pouvez aussi laisser faire le hasard (ce qui est, après tout, l'essence de toute grande histoire d'amour).

Le jardin des Tuileries (p. 62)

JULIAN ELLIOTT / GETTY IMAGES ©

❶ Jardin des Tuileries

Après vous en être mis plein la vue depuis la **place de la Concorde** (p. 62), flânez dans le **jardin des Tuileries** (p. 62).

❷ Jardin du Palais-Royal

Admirez les colonnades du paisible **jardin du Palais-Royal** (p. 63), attenant au palais du XVIIᵉ siècle où vécut Louis XIV.

❸ Cour Carrée

Traversez le **jardin de l'Oratoire** pour arriver à la **cour Carrée du Louvre** (p. 52). Sortez ensuite par le **jardin de l'Infante**, peint par Monet en 1867.

❹ Square du Vert-Galant

Depuis le **Pont-Neuf** (p. 132), prenez l'escalier menant au **square du Vert-Galant**, à la pointe de l'île de la Cité, avant de monter à la **place du Pont-Neuf** et de traverser la **place Dauphine**.

❺ Marché aux fleurs Reine-Elizabeth-II

Depuis des siècles, les Parisiens viennent acheter leurs bouquets au **Marché aux fleurs Reine-Elizabeth-II** (p. 137), renommé en hommage à l'actuelle reine d'Angleterre. Pas d'impair : les chrysanthèmes vont au cimetière, les œillets attirent le mauvais œil et les roses jaunes sont signe d'adultère !

6 Cathédrale Notre-Dame

Visitez **Notre-Dame** (p. 124) et les petites rues encore un peu médiévales de l'ancien quartier du Chapitre, qui s'étirent derrière le quai aux Fleurs (rue Chanoinesse et rue

d'Ursins notamment). Traversez la Seine pour prendre du recul sur ce chef-d'œuvre gothique.

7 Une glace Berthillon

Franchissez le **pont de l'Archevêché**, l'un des nombreux ponts couverts de cadenas (au grand dam des autorités). Puis prenez le **pont Saint-Louis** (p. 136) menant à l'île Saint-Louis, bordée de charmants commerces et salons de thé, et offrez-vous une glace de la célèbre **maison Berthillon** (p. 133).

8 Musée de la Sculpture en plein air

Sur le quai Saint-Bernard, déambulez entre une cinquantaine de sculptures de la fin du siècle dernier d'artistes tels que César et Brancusi au **musée de la Sculpture en plein air** (p. 149), en accès libre.

9 Jardin des Plantes

Terminez votre flânerie romantique dans le tranquille **Jardin des Plantes** (p. 146) avant de prendre le Batobus.

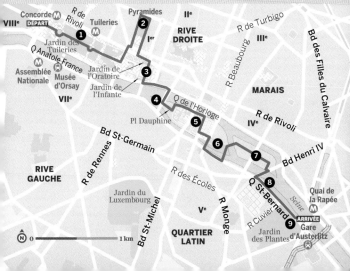

Les plus belles balades

Passages immuables de la Rive droite

🏃 Itinéraire

Une balade sous les passages couverts de la Rive droite est le meilleur moyen de se faire une idée de la vie parisienne au début du XIXe siècle. Une cinquantaine d'années plus tard, le nombre de ces galeries décorées était passé à environ 150. Ce circuit est idéal pour les jours de pluie. Certains passages sont fermés le dimanche.

Départ Galerie Véro-Dodat ; Ⓜ Palais-Royal–Musée-du-Louvre

Arrivée Passage Verdeau ; Ⓜ Le Peletier

Distance et durée 3 km ; 2 heures

🍴 Une petite faim ?

Comme il y a 150 ans, profitez des restaurants, cafés, boutiques et théâtres que renferment ces passages. I Golosi, à l'entrée du passage Verdeau (6 rue de la Grange-Batelière), sert une bonne cuisine italienne et d'excellents vins.

Galerie Vivienne

❶ Galerie Véro-Dodat

Au 19 rue Jean-Jacques Rousseau, la **galerie Véro-Dodat** a conservé fenêtres à tabatière du XIXe siècle, fresques, colonnes corinthiennes, sols carrelés, lampes sphériques et devantures (dont des restaurateurs de meubles).

❷ Galerie Vivienne

Cette galerie de 1826 est décorée de mosaïques au sol et de bas-reliefs sur les murs. Ne manquez pas le caviste **Legrand Filles et Fils** (p. 75), **Wolff et Descourtis**, qui vend des foulards en soie, et **Emilio Robba**, l'un des plus beaux fleuristes de la ville.

❸ Galerie Colbert

Depuis la rue Vivienne, entrez dans ce passage de 1826 doté d'une rotonde et d'un immense dôme de verre. Sortez par la rue des Petits-Champs (levez le nez pour voir la fresque).

❹ Passage Choiseul

Ce passage de 45 m de long datant de 1824 compte de nombreuses boutiques dont plusieurs spécialisées dans les vêtements bradés et vintage, les perles et les bijoux fantaisie, ainsi que des restaurants bon marché. Le **théâtre des Bouffes-Parisiens**, dont l'arrière donne sur le côté nord du passage, programme des comédies.

⑤ Passage des Panoramas

Depuis le 10 rue Saint-Marc, pénétrez dans le plus ancien passage couvert de Paris (1800), le premier à avoir été éclairé au gaz (1817). Il fut agrandi en 1834 avec quatre passages communicants (Feydeau, Montmartre, Saint-Marc et des Variétés) et compte nombre de restaurants et de boutiques inattendues, comme le vendeur d'autographes **Arnaud Magistry**. Sortez au 11 bd Montmartre.

⑥ Passage Jouffroy

Au 10-12 bd Montmartre, entrez dans le dernier grand passage de Paris (1847). On y trouve le **musée Grévin** et de superbes boutiques dont des librairies, des orfèvres, et **M&G Segas**,

où Toulouse-Lautrec achetait ses cannes. Sortez au 9 rue de la Grange-Batelière.

⑦ Passage Verdeau

Traversez la rue pour vous rendre au 6 rue de la Grange-Batelière

et découvrir le dernier passage du circuit. Les curiosités ne manquent pas : vieilles cartes postales, bandes dessinées anciennes, antiquités, etc. La sortie nord est au 31 bis rue du Faubourg-Montmartre.

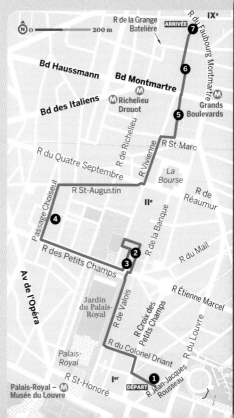

Envie de...
Musées

Paris est l'une des grandes capitales mondiales de l'art, avec une concentration exceptionnelle de trésors de toutes les époques, complétée par une programmation foisonnante d'expositions temporaires.

NEIL SETCHFIELD / GETTY IMAGES ©

Préparez votre visite

Les collections permanentes des musées de la Ville de Paris (www.paris.fr) sont en accès libre pour tous, toute l'année. Dans les monuments et musées nationaux (www.rmn.fr), la gratuité est accordée le premier dimanche de chaque mois et tous les jours pour les moins de 26 ans ressortissants de l'Union européenne. Dans les musées municipaux et nationaux, les expositions temporaires sont payantes. Les grandes expositions organisées par exemple par le Centre Pompidou (p. 98) ou le musée d'Orsay (p. 158) attirent les foules : mieux vaut réserver son billet bien en avance.

L'art contemporain

Aujourd'hui, le paysage de l'art contemporain à Paris est multiple et hétéroclite. Musées, fondations, galeries, centres d'art, écoles de formation, squats et structures associatives placent la ville au cœur de la création. Paris compte d'ailleurs des rendez-vous artistiques importants, à l'image de la **Fiac** (www.fiac.com). Plusieurs lieux sont devenus incontournables, en parvenant notamment à séduire un large public. Des galeristes – surtout réunis dans le Marais et le quartier Pompidou (p. 96), mais aussi rue de Seine (VIIe) et rue Louise-Weiss (XIIIe) – ont acquis une stature internationale.

L'artisanat

L'artisanat perdure aussi. Certains quartiers abritent encore des ateliers de tapissiers, d'ébénistes, de graveurs et d'autres artisans.

☑ À savoir

▶ Économisez : achetez un pass musées (p. 229) ou profitez des billets combinés entre les musées.

▶ Les musées proposent souvent des tarifs réduits certains jours ou à certaines heures.

▶ Il faut généralement payer un supplément pour les expositions temporaires, mais il est souvent possible de prendre un billet combiné incluant les expositions.

Le Viaduc des Arts (p. 108), notamment, héberge des ateliers d'artisans travaillant selon des méthodes traditionnelles.

Musée d'Orsay (p. 158)

Collections impressionnistes

Musée d'Orsay Collection nationale de référence pour l'impressionnisme et les mouvements artistiques connexes (p. 158)

Musée de l'Orangerie Monet conçut un éblouissant cycle de *Nymphéas* spécialement pour ce bâtiment (p. 62)

Photographie

Jeu de Paume Abrite le Centre national de la photographie (p. 62)

Maison européenne de la photographie Propose de superbes expositions (p. 106)

Galerie de photographies La nouvelle galerie photographique du Centre Pompidou, au sous-sol du musée (p. 101)

Art moderne

Musée national d'Art moderne Au sein du Centre Pompidou (p. 99)

Musée d'Art moderne de la Ville de Paris Couvre la période allant du XXᵉ siècle à nos jours (p. 45)

Espace Dalí Montmartre Présente l'œuvre du maître du surréalisme (p. 83)

Sculptures

Musée Rodin L'ancien hôtel particulier-atelier de Rodin et le jardin fleuri de roses accueillent ses chefs-d'œuvre (p. 26)

Musée de la Sculpture en plein air Plus de 50 sculptures de la fin du XXᵉ siècle (César, Brancusi) en bord de Seine (p. 149)

Musée Bourdelle Les œuvres d'un maître de la sculpture en accès libre (p. 171)

Vaut le détour

Premier musée consacré à l'histoire de l'immigration, la **Cité nationale de l'histoire de l'immigration** (www.histoire-immigration.fr ; 293 av. Daumesnil, XIIᵉ ; hors/durant expo temporaire 4,50/6 € , gratuit 1ᵉʳ dim du mois ; ⏰10h-17h30 mar-ven, 10h-19h sam-dim ; M Porte-Dorée) est installée dans le palais de la Porte-Dorée, de style Art déco, construit pour l'Exposition coloniale de 1931. L'exposition permanente mêle astucieusement parcours individuel et histoire des grands mouvements d'immigration en France. Des expositions sont aussi organisées sur les thèmes de l'identité, de la frontière ou d'autres sujets liés au multiculturalisme.

Envie de...
Architecture

FUTURE LIGHT / GETTY IMAGES ©

Des époques clés ont façonné le paysage urbain de Paris. Le XIIᵉ siècle a vu se dresser la cathédrale Notre-Dame, le Grand Siècle apporte dômes et frontons, le XIXᵉ siècle voit l'apparition des Grands Boulevards et des immeubles haussmanniens si typiques du paysage parisien. Après la Seconde Guerre mondiale, l'objectif de modernisation reprend, marqué par les "grands projets" des présidents successifs, comme une signature – parfois audacieuse – de leur passage.

Les rénovations d'Haussmann

Sous le second Empire (1852-1870), le baron Haussmann, préfet de la Seine, donna à Paris son visage moderne. Pour réhabiliter la ville, sombre et insalubre, le préfet entreprend un projet urbanistique à grande échelle. Dans presque tous les quartiers, de larges voies sont creusées ou élargies pour s'ouvrir à la circulation et contenir les éventuelles émeutes de rue. En vue d'attirer les classes bourgeoises, des immeubles imposants, en pierre de taille, avec cours et balcons, sont construits le long des grands axes. La ville se réorganise autour d'un nouveau centre, l'Opéra Garnier.

Le Paris contemporain

Si le patrimoine architectural historique de Paris est impressionnant, la ville n'est pas pour autant figée dans le passé et les concours d'architecture s'y succèdent. Ainsi, le Centre Pompidou (p. 98), la Bibliothèque nationale de France (p. 155), la pyramide du Louvre (p. 53), la Fondation Cartier pour l'art contemporain (p. 168) ou la Grande Arche de la Défense (voir l'encadré p. 196) ont maintenant acquis leurs lettres de noblesse architecturale et ont été (plus ou moins) acceptés par l'opinion publique.

D'autres constructions – plus récentes – peuvent aussi prétendre au titre. Les Docks en Seine (p. 155) doivent leur habillage en acier et en verre sérigraphié au cabinet Jakob + MacFarlane. La passerelle Simone-de-Beauvoir (p. 155), conçue par Dietmar Feichtinger, forme un lien tout en courbes entre Bercy et la BnF. Le vaste projet de couverture du Forum

L'Opéra Bastille (p. 116) de l'architecte Carlos Ott

des Halles a quant à lui été confié à Patrick Berger et à Jacques Anziutti (p. 64). La Fondation Louis Vuitton (p. 45), vaisseau de verre aux 12 "voiles" tout en transparence de Frank Gehry, et la Philharmonie de Paris (p. 95), imaginée par les Ateliers Jean Nouvel, sont sorties de terre en 2014, dans leur parc respectif. Tous ces nouveaux bâtiments témoignent, chacun à leur façon, d'une architecture qui s'inscrit dans une démarche urbaine et durable.

Pour avoir un bon aperçu de l'architecture parisienne, visitez la Cité de l'architecture et du patrimoine (p. 42).

Merveilles du Moyen Âge

Cathédrale Notre-Dame Une cathédrale incomparable, cœur de la ville à tous points de vue (p. 124)

Musée national du Moyen Âge L'hôtel de Cluny (XVe siècle) est un trésor médiéval (p. 140)

Art nouveau

Tour Eiffel Le fer de lance de l'Art nouveau (p. 24)

Station Abbesses La plus belle bouche de métro d'Hector Guimard encore existante (p. 81)

Galeries Lafayette Très beau grand magasin couronné d'un superbe dôme en verre (p. 74)

Grand Palais L'escalier d'honneur et la nef, tout en volutes Art nouveau (p. 42)

Grands projets

Centre Pompidou Le centre culturel du président Georges Pompidou fit scandale lors de sa construction en 1977 (p. 98)

Pyramide du Louvre La pyramide de verre de I. M. Pei, à l'initiative du président François Mitterrand, provoqua elle aussi l'indignation en 1989 (p. 53)

Opéra Bastille François Mitterrand supervisa de nombreux autres projets coûteux, dont ce bâtiment ultramoderne

(suite de la liste page suivante)

Envie de...
Architecture (suite)

qui abrite le deuxième opéra de la ville (p. 116)

Bâtiments contemporains

Cinémathèque française
L'écrin moderne de Frank Gehry abrite un musée et une bibliothèque sur le cinéma, mais aussi des salles de projection (p. 155)

Forum des Halles
Une immense canopée inspirée de la forêt vierge coiffe désormais ce centre commercial au centre de Paris (p. 64)

Fondation Louis Vuitton
Toutes voiles dehors, le dernier-né de Frank Gehry (p. 45)

Édifices de Jean Nouvel

Musée du Quai-Branly
Projet cher au président Jacques Chirac (p. 30)

Institut du monde arabe
Dans le bâtiment qui fit sa renommée, Jean Nouvel mêla éléments arabes modernes et traditionnels et influences occidentales (p. 146)

Fondation Cartier pour l'art contemporain
Superbe espace d'art contemporain (p. 168)

Pavillon de l'Arsenal
Le centre d'urbanisme et d'architecture de Paris renferme de fascinantes maquettes (p. 110)

Vaut le détour

En découvrant la silhouette futuriste toute de verre et de chrome du quartier d'affaires de **La Défense**, au nord-ouest du périphérique, on se sent un peu loin de Paris... Le quartier doit son nom à une sculpture de 1883 érigée là pour commémorer la défense de Paris pendant la guerre franco-prussienne de 1870-1871. L'édification des tours commença dans les années 1950. Aujourd'hui, une centaine de gratte-ciel s'y dressent, et leur nombre ne cesse d'augmenter. Monument phare du quartier, la **Grande Arche** (www.grandearche.com ; 1 parvis de la Défense ; 10/8,50 € ; ☺10h-20h avr-oct, jusqu'à 19h sept-mars ; Ⓜ La Défense–Grande-Arche), haute de 110 m, en marbre blanc de Carrare et en granit gris, a été conçue par Johan Otto von Spreckelsen et Paul Andreu et a été inaugurée en 1989. Un ascenseur vitré conduit à une galerie d'art contemporain et à la terrasse, d'où l'on voit bien l'axe historique parisien, formé par la perspective avec l'Arc de triomphe et le Louvre – notez l'alignement parfait. Un **musée** (www.ladefense.fr ; 15 place de la Défense ; entrée libre ; Ⓜ La Défense) sur l'architecture et un centre d'information se trouvent à proximité.

Envie de...
Paris gratuit

MATT MUNRO / LONELY PLANET ©

L'entrée aux musées nationaux de Paris est gratuite le premier dimanche du mois et les expositions permanentes des musées municipaux sont en accès libre. Quelques monuments nationaux sont également gratuits le premier dimanche du mois (parfois pour certains mois uniquement), dont ceux répertoriés ci-dessous.

Se promener pour 0 €

Paris se prête tout à fait à la marche, avec ses beaux parcs et jardins, son impressionnante architecture, ses marchés, ses artistes de rue et ses boutiques de mode et de luxe. Contactez Parisien d'un jour (p. 219) à l'avance pour faire gratuitement un circuit personnalisé en compagnie d'un Parisien bénévole.

Faire du vélo gratuitement (ou presque)

Le système de Vélib' (p. 229) permet de louer des vélos pour trois fois rien : inscription à la journée dérisoire et 30 premières minutes gratuites.

Sites et monuments

Arc de triomphe Accès gratuit à la terrasse le 1er dimanche du mois de novembre à mars (p. 38)

Cathédrale Notre-Dame Accès gratuit aux tours le 1er dimanche du mois de novembre à mars (p. 124)

Louvre Entrée gratuite le 1er dimanche du mois d'octobre à mars (p. 52)

Versailles Entrée gratuite au château le 1er dimanche du mois de novembre à mars (p. 180)

Cimetière du Père-Lachaise Accès libre à ce vaste cimetière aux nombreuses tombes de célébrités (p. 118)

Panthéon Accès gratuit à cet imposant mausolée le 1er dimanche du mois de novembre à mars (p. 146)

Conciergerie Accès gratuit à ce site de la Révolution le 1er dimanche du mois de novembre à mars (p. 132)

Maison européenne de la photographie Accès gratuit aux superbes expositions de photos tous les mercredis de 17h à 20h (p. 106)

Musée Rodin Accès gratuit au musée et à son jardin le 1er dimanche du mois (p. 26)

Musée Bourdelle Entrée libre hors expositions temporaires dans ce musée consacré au sculpteur (p. 171)

Maison de Victor Hugo Accès gratuit aux collections permanentes, hors expositions temporaires (p. 106)

Musée Cognacq-Jay Accès libre aux collections permanentes d'Ernest Cognacq, créateur de la Samaritaine (p. 107)

Pavillon de l'Arsenal Entrée libre tous les jours de l'année dans ce fascinant centre d'urbanisme et d'architecture (p. 110)

Envie de...
Histoire

L'histoire de Paris se confond largement avec celle de la France. Cette histoire n'est pas seulement consignée dans les musées et les archives, mais elle se lit aussi dans la capitale à livre ouvert.

BRUNO DE HOGUES / GETTY IMAGES ©

De Lutèce à Paris

Au IIIᵉ siècle av. J.-C., la tribu des Parisii s'installe en Île de France. En 52 av. J.-C., la Rome de Jules César l'emporte sur la résistance de Vercingétorix à Lutèce. La ville gallo-romaine prospère comme en témoignent les thermes de Cluny et les arènes de Lutèce. Au IVᵉ siècle, Lutèce devient Paris. En 508, Clovis Iᵉʳ, roi des Francs, unifie la Gaule et installe son siège à Paris.

Paris médiéval

Philippe Auguste construit une enceinte fortifiée et le château fort du Louvre. Au XIIᵉ siècle, Saint Louis fait édifier la Sainte-Chapelle, joyau de l'art gothique. Notre-Dame s'élève et la future Sorbonne est fondée.

Une Renaissance parisienne

Les rois préfèrent alors souvent leurs châteaux du Val de Loire, mais François Iᵉʳ transforme le Louvre en un palais Renaissance, attire artistes, érudits et savants, fonde le Collège de France et protège les imprimeurs. Paris devient ainsi l'un des foyers de l'humanisme européen. Henri IV pour qui "Paris vaut bien une messe" se convertit, rétablit la paix religieuse et bâtit le Pont-Neuf et la place Dauphine.

Paris classique

Le place royale, actuelle place des Vosges, est le centre du Paris baroque et élégant. Le classicisme s'impose avec la colonnade du Louvre, les Invalides, la place des Victoires, édifiés par Louis XIV.

Paris sous l'Empire

Napoléon embellit Paris et fait construire l'Arc de triomphe de l'Étoile et la colonne Vendôme sous le signe de l'antique. On lui doit aussi l'église de la Madeleine et le palais Bourbon où siège l'Assemblée nationale. Sous le second Empire, les grands travaux du baron Haussmann assainissent la ville : il fait détruire de vieux quartiers, percer de grandes avenues et dessiner des espaces verts, comme les parcs des Buttes-Chaumont, Monceau et Montsouris.

Vestiges romains

Thermes de Cluny
(Iᵉʳ-IIIᵉ siècle). En partie englobés dans le musée de Cluny (p. 141)

Crypte archéologique du parvis de Notre-Dame
Vestiges archéologiques remontant jusqu'à l'époque de Lutèce (p. 129)

Le Panthéon (p. 146)

Arènes de Lutèce Les gladiateurs s'y affrontaient au IIe siècle (p. 148)

Moyen Âge

Notre-Dame Cathédrale gothique, achevée vers 1300 (p. 124)

Louvre Le palais-musée recèle des vestiges de la forteresse du XIIe siècle (p. 52)

Sainte-Chapelle Joyau du gothique rayonnant construit par Saint Louis au milieu du XIIIe siècle (p. 132)

Sorbonne Université fondée en 1257 (p. 149)

Musée national du Moyen Âge Une partie occupe l'hôtel de Cluny (p. 140)

Révolution

Place de la Bastille C'est ici que se trouvait la prison qui fut prise d'assaut par la foule le 14 juillet 1789 (p. 109)

Versailles La marche d'octobre 1789 sur Versailles contraignit la famille royale à quitter le château (p. 180)

Place de la Concorde Louis XVI, Marie-Antoinette, et près d'un millier de têtes tombèrent sous la guillotine installée devant les Tuileries (p. 62)

Conciergerie Ce fut l'antichambre de la mort sous la Terreur. La cellule de Marie-Antoinette y a été reconstituée (p. 132)

Champ-de-Mars Ancien terrain d'entraînement militaire, théâtre de fêtes révolutionnaires (p. 31)

Histoire de Paris

Musée Carnavalet Retrace l'histoire de la capitale (p. 106)

Forum des Images Archives de films tournés à Paris, actualités, documentaires et publicités (p. 71)

Tombes de renom

Père-Lachaise Le cimetière le plus visité au monde avec ses tombes célèbres et ses rituels associés (p. 118)

Cimetière du Montparnasse La dernière demeure d'autres célébrités, au sud de Saint-Germain-des-Prés (p. 168)

Cimetière de Montmartre Encore des tombes de personnalités, près du Sacré-Cœur (p. 83)

Catacombes Arpentez les tunnels remplis de crânes de cet ossuaire parisien (p. 170)

Panthéon Les plus grands penseurs de la nation reposent dans ce gigantesque mausolée (p. 146)

Envie de...
Parcs et jardins

Tout comme les cafés font office de salon pour beaucoup de Parisiens, les espaces verts leur servent d'arrière-cour. Les parcs les plus vastes invitent à la promenade ou au bain de soleil, avec de nombreux sièges, kiosques et cafés, alors que les petits jardins secrets se cachent entre de beaux bâtiments anciens ou avancent sur la Seine.

MING TANG-EVAN / LONELY PLANET ©

Jardins traditionnels

Jardin du Luxembourg
Le parc le plus célèbre de Paris (p. 160)

Jardin des Tuileries
Jardin à la française sur l'axe historique de Paris (p. 62)

Versailles Difficile de faire plus royal que ces jardins conçus par André Le Nôtre (p. 180)

Jardin du musée Rodin
Une superbe roseraie accueille les œuvres du sculpteur (p. 26)

Parcs et squares

Promenade plantée
Le premier parc suspendu au monde (p. 108)

Jardin des Plantes
Possibilité d'accéder gratuitement à certaines parties de ce jardin botanique (p. 146)

Parc des Buttes-Chaumont Havre de paix vallonné et boisé (p. 93)

Place des Vosges
Le plus beau square de Paris, doté d'un petit parc en son centre (p. 109)

Parc de la Villette
Totalement ouvert sur la ville, il mêle architecture urbaine et paysage (p. 95)

Bijoux cachés

Square du Vert-Galant
Romantiquement situé à la pointe de l'île de la Cité (p. 132)

Jardin de la Nouvelle France Une merveilleuse petite oasis entre des avenues très passantes (p. 45)

Île aux Cygnes Une promenade ombragée sur toute la longueur de cette île parisienne peu connue (p. 30)

☑ À savoir

▶ Le précieux site Internet de la Ville de Paris, www.paris. fr, dresse une liste complète des parcs, jardins et squares, par arrondissement.

▶ Les horaires d'ouverture varient selon la saison : vérifiez l'heure de fermeture à l'entrée du parc pour ne pas vous retrouver coincé.

▶ Des murs végétaux fleurissent un peu partout, comme devant le musée du Quai-Branly (p. 30).

▶ Des initiatives municipales écologiques rendent la ville plus verte, notamment avec la création de nombreux espaces verts et de jardins partagés.

Envie de...
Paris sur Seine

Ligne de vie de Paris, la Seine traverse la capitale au gré de 37 ponts. Classées au patrimoine mondial de l'Unesco, les berges de Seine avec leurs parcs, leurs activités, leurs manifestations (dont Paris Plages l'été) invitent à la promenade. Le soir venu, admirez la danse du fleuve avec les reflets des lumières de la ville et des spots des bateaux touristiques sur l'eau.

PAWEL LIBERA / GETTY IMAGES ©

Rajeunissement des berges

L'aménagement des berges de Seine leur a donné une seconde vie. Rive droite, à l'est de l'Hôtel de Ville, 1,5 km d'anciennes voies express incluent désormais des promenades et des pistes cyclables. Encore plus radical, rive gauche, 2,3 km de berges entre le pont de l'Alma et le musée d'Orsay ont été interdites aux voitures pour faire place à des équipements sportifs et de jeux, à des jardins flottant sur des îles artificielles et à une programmation d'événements (voir l'encadré p. 32).

Paris Plages

Palmiers, buvettes, transats, parasols, brumisateurs et plages reconstituées investissent les bords de Seine, le long de la voie George-Pompidou et sur le parvis de l'Hôtel de Ville, de mi-juillet à mi-août. Pas tout à fait la Seine, mais tout aussi agréable : Paris Plages s'étend également le long du canal de la Villette, sur les quais de Seine et de Loire (entre les métros Jaurès/ Stalingrad et Riquet/ Laumière), avec moult activités nautiques, bals rétros et pétanque.

Croisières fluviales

Bateaux-Mouches
(☎01 42 25 96 10 ; www. bateauxmouches.com ; port de la Conférence, VIIIe ; 13,50/5,50 € ; Ⓜ Alma-Marceau). Faites une croisière (1 heure 10) sur la Seine à bord de l'un de ces 9 bateaux de verre de 1 000 places. Départs fréquents entre 10h15 et 23h d'avril à septembre, et 13 départs par jour de 11h à 21h le reste de l'année. Accès par la rive droite, à l'est du pont de l'Alma.

Vedettes de Paris
(www.vedettesdeparis.fr ; port de Suffren, VIIe ; aller/aller-retour 8/14 €). Cette compagnie modeste propose des croisières touristiques (1 heure) sans égales sur de plus petits bateaux. Elle organise également des croisières à thème dont la ludique Croisière des Mystères de Paris pour les enfants et aussi jusqu'à Notre-Dame.

Envie de...
Églises

Les églises et autres lieux de culte font partie des plus beaux édifices de la ville. Doués d'une histoire et d'une architecture exceptionnelles, ils renferment aussi de superbes objets anciens, œuvres d'art et autres trésors inestimables. Cerise sur le gâteau : leur accès est généralement gratuit.

TOM BONAVENTURE / GETTY IMAGES ©

Concerts classiques

Les belles églises en pierre séculaires de Paris ont une superbe acoustique et offrent un cadre contemplatif pour écouter de la musique classique. La programmation et les modalités de billetterie sont affichées à l'extérieur des églises. Il est également possible de réserver son billet via le site www. ampconcerts.com. Comptez entre 23 et 30 €.

Étiquette

Si beaucoup de lieux de culte sont des sites touristiques majeurs, ils n'en restent pas moins des espaces de prière et de célébration des grands événements religieux pour les habitants. Soyez respectueux et silencieux, suivez les instructions en termes de photographie, portez une tenue décente et essayez d'éviter les moments clés (les messes notamment).

Les incontournables

Cathédrale Notre-Dame L'imposante cathédrale de Paris est sans égale (p. 124)

Basilique du Sacré-Cœur La basilique et son dôme dominent la ville (p. 78)

Église Saint-Sulpice Lieu d'action du *Da Vinci Code,* orné de fresques de Delacroix (p. 166)

Église Saint-Germain-des-Prés Cette église du XIᵉ siècle est la plus ancienne de la ville (p. 166)

Église Saint-Étienne-du-Mont La dernière église de Paris à avoir conservé son jubé (p. 149)

Pour assister à un concert classique

Sainte-Chapelle Profitez d'un concert pour apprécier la beauté de cette chapelle (p. 132)

Église de la Madeleine Réputée pour son orgue monumental (p. 62)

Église Saint-Eustache Les concerts y sont une tradition de longue date (p. 63)

Lieux de culte non chrétiens

Mosquée de Paris Ce bâtiment Art déco des années 1920 aux carrelages mauresques est doté d'un superbe salon de thé et d'un hammam (p. 148)

Synagogue d'Hector Guimard Synagogue Art nouveau (p. 108)

Envie de...
Panoramas

DAN HERRICK /GETTY IMAGES ©

Paris est un paradis pour les photographes. Vous ne serez limité que par la taille de votre carte mémoire ! Depuis le sommet des monuments, en haut des collines, sur les places ou au milieu des ponts, on peut prendre de superbes vues de la ville. Même sans appareil photo, certaines perspectives sur Paris ne s'oublient pas...

Bâtiments avec vue

Tour Eiffel L'édifice le plus emblématique de la capitale est aussi le plus élevé (p. 24)

Tour Montparnasse Le bon côté de cette tour hideuse est sa terrasse panoramique (p. 168)

Arc de triomphe Montez tout en haut pour jouir de la meilleure vue sur l'axe historique (p. 38)

Centre Pompidou Un superbe panorama sur les toits de Paris et sur la tour Eiffel (p. 98)

Galeries Lafayette Profitez (gratuitement !) d'une superbe vue sur Paris depuis le toit de ce grand magasin (p. 74)

Le Printemps La terrasse de ce magnifique grand magasin offre aussi un panorama époustouflant (et gratuit) (p. 74)

Cité de l'architecture et du patrimoine Les vitres et la terrasse à l'avant offrent une vue sans pareille sur la tour Eiffel (p. 42)

Parcs avec vue

Île aux Cygnes Parcourez cette île artificielle d'ouest en est pour avoir une vue imprenable sur la tour Eiffel (p. 30)

Promenade plantée Pour avoir vue sur la vie parisienne à plusieurs mètres de hauteur (p. 108)

Parc de Belleville Une vue inédite à 180° sur Paris (p. 93)

Parc des Buttes-Chaumont De jolis points de vue sur la capitale depuis les hauteurs de ce parc vallonné (p. 93)

☑ À savoir

▶ Pour vous déplacer tout en profitant du paysage, prenez le bus ou le Batobus. Les lignes de bus les plus intéressantes sont notamment les n°21 et 27 (Opéra-Panthéon), 29 (Opéra–Gare-de-Lyon), 47 (Centre -Pompidou–Gobelins), 63 (Musée-d'Orsay–Trocadéro), 73 (Concorde–Arc-de-triomphe) et 82 (Montparnasse–Tour-Eiffel).

Envie de...
Restaurants

La cuisine parisienne n'a rien de réellement spécifique. En revanche, on peut faire le tour des gastronomies régionales et internationales dans la capitale. Il n'est pas un plat régional qu'on ne puisse goûter ici, puisque les "provinciaux montés à Paris" (ils forment la majorité des Parisiens) ont apporté avec eux leurs recettes et ouvert de nombreux restaurants. Vous pourrez ainsi renouer sans difficulté avec la cuisine du terroir français.

CARLOS SANCHEZ PEREYRA / GETTY IMAGES ©

Bistrots et brasseries

Le contenu des assiettes est primordial, mais les lieux contribuent aussi au plaisir d'un bon repas. Du restaurant gastronomique au boui-boui de quartier, en passant par la cantine branchée, Paris compte une multitude d'établissements, tous différents les uns des autres. Le traditionnel bistrot est à la fois un café et un restaurant de quartier. On le reconnaît à son zinc, un comptoir à l'ancienne. Les bistrots sont nés dans les quartiers populaires (Ménilmontant, Belleville et les Halles), mais on en trouve aujourd'hui dans toute la ville. Autre lieu très parisien, les brasseries, dont certaines (notamment à Montparnasse) ont conservé leur décoration Art déco. Établissements traditionnellement dévolus aux fruits de mer ou aux plats du Nord et de l'Est, brassage de la bière oblige, les brasseries diversifient désormais leur carte.

☑ À savoir

▶ www.lafourchette.com permet de se faire plaisir dans des restaurants habituellement inaccessibles.

▶ Il est conseillé de réserver un à plusieurs mois à l'avance pour les restaurants très prisés ou haut de gamme.

Une cuisine cosmopolite

La ville accueille aussi toutes les cuisines du monde et vous naviguerez, au gré de vos envies, des saveurs des Antilles à celles du Vietnam, du Maroc ou encore de l'Inde. Cette diversité gastronomique s'explique autant par l'histoire de la ville que par sa situation de marché central, constamment approvisionné. L'ancien "ventre de Paris" (titre d'un roman d'Émile Zola) s'est déplacé des Halles à Rungis, mais il représente toujours un monde à part entière, où s'accumulent chaque jour 1,5 million de tonnes de produits frais, permettant de nourrir près de 18 millions de personnes !

Baguettes sorties du four

Une cuisine branchée

Aujourd'hui, parmi les dernières tendances, figure la "bistronomie". Ce terme désigne une cuisine moderne, à la fois simple et innovante, et surtout décontractée : pas de service compliqué ni de décor imposant, mais des lieux souvent conviviaux et authentiques. Autre tendance du moment : le Fooding (www.lefooding.com), qui défend aussi une cuisine inventive associant plaisir, humour et création, et surtout libérée des codes et des règles de la cuisine traditionnelle. Enfin, depuis quelques années, la mode des *food trucks* a vu déferler son lot de cantines gastronomiques mobiles en tout genre (voir l'encadré p. 69).

Horaires et réservation

La plupart des restaurants ouvrent vers 19h-19h30, mais ne s'animent vraiment qu'une heure ou deux plus tard. Beaucoup servent jusqu'à 22h-22h30. Les restaurants gastronomiques sont souvent fermés le week-end, ainsi qu'au mois d'août. Les endroits célèbres, où officient les grands chefs, doivent être réservés plusieurs semaines, voire plusieurs mois à l'avance. Mais Paris n'abrite pas que des adresses chics et, contrairement à ce que l'on pourrait penser, il est possible de trouver un bon petit restaurant pas cher dans n'importe quel quartier, il suffit de savoir chercher…

Vaut le détour

Hugo Desnoyer (☏ 01 46 47 83 00 ; www.hugodesnoyer.fr ; 28 rue du Docteur-Blanche, XVIᵉ ; menu 50 €, plats 16-32 € ; ⏱ 7h-20h mar-ven, 7h-19h30 sam ; Ⓜ Jasmin) est le plus célèbre boucher parisien. Prenez place à sa table d'hôtes autour d'un festin de terrines, de quiches, de foie gras et de charcuterie maison avant de goûter sa viande de qualité supérieure.

Néobistrots et bistronomiques

Le Pantruche Superbe cuisine française contemporaine au bon rapport qualité/prix (p. 84)

(suite de la liste page suivante)

Envie de...
Restaurants (suite)

Bones Petites assiettes maison ou menus remarquables dans un cadre dépouillé (p. 111)

Frenchie Bistrot caché dans une ruelle proposant des menus sensationnels (p. 66)

Le Cinq Mars Les classiques revisités avec peps dans ce néobistrot très Rive gauche (p. 174)

Les Cocottes Le bistronomique du chef médiatique Christian Constant (p. 34)

Mon Vieil Ami Les légumes sublimés sur l'île Saint-Louis (p. 135)

L'Ourcine Une jolie récompense hors des sentiers battus touristiques (p. 150)

Clamato Bistronomique-sur-mer (p. 112)

Le Pré Verre Un bon rapport qualité/prix pour ce néobistrot qui dure (p. 150)

Restaurants gastronomiques

David Toutain Menus dégustation Carte blanche surprenants (p. 32)

Yam'Tcha Fusion exquise de saveurs françaises et asiatiques, accompagnée de thés (p. 68)

Le Grand Véfour Une expérience gastronomique de haut vol (p. 69)

Lasserre Un restaurant doublement étoilé au cœur du Triangle d'or (p. 46)

Sur le pouce

JSFP Traiteur Salades, terrines, pâté et quiches à tomber (p. 171)

CheZaline Délicieux sandwichs baguette garnis d'ingrédients de saison (p. 113)

Choux d'Enfer Choux et chouquettes signés Alain Ducasse et Christophe Michalak (p. 33)

Candelaria Tacos dans un cadre branché (p. 111)

Frenchie to Go Le take-away à la française (p. 69)

Vaut le détour

La Cantine du Troquet (☎01 45 40 04 98 ; 101 rue de l'Ouest, XIVᵉ ; plats 13-17 € ; menu midi et soir 30 € ; ☉tlj ; ⓂPernety), adresse "bis" de Christian Etchebest, décline à merveille des classiques du bistrot, revisités à la mode basque. Caillé de chèvre au pistou, tripes à la basquaise ou dorade et piperade sont autant de vrais plaisirs de table à prix démocratiques. Le cadre décontracté, sans apprêts – on choisit ses plats à l'ardoise avant de prendre place autour de grandes tables collectives –, attire une clientèle d'habitués. Pas de réservation : mieux vaut arriver tôt. Fort de ce succès, le chef basque a ouvert une annexe dans le XVᵉ, **La Cantine du Dupleix** (☎01 45 75 98 00 ; 53 bd de Grenelle, XVᵉ ; ⓂDupleix), et une autre à Montmartre, **La Cantine de la Cigale** (www.cantinelacigale.fr ; 124 bd de Rochechouart, XVIIIᵉ ; ⓂPigalle), accolée à la mythique salle de concerts.

Envie de...
Marchés

Chaque quartier a son marché, ce qui contribue à donner à Paris cette atmosphère de village... Ce sont des lieux conviviaux et animés, très appréciés des Parisiens, où l'on croise ses voisins ou ses amis, où l'on prend le temps de demander une recette au boucher ou à son poissonnier.

MING TANG EVANS / LONELY IMAGES ©

Marchés de quartier

Le site de la **mairie de Paris** (www.paris.fr) publie une liste des marchés et leurs jours, par arrondissement, ainsi qu'une liste de marchés spécialisés (oiseaux, timbres, artisanat, etc.).

Il y a trois marchés bio à Paris (Batignolles, Brancusi, Raspail), mais sur les autres marchés, couverts ou en plein air, on trouve aussi des stands vendant exclusivement des produits biologiques. Dans les quartiers populaires, notamment dans le nord-est de la ville (à Belleville ou à Château-Rouge, par exemple), les marchés sont beaucoup plus riches en fruits, légumes, herbes et épices exotiques qu'ailleurs.

Marchés aux puces

Les marchés aux puces, bourdonnants d'activité, sont incontournables pour tout chineur. Au nord de Montmartre, le **marché aux puces de Saint-Ouen** (www.les-puces.com ; rue des Rosiers, av. Michelet, rue Voltaire, rue Paul-Bert et rue Jean-Henri-Fabre, XVIIIᵉ ; ⏲10h-19h sam-lun ; Ⓜ Porte-de-Clignancourt) compte 2 500 stands répartis en 10 marchés spécialisés, différents les uns des autres, proposant une grande variété d'objets et de meubles, de la pièce de musée du marché Biron aux vieux fauteuils déglingués du marché Jules-Vallès. Le dimanche est le jour le plus animé et le lundi, le plus calme.

Les **puces de Montreuil** (⏲7h-19h30 sam-lun ; Ⓜ Porte-de-Montreuil) ressemblent davantage à un bric-à-brac. Pensez à prendre du liquide pour payer vos achats, surtout si vous voulez marchander.

☑ **À savoir**

▶ Il n'y a pas de marché alimentaire le lundi.

▶ Le site www.paris.fr recense tous les marchés, y compris spécialisés, par arrondissement.

Marchés

Marché Bastille L'un des plus grands et des plus vivants marchés de la ville (p. 112)

Marché des Enfants Rouges Le plus ancien marché couvert de Paris, avec des tables communes pour déjeuner (p. 103)

Marché d'Aligre Un marché apprécié pour son ambiance et ses bas prix (p. 113)

Envie de...
Paris avec des enfants

Paris n'oublie pas les enfants. Bien au contraire, la capitale fourmille d'idées pour éveiller leurs cinq sens et leur faire découvrir mille et une activités à travers ses musées, ses parcs et ses jardins.

ESCUDERO PATRICK / GETTY IMAGES ©

Aller au musée

Certains musées proposent des activités ludiques et culturelles pour les enfants. Les musées du Louvre (p. 52) et d'Orsay (p. 158) programment des ateliers et des parcours à thème. Le palais de Tokyo (p. 44) a créé les ateliers Tok-Tok pour les 5-10 ans, la Cité de la musique (p. 95), le musée du Quai-Branly (p. 30) et le musée Rodin (p. 26) organisent des visites contées, et le Centre Pompidou (p. 98) a même une galerie des enfants et, bientôt, des adolescents. La Cité des enfants de la Villette (p. 95), la grande galerie de l'Évolution (p. 147) et l'aquarium Cinéaqua (p. 44) sont aussi très appréciés par les petits (et les plus grands).

Prendre l'air

Les espaces verts parisiens permettront aux enfants de se dépenser entre deux visites plus culturelles. Le jardin du Luxembourg (p. 160), avec ses promenades à poney, son théâtre de marionnettes (p. 161) et ses aires de jeux, est un classique. Le parc de la Villette (p. 95) possède aussi de nombreux équipements pour les enfants, tout comme le Jardin d'Acclimatation (voir l'encadré page ci-contre) dans le bois de Boulogne, à l'ouest de Paris. Quant au vélo et au roller, ils se pratiquent très bien le long du canal de l'Ourcq, au bord duquel il existe même un café spécialement conçu pour les moins de 16 ans, avec jeux, spectacles et coins causerie, le **Cafezoïde**

☑ À savoir

▶ La plupart des musées proposent la gratuité aux -26 ans. Pour les sites, gratuité pour les -4 ans et/ou réduction jusqu'à 12 ans sont de mise.

▶ Dans le métro et le bus, c'est gratuit/ demi-tarif pour les -4 ans/-10 ans.

▶ Paris Mômes (www.parismomes. fr), l'Amuse (www.lamuse.fr), Bubblemag (www. bubblemag.fr) et Le Paris des enfants (leparisdesenfants. wordpress.com) proposent des idées pour occuper les enfants à Paris.

(www.cafezoide.asso.fr ; 92 bis quai de la Loire ; ⏱10h-19h mer-dim ; ⓜCrimée).

Activités pour enfants

Grand Rex Une visite guidée excitante dans les coulisses du cinéma (p. 72)

Cinéaqua Un aquarium à la pointe avec projections de films et spectacles (p. 44)

Jardin du Luxembourg Ses spectacles de marionnettes et ses voiliers miniatures font toujours rêver les enfants (p. 160)

Vedettes de Paris Croisière des Mystères de Paris, sur la Seine, destinée aux enfants (p. 201)

Grande galerie de l'Évolution Un défilé d'animaux plus vrais que nature (p. 147)

Cité des sciences de la Villette Des expositions malignes et curieuses à visiter en famille (p. 95)

Cité des enfants de la Villette Une fantastique aire de jeux à l'intérieur où s'ébattre à loisir dans différents espaces (chantier, labyrinthe...) (p. 95)

Cité de la musique (Philharmonie 2) Éveil musical, concerts éducatifs et spectacles, visites contées du musée (p. 95)

La Géode Émotions et frissons garantis dans cette sphère cinématographique fascinante (p. 95)

Maison européenne de la photographie Visites-ateliers avec un conférencier et dessins à la lumière (p. 106)

 Vaut le détour

Le **Jardin d'Acclimatation** (www.jardindacclimatation.fr ; av. du Mahatma-Gandhi, XVIe ; 2,90 €, certaines attractions sont payantes ; 10h-19h mai-sept, 10h-18h oct-mars ; M Les Sablons), dans le bois de Boulogne, est idéal pour les enfants avec ses nombreuses attractions et ses ateliers. Le **Musée en herbe** (www.musee-en-herbe.com ; 21 rue Hérold, Ier ; M Palais-Royal, Sentier ou Les Halles) organise des ateliers d'arts plastiques accessibles dès 2 ans et des expositions spécialement scénographiées pour les petits.

Envie de...
Bars et cafés

Les cafés parisiens sont par excellence des lieux de convivialité où l'on se retrouve entre amis pour refaire le monde ou à deux pour échanger des confidences. En journée, il y a aussi beaucoup de personnes solitaires, venues lire, travailler (la plupart des cafés proposent une connexion Wi-Fi gratuite) ou simplement faire une pause au calme.

MING TANG-EVANS / LONELY PLANET ©

Un café l'après-midi

Les bonnes adresses ne manquent pas. Vous pouvez partir en pèlerinage sur les pas des écrivains qui construisirent la légende de Saint-Germain-des-Prés (voir les cafés littéraires, ci-contre) ou préférer l'ambiance feutrée des salons de thé comme Angelina ou Le Loir dans la Théière (voir ci-contre). Des brûleries de quartier comme **Belleville Brûlerie** (cafesbelleville.com ; 10 rue Pradier, XIXᵉ) et les cafés comme Coutume (voir ci-contre) ou **Café Lomi** (cafelomi.com ; 3 ter rue Marcadet, XVIIIᵉ), qui torréfient eux-mêmes leur café, révolutionnent le monde du petit noir à Paris avec des compositions remarquables concoctées par des baristas professionnels, souvent à partir de techniques d'extraction de pointe.

Un verre le soir

Les cafés et les bars sont aussi des lieux de sorties nocturnes. Et souvent même, ça bouge, ça chante et ça mixe ! Au Café Charbon (p. 93), au Café de l'Industrie (p. 115), à La Fourmi (p. 88), l'apéro se prolonge souvent tard dans la soirée de même que dans les cafés et bars longeant le canal Saint-Martin (p. 92). Au Limonaire (p. 71), on vient prendre l'apéro en écoutant des chanteurs (souvent gratuitement). Au Rosa Bonheur (p. 93), dans le parc des Buttes-Chaumont, ou au Panic Room (p. 117), des DJ sont régulièrement invités.

Les cocktails sont à la mode ! De nouveaux bars à cocktails (voir ci-contre) voient le jour, asseyant leur réputation sur l'audace et la créativité de leurs "mixologistes", les barmen nouvelle génération.

☑ **À savoir**

▶ Les prix varient selon l'endroit où l'on consomme, les places les plus recherchées, en terrasse, étant les plus chères, les places debout au comptoir, les plus économiques.

▶ La plupart des bars servent de quoi manger (planches de charcuterie et/ou de fromage, voire menus complets).

▶ N'hésitez pas à demander des chips ou des olives, on ne vous les propose pas systématiquement...

Le Baron Rouge (p. 113)

Cafés littéraires

Les Deux Magots Sartre, Beauvoir, Mauriac, Gide... et tant d'autres (p. 176)

Brasserie Lipp Gide, Proust, Malraux, Saint-Exupéry, Camus... (p. 172)

Café de Flore Sartre et Beauvoir, Vian, Breton, Hemingway... (p. 176)

La Closerie des Lilas Baudelaire, Hemingway, Apollinaire, Beckett... (p. 174)

Cafés-salons de thé

Angelina Sans conteste le plus célèbre pour déguster un chocolat chaud corsé et épais (p. 70)

Le Loir dans la Théière Pour papoter autour d'une part de gâteau (p. 114)

Mosquée de Paris Le joli patio est très agréable pour boire un thé à la menthe (p. 148)

Cafés de quartier

Le Pure Café Vivant et animé à toute heure du jour et de la nuit (p. 114)

La Fée Verte Spécialiste de l'absinthe (p. 114)

Le Progrès Adresse branchée montmartroise (p. 88)

Cafés de puristes

Coutume Merveilleuse vitrine d'artisans torréfacteurs (p. 34)

La Caféothèque Un café-labyrinthe invitant à paresser toute la journée (p. 115)

Lockwood Torréfaction par la brûlerie de Belleville (p. 70)

Telescope Petit mais costaud (p. 70)

Bars à vins

Le Baron Rouge Une adresse très conviviale au milieu des tonneaux (p. 113)

Taverne Henri IV Un bastion de l'île de la Cité où déguster fromage et charcuterie (p. 136)

Au Sauvignon Comptoir en zinc d'origine (p. 176)

Le Garde Robe Bons vins naturels à prix abordables (p. 70)

Bars à cocktails

Harry's New York Bar Cocktails détonants signés par le créateur du Bloody Mary (p. 69)

Le Mary Céleste Bar ultratendance avec *happy hour* d'huîtres (p. 103)

Experimental Cocktail Club Merveilleux cocktails dans un lieu de caractère (p. 70)

Candelaria Un *speakeasy* se cache derrière cette simple *taqueria* (p. 111)

Envie de...
Sorties

Les soirées parisiennes ne laissent jamais indifférent, que l'on préfère siroter un cocktail dans un bar chic, clubber dans une boîte branchée, écouter un concert de rock, assister à un opéra, à un ballet ou à un concert classique, se faire une toile, se laisser éblouir par les danseuses d'un cabaret, découvrir une pièce de théâtre avant-gardiste ou écouter du jazz ou de la chanson française.

Discothèques

Du fait de la promiscuité des habitations, les clubs ne sont pas omniprésents. Néanmoins, l'électro, ainsi que le funk et le groove restent les points forts de la capitale. Généralement, les DJ ne font que quelques dates dans chaque salle – consultez le site www.parisbouge.com. Les musiques salsa et latino ont également toujours beaucoup de succès. L'entrée en discothèque varie en moyenne de 0 à 20 €.

Concerts

Surveillez la programmation des grandes salles (Bercy, Zénith, Olympia...), des clubs (New Morning, Social Club, Divan du Monde...), des péniches-clubs amarrées le long de la Seine (Batofar) ou tout simplement des bars dans les quartiers qui bougent le soir (Belleville, Ménilmontant, Bastille...).

Jazz, chansons et cabarets

Vous trouverez à Paris de superbes salles programmant du jazz et de la chanson française. Comptez au moins 90 € environ pour les grands spectacles de cabaret (130 € avec déjeuner, 150 € avec dîner). Le prix comprend généralement une demi-bouteille de champagne.

RUSM / GETTY IMAGES ©

☑ À savoir

▶ Paris Nightlife (www.parisnightlife.fr) recense l'agenda complet des événements.

▶ Les billets pour les spectacles du jour sont souvent vendus à moitié prix (plus une commission d'environ 3 €) aux Kiosque Théâtre Madeleine (p. 71), Montparnasse ou Terne (www.kiosquetheatre.com).

▶ Les sites www.billetreduc.com et www.ticketac.com vendent aussi des billets à prix réduits.

▶ Certaines radios font gagner des places de concert : consultez les sites de Radio Nova, FIP, Radio Latina, Virgin Radio ou Radio Classique.

Le Moulin-Rouge (p. 90)

Opéra, ballet, théâtre et musique classique

L'Opéra national de Paris et le Ballet de l'Opéra national de Paris se produisent au palais Garnier (plutôt réservé à la danse, p. 70) et à l'Opéra Bastille (plutôt dévolu à l'art lyrique, p. 116). Côté théâtre, le mieux est de se connecter au site Internet du théâtre pour réserver sa place en la visualisant, s'informer sur les premières ou les dernières ou bénéficier de tarifs intéressants. Le site des théâtres privés de Paris (www.theatresprives.com) est très pratique.

Cinéma

Les cinémas parisiens mettent chaque semaine près de 300 films à l'affiche. Certains possèdent une décoration étonnante comme le **Louxor** (www.cinemalouxor.fr ; 170 bd Magenta, Xᵉ ; Ⓜ Barbès), cinéma mythique des années 1920 qui a rouvert en 2013 après 15 ans de fermeture, d'autres proposent des rétrospectives consacrées aux grands noms du 7ᵉ art, comme le Champo (p. 152) ou la Cinémathèque française (p. 155).

Les programmes sont indiqués dans le *Pariscope* et *L'Officiel des spectacles* ; les places coûtent environ 10 € (réductions le mercredi et première séance).

(liste des clubs page suivante)

Vaut le détour

Perchée sur les hauteurs de Ménilmontant, **La Bellevilloise** (www.labellevilloise.com ; 19-21 rue Boyer, XXᵉ ; 0-25 € ; ⏱ 17h30-2h mer-ven, 11h-2h sam, 11h-minuit dim ; Ⓜ Gambetta ou Ménilmontant) est un autre agitateur des nuits parisiennes. De ce lieu emblématique – née après la Commune, La Bellevilloise fut la première coopérative parisienne –, vaste halle sur plusieurs niveaux, l'équipe a conservé l'esprit indépendant et multiplie les expos, salons de créateurs, rencontres-débats, soirées clubbing et concerts. Le brunch musical du dimanche est aussi très couru.

Envie de...
Sorties (suite)

Concerts et clubbing

Point Éphémère Salle de concert, club et centre culturel foisonnants où sont programmés des DJ, groupes et artistes exceptionnels, aussi bien émergents que connus (p. 93)

Rex Club Le premier club parisien consacré à la techno est toujours à la pointe. Sound system époustouflant (p. 73)

Social Club Club plutôt électro programmant de superbes DJ et des concerts (p. 73)

Le Nouveau Casino Concerts intimistes et grands DJ axés électro, pop, deep house et rock (p. 93)

Le Showcase Concerts et soirées dans un cadre insolite, sous le pont Alexandre-III (p. 48)

Le Baron Club plus intimiste, temple de la branchitude (p. 49)

La Bellevilloise Agitateur des nuits parisiennes (voir l'encadré p. 213)

Chez Régine Club mythique des années 1970, près des Champs-Élysées (p. 48)

Clubs de jazz

Café Universel Bel éventail de concerts de jazz et de blues (p. 152)

Caveau de la Huchette Il s'y passe toujours quelque chose d'intéressant (p. 153)

Sunset-Sunside, **Baiser Salé** et **Duc des Lombards** Trois incontournables de la rue des Lombards, connue pour ses clubs de jazz (plan p. 60, G5)

Cabarets

Moulin-Rouge Le berceau du french cancan est aussi spectaculaire que touristique (p. 90)

Crazy Horse Quand Decouflé met son grain de sel... (p. 48)

Au Lapin Agile Emblématique et authentique (p. 81)

Envie de...
Scène gay et lesbienne

Paris compte une scène gay et lesbienne moins catégorisée que celle plus underground d'autres villes. Le Marais est le cœur de la vie nocturne gay et lesbienne, en particulier autour du croisement entre la rue Sainte-Croix-de-la-Bretonnerie et la rue des Archives, ainsi que vers la rue Vieille-du-Temple. Cela dit, il y a aujourd'hui des adresses gays fréquentées par une foule mixte dans de nombreux quartiers parisiens.

Contexte

Paris est la première capitale européenne à avoir élu, en 2001, un maire homosexuel déclaré en la personne de Bertrand Delanoë. La ville est très libérale. Il n'est pas rare de voir des couples de même sexe se témoigner de l'affection en public. Dans les hôtels, les couples gays peuvent demander sans problème une chambre double. En 2013, la France est devenue le 14ᵉ pays au monde à autoriser le mariage homosexuel (et l'adoption par des personnes de même sexe).

Festivités

Chaque année depuis 20 ans, le Festival des films gays, lesbiens, trans + de Paris (www.cheries-cheris.com) programme documentaires et fictions, suivis de débats, rencontres, performances artistiques et fêtes. Autre événement incontournable du calendrier : la Gay Pride, en juin (www.gaypride.fr).

STEVE ALLEN / GETTY IMAGES ©

☑ À savoir

Liens utiles :

▶ Centre Lesbien, Gai, Bi et Trans de Paris-Île-de-France (www.centrelgbtparis.org)

▶ Têtu (www.tetu.com)

▶ Time Out (www.timeout.fr/paris/gay-lesbien)

Bars gays et lesbiens

Le Tango Pour se mêler à une clientèle gay cosmopolite dans un dancing des années 1930 (p. 116)

Open Café Vaste terrasse idéale pour affiner ses talents d'observateur (p. 114)

Rosa Bonheur Soirée gay le dimanche soir dans cette joyeuse guinguette tenue par une ancienne du Pulp (p. 93)

Envie de...
Mode

La mode reste sans conteste la grande affaire de Paris. Dans le monde entier, Paris est synonyme de l'"éternel chic", un style qui sait créer la surprise tout en gardant un "je-ne-sais-quoi" d'intemporel. Et, à Paris, l'élégance n'est pas (forcément) une histoire d'argent. D'ailleurs, le chic parisien consiste aujourd'hui plus que jamais à mixer les styles... et les prix.

MING TANG-EVANS / LONELY PLANET ©

Les quartiers tendance

Ce sont les grands créateurs qui montrent le cap. Beaucoup ont leur maison mère dans la capitale et une boutique dans le VIIIe arrondissement, dans le bien nommé Triangle d'or (voir l'encadré p. 49), et à Saint-Germain-des-Prés. La créativité est aussi du côté du prêt-à-porter plus accessible et des jeunes stylistes qui ont su se coller au style de la Parisienne, qui aime une mode à la fois féminine, urbaine et ethnique, sans trouver là une quelconque contradiction. Il y a des boutiques intéressantes rue Étienne-Marcel, dans le IIe arrondissement, dans le haut du Marais et autour du canal Saint-Martin, dans le Xe arrondissement (voir les itinéraires p. 58, p. 102 et p. 92). Les passages couverts recèlent des trésors (voir l'itinéraire p. 190), tandis que les grands magasins parisiens proposent des articles de qualité.

La mode à prix mini

À Paris, élégance ne rime pas forcément avec grosses dépenses. Les boutiques de stock ou de dégriffé multimarque permettent aussi de trouver des perles rares tout en faisant de bonnes affaires. Installées dans le Marais (p. 96), à Montmartre (p. 76) ou vers

☑ À savoir

▶ La majorité des grands magasins ouvre en nocturne, une ou deux fois par semaine (jusqu'à 21h ou 22h). Dans certains quartiers, comme les Champs-Élysées, le Marais et le canal Saint-Martin, les boutiques sont ouvertes le dimanche.

▶ Entre le 14 juillet et le 15 août, les petits commerces sont généralement fermés.

▶ Les soldes durent en moyenne six semaines, au début de l'été et en hiver.

la rue d'Alésia (voir l'encadré ci-contre), elles vendent les collections de marque avec un rabais de 50% sur le prix d'origine. Pour ceux qui n'ont pas peur des vêtements d'occasion, les dépôts-ventes, présents dans tous les arrondissements (même les plus chics !), ne sont pas à négliger. Les tenaces tenteront leur chance dans les friperies ou lors des vide-greniers. Tati (p. 91), célèbre magasin à petits prix, peut réserver de bonnes surprises pour qui sait fouiller.

Galeries Lafayette (p. 74)

Grands magasins

Galeries Lafayette
Vêtements de qualité
pour hommes, femmes
et enfants (p. 74)

Le Printemps Somptueux
grand magasin (p. 74)

Le Bon Marché Comprend
une superbe gamme de
créateurs (p. 163)

Boutiques de mode

La Citadelle Boutique
de créateurs et bonnes
trouvailles (p. 91)

La Boutique Extraordinaire
Ravissants vêtements
tricotés à la main (p. 103)

Shine Un choix exquis de
vêtements de créateurs
qui montent (p. 103)

Surface to Air Une
sélection pointue et
dernier cri (p. 103)

Accessoires

**À la Recherche de
Jane** Chapeaux faits
main pour hommes
et femmes (p. 178)

Pauline Pin Sacs à main
ultrasouples et stylés en
direct du Marais (p. 103)

Alexandra Sojfer
Parapluies de fabrication
artisanale (p. 163)

Antoine En cas de
pluie, foncez dans cette
boutique (de parapluies)
créée en 1745 ! (p. 75)

Vintage, occasion et déstockage

Didier Ludot Collections
de couturiers des années
précédentes (p. 74)

Frivoli Marques
d'occasion près du canal
Saint-Martin (p. 93)

Kiliwatch Plus vraiment
une friperie, pas vraiment
un magasin, un lieu hybride
pour fashionistas (p. 74)

L'Habilleur Vêtements
de créateurs à prix
réduits (p. 103)

Vaut le détour

Faites des économies
en allant chiner
à la recherche de
vêtements de marque
dans les surplus
et les collections
des saisons passées
des magasins de
déstockage de la
rue d'Alésia (XIVe ;
Ⓜ Alésia ou Plaisance),
en particulier entre
l'avenue du Maine
et la rue Raymond-
Losserand.

Concept stores

Colette Le concept store
ultrabranché de la capitale,
à la pointe des dernières
tendances mode, *geek*
et gadgets (p. 75)

Merci Magasin multi-
niveau dont les profits
sont reversés à une
œuvre de bienfaisance
(p. 102)

Envie de...
Paris multiculturel

La richesse de Paris est d'être une région-monde où s'expriment les cultures des cinq continents.

Le tour du monde en une ville

On peut faire le tour du monde, ou presque, tout en restant à Paris. Les environs des stations de métro La Chapelle et Château-d'Eau, le passage Brady, ainsi que les alentours du Faubourg-Saint-Denis, dans le Xe, sont principalement le domaine des populations d'origine indienne, pakistanaise, bangladaise et sri lankaise. Le plus grand quartier chinois, en réalité asiatique au sens large, est situé dans le XIIIe, avec de grands supermarchés vendant toutes sortes de produits d'Asie. La rue Sainte-Anne, dans le IIe, est l'adresse des restaurants japonais. Le XVIIIe, autour des stations de métro Château-Rouge et Barbès, est un quartier essentiellement africain. La communauté juive est arrivée dans le Marais (IVe) à la fin du XIXe siècle. On trouve toujours quelques librairies, épiceries et surtout des restaurants autour de la rue des Rosiers (p. 108). De nombreuses adresses proposent aussi une cuisine juive d'Afrique du Nord au sud de la station de métro Cadet, dans le IXe. Parmi tous ces quartiers, Belleville reste sans conteste le plus cosmopolite d'entre eux. Vous y rencontrerez le monde entier.

Vaut le détour

Dans le **passage Brady** (46 rue du Faubourg-Saint-Denis et 33 bd de Strasbourg, X^e ; Ⓜ Strasbourg-Saint-Denis), les restaurants et commerces indiens, pakistanais et bangladeshis sont alignés les uns après les autres. On y déjeune très bien pour moins de 10 € et un dîner est à peine plus cher. Pas très loin, le **Bistro Indien** (☎ 01 53 34 63 08 ; 42 rue du Faubourg-Saint-Denis, X^e ; Ⓜ Château-d'Eau

IMAGES ETC LTD / GETTY IMAGES ©

ou Strasbourg-Saint-Denis) propose de délicieux naans cuits au four tandoori, ainsi que des menus copieux.

Musées du monde

Musée du Quai-Branly Arts premiers de tous les continents sauf l'Europe (p. 30)

Institut du monde arabe L'art arabe se dote ici d'un magnifique écrin (p. 146)

Musée Guimet des arts asiatiques Collection exceptionnelle d'arts et d'objets asiatiques (p. 42)

Louvre Antiquités grecques et égyptiennes et autres merveilleux trésors d'ailleurs (p. 52)

Pinacothèque Expositions mondiales dans l'un des meilleurs musées privés de Paris (p. 64)

Envie de...
Visites

À pied

Parisien d'un jour
(www.parisiendunjour.fr ;
sur don). Découvrez Paris
à travers les yeux d'un
Parisien grâce à des
circuits de 2 à 3 heures.
Des bénévoles locaux
amènent les groupes
(6 personnes maximum)
dans leurs endroits
favoris. Réservation au
moins 2 semaines à
l'avance.

Ça se visite ! (☎01 43
57 59 50 ; www.ca-se-visite.
fr ; 63 av. Parmentier, XIe ;
promenades 12/10 € ;
MParmentier). Cette
association organise
des balades urbaines
et thématiques de
2 heures à 2 heures 30
en petit groupe dans les
quartiers de Belleville,
d'Oberkampf, du canal
Saint-Martin, entre
autres. Ces balades
authentiques et insolites
permettent de découvrir
les rues et l'histoire
d'un quartier, et aussi
d'aller à la rencontre
des habitants, des
artistes, des artisans
et des commerçants.
Programme sur le site
Internet.

THATLou (☎06 86 13
32 12 ; www.thatlou.com ;
Louvre/Orsay 25/35 €/pers
sans l'entrée au musée).
Une chasse aux trésors
par deux ou plus au
Louvre, au musée d'Orsay
(THATd'Or) et dans
les rues du Quartier
latin (THATrue). Les
participants jouent
seuls ou contre une
autre équipe. Ils doivent
se faire photographier
devant 20 à 30 œuvres
d'art ("les trésors")
généralement en moins
de 2 heures.

En bateau

Bateaux-Mouches
(☎01 42 25 96 10 ; www.
bateauxmouches.com ;
port de la Conférence, VIIIe ;
13,50/5,50 € ; MAlma-
Marceau). Voir p. 201.

Canauxrama (www.
canauxrama.com ; adulte/
étudiant et senior/4-12 ans
16/12/8,50 € ; ⏲tlj mars-
oct, reste de l'année sur
réservation ; MBastille
ou Jaurès). Les péniches
relient le port de plaisance
de Paris-Arsenal (XIIe)
et le bassin de la Villette
(XIXe) le long du canal

Saint-Martin et du
canal de l'Ourcq, avec
une partie souterraine
éclairée (2 heures 30
aller). Tarifs réduits en
réservant sur Internet.

En bus

L'Open Tour (☎01 42 66
56 56 ; www.parislopentour.
com ; 13 rue Auber, IXe ; 1 jour
32/16 €, 2 jours consécutifs
36/16 € ; MHavre-Caumartin
ou Opéra). Circuits en bus
à ciel ouvert avec haltes
illimitées (Paris centre,
Montmartre-Grands
Boulevards, Bastille-Bercy
et Montparnasse-Saint-
Germain), tous les jours
de l'année.

À rollers

Randonnées
à rollers Pour traverser
Paris comme sur des
roulettes, reportez-vous
à l'encadré p. 177.

NICOLAS MCCOMBER / GETTY IMAGES ©

Envie de...
Cours de cuisine et d'œnologie

Vous n'aurez aucun mal à trouver des cours de cuisine, quels que soient votre niveau et votre budget, et même si vous ne faites qu'un passage éclair dans la capitale. Quand on parle cuisine, le vin n'est jamais loin, avec de nombreux cours et dégustations, aussi bien pour les débutants que pour les connaisseurs.

MATT MUNRO / LONELY PLANET ©

Cours de cuisine

L'Atelier des chefs
(www.atelierdeschefs.fr). L'un des ateliers culinaires les plus populaires avec des cours abordables.

L'Atelier des sens
(www.atelier-des-sens.com). Des cours de cuisine et d'œnologie dispensés à Bastille, Haussmann ou Beaubourg.

Les Coulisses du Chef – Cours de Cuisine Olivier Berté
(www.coulissesduchef.com). Les leçons culinaires d'Olivier Berté sont idéales pour apprendre les bases de la cuisine.

École Le Cordon Bleu
(www.cordonbleu.edu). Pour impressionner vos invités, inscrivez-vous à un atelier d'une journée dans cette école de cuisine fondée en 1895.

Cours d'œnologie

L'École du Vin
(www.ecole-du-vin.fr ; 48 rue Baron-Le-Roy, XIIᵉ ; Ⓜ Cour-Saint-Émilion). Cette adresse sérieuse dispense des cours pour tous les niveaux, à commencer par l'initiation à la dégustation (2 heures 30/5 heures 69/119 €). Des dégustations thématiques sont également données (bordeaux, bourgognes, champagnes...) pour les palais initiés. Les cours, intensifs et ludiques, sont dispensés par des passionnés d'œnologie dans le cadre prédestiné des anciens chais de la cour Saint-Émilion.

Ô Château
(www.o-chateau.com ; 68 rue Jean-Jacques-Rousseau, Iᵉʳ ; Ⓜ Les Halles ou Étienne-Marcel). Les amateurs de vin peuvent remercier ce sympathique et cosmopolite bar à vins récent qui propose des dégustations de vin abordables à Paris. Inscrivez-vous pour une introduction au vin français (30 €) ou un déjeuner (75 €) ou un dîner (100 €) dégustation commentés à la cave à vins.

Musée du Vin
(www.museeduvinparis.com ; 5 square Charles-Dickens, rue des Eaux, XVIᵉ ; 10/9 €, gratuit pour les clients du restaurant ; ⏱10h-18h mar-dim ; Ⓜ Passy). Ce musée propose une exposition d'anciens outils de viticulture, des cours d'œnologie (2 heures, à partir de 63 €) et des dégustations (5-25 €). Excellent restaurant (menus 29,50/37/63 € ; ⏱midi mar-sam sur réservation).

Carnet pratique

Carnet pratique

Avant de partir

Quand partir

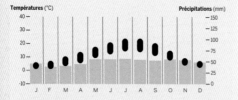

→ Hiver (nov-fév). Froid, généralement gris, parfois neigeux. Musées plus calmes et hébergement à des tarifs plus bas.

→ Printemps (mars-mai). Doux, parfois humide. La fréquentation augmente, les parcs et les jardins sont de plus en plus beaux.

→ Été (juin-août). Temps chaud, généralement ensoleillé. C'est le cœur de la saison touristique. Certains commerces sont fermés en août.

→ Automne (sept-nov). Doux, généralement ensoleillé. La vie culturelle reprend sa vitesse de croisière après l'accalmie de l'été.

Hébergement
☑ **À savoir**

→ À Paris, même les meilleures chambres ont tendance à être petites. Les hôtels moins chers n'ont pas toujours d'ascenseurs et les chambres climatisées sont rares.

→ Une taxe de séjour (normalement ajoutée à la facture) s'applique, comprise entre 0,20 et 1,50 € par personne et par nuit.

→ Le petit-déjeuner n'est presque jamais compris ; allez dans les cafés pour un rapport qualité/prix optimal.

→ Pour vivre à la parisienne, vous pouvez aussi louer un appartement. Les meilleures agences de réservation d'appartements sont répertoriées dans ce chapitre (voir l'encadré p. 224).

Petits budgets

Cosmos Hôtel (www.cosmos-hotel-paris.com). Excellent rapport qualité/prix à deux pas de l'animation nocturne du Marais.

Hôtel du Nord-Le Pari Vélo (www.hoteldunord-leparivelo.com). Un cachet à l'ancienne et des vélos à louer.

Mama Shelter (www.mamashelter.com). Un paradis bobo pensé par Philippe Starck. Sympathique pizzeria sur place.

Hôtel Saint-André des Arts (01 43 26 96 16). Bel emplacement à Saint-Germain, sans les prix du quartier.

St Christopher's (www.st-christophers.co.uk/paris-hostels). Deux auberges de jeunesse modernes et bien situées, l'un près du canal de la Villette, l'autre à la gare du Nord.

BVJ Monceau (www.bvjhotel.com). Une toute nouvelle auberge de jeunesse dans un ancien hôtel particulier, tout près des Champs-Élysées.

Generator Hostel Paris (generatorhostels.com/fr/destinations/paris). Un tout nouvel établissement, entre l'auberge de jeunesse de luxe et l'hôtel, dans le Xe arrondissement.

Catégorie moyenne

Edgar (www.edgarparis.com). Douze chambres à thème, chacune signée par un artiste ou un créateur différent.

Hôtel Emile (www.hotelemile.com). Coup de cœur pour la vue époustouflante depuis le toit-terrasse de cet hôtel du Marais à la pointe des tendances.

Le Citizen Hotel (www.lecitizenhotel.com). Adresse contemporaine au design minimaliste et à la technologie bien pensée.

Hôtel Jeanne d'Arc (www.hoteljeannedarc.com). Comme une maison

Trouver une chambre d'hôtes

Les chambres d'hôtes sont actuellement en plein développement dans la capitale et sa banlieue. Le prix (on trouve bien souvent des chambres doubles à 60-70 €, petit-déjeuner compris), l'accueil et le style des chambres varient d'une adresse à l'autre, mais les prestations sont généralement de qualité. Certaines font aussi table d'hôtes : c'est une occasion de faire plus ample connaissance avec les propriétaires et les autres visiteurs. Ce type d'hébergement étant de plus en plus apprécié, il est conseillé de réserver. Les agences citées ci-dessous recensent beaucoup d'adresses et garantissent en général le respect des normes de sécurité et de confort. Attention, la quasi-totalité des chambres d'hôtes n'acceptent que les paiements par chèque ou en espèces.

➡ **Hôtes Qualité Paris** (www.hotesqualiteparis.fr)

➡ **Alcôves et agapes** (www.bed-and-breakfast-in-paris.com)

➡ **Bed & Breakfast France** (www.bedbreak.com)

➡ **France Lodge** (www.francelodge.fr)

➡ **Good Morning Paris** (www.goodmorningparis.fr)

➡ **Homelidays** (www.homelidays.com)

➡ **To Be in Paris** (www.2binparis.com)

➡ **Une chambre en ville** (www.chambre-ville.com)

Et un appartement ?

Louer un appartement est très pratique pour ceux qui voyagent en famille, surtout avec des petits. Cela peut aussi être une façon de se loger à moindres frais, car on économise sur le budget restaurants. Et la formule est idéale pour ceux qui prévoient un séjour prolongé. Encore plus économique : l'échange d'appartements.

Voici quelques adresses de sites Internet :

➡ **Airbnb** (www.airbnb.com)

➡ **Apartment Living in Paris** (www.apartment-living.com)

➡ **Destinations Loc'Appart** (www.destinationslocappart.com)

➡ **Paris Attitude** (www.parisattitude.com)

➡ **Troc Maison** (www.trocmaison.com)

familiale dans une petite rue calme du Marais.

Hôtel Amour (www.hotelamourparis.fr). Du romantisme et du style.

Catégorie supérieure
L'Hôtel (www.l-hotel.com). Charme, mythes parisiens et légendes urbaines.

Hôtel Fabric (www.hotelfabric.com). Un hommage raffiné à l'industrie textile du XIXe siècle, dans le quartier animé d'Oberkampf.

Hôtel Molitor (www.mltr.fr). Une piscine Art déco superbement restaurée, encadrée par des chambres MGallery.

Hotel Crayon (www.hotelcrayon.com). Dessins, mobilier rétro et parois de douche en verre coloré.

➡ **Le Pradey** (www.lepradey.com). Le summum en matière d'hôtel de luxe design.

Arriver à Paris

Voie aérienne

Depuis la France
➡ **Air France** (www.airfrance.fr) dessert un grand nombre de villes de province depuis Paris. Comptez entre 200 et 300 € au minimum l'aller-retour, en réservant au moins 1 mois à l'avance. De nombreuses promotions, tout au long de l'année, permettent toutefois de bénéficier de tarifs encore plus avantageux.

➡ **Ryanair** (www.ryanair.com) et **EasyJet** (www.easyjet.com), ainsi que plusieurs **compagnies régionales** (Hop!, Airlinair, Chalair, Hexair, Twin Jet) assurent des liaisons entre Paris et de nombreuses villes de province.

Depuis la Belgique
➡ **Brussels Airlines** (www.brussels airlines.com) propose des vols directs pour Paris depuis la Belgique. Comptez au minimum 350 € pour un aller-retour, mais surveillez les promotions.

Depuis la Suisse
➡ **Swiss Airlines** (www.swiss.com) propose des vols pour Paris depuis les aéroports de Zurich, de Genève et de Bâle-Mulhouse. L'aller-retour coûte environ 400 CHF, en réservant tôt. Ces trois villes sont également desservies depuis Paris par la compagnie low cost **EasyJet** (www.easyjet.com).

Depuis le Canada
➡ **Air Canada** (www.aircanada.com), bien sûr,

assure la liaison avec Paris (à partir de 1 200 \$C environ), mais comparez les tarifs avec les différentes compagnies aériennes européennes.

Aéroport Roissy-Charles-de-Gaulle

L'**aéroport Charles-de-Gaulle** (CDG ; www.aeroportsdeparis.fr) est à Roissy, à 30 km au nord-est du centre de Paris. Il est desservi par le RER et des bus. Le site cdgfacile.com donne des renseignements pratiques clairs sur les transports depuis/vers l'aéroport CDG.

➡ Les deux terminaux sont desservis par le **RER B** (ligne B3), qui passe notamment par Châtelet et la gare du Nord. Un train part toutes les 15 minutes de 4h50 à 23h50 (9,75/6,85 € l'aller) et le trajet dure 50 minutes jusqu'à Châtelet (30 min en train direct jusqu'à Gare du Nord). La station Aéroport-Charles-de-Gaulle-1 dessert les terminaux 1 et 3. La station Aéroport-Charles-de-Gaulle-2–TGV dessert le terminal 2.

➡ Une navette gratuite **CDGVal** relie toutes les 5 minutes les terminaux.

➡ Les **cars Air France** (☎ 0892 350 820 ; www.lescarsairfrance.com)

desservent le centre de Paris. La **ligne 2** (AS/AR adulte 17/29 €, enfant 8,50/17 €) relie l'aéroport à la place de l'Étoile via la porte Maillot en 1 heure (toutes les 30 min de 5h45 à 23h). La **ligne 4** relie la gare Montparnasse, via la gare de Lyon, de 6h à 22h (AS/AR adulte 17,50/30 €, enfant 9/18 €) en environ 1 heure 15.

➡ La navette **Roissybus** (www.ratp.fr ; aller 10,50 €) relie l'aéroport (T 1 et 3) à la rue Scribe, derrière la place de l'Opéra (plan p. 60, C1). Le trajet dure 1 heure et les bus circulent de 5h15 à 0h30. Attention à la circulation dans Paris, à prendre en compte aux heures de pointe.

➡ Le **bus RATP n°350** (5,70 €, 50 min, toutes les 30 min, 5h30-23h) relie l'aéroport à la gare de l'Est, dans le nord de Paris.

➡ Le **bus RATP n°351** (5,70 €, 60 min, toutes les 30 min, 5h30-23h) relie l'aéroport à Nation, dans l'est de Paris.

➡ Le bus de nuit **Noctilien** (cdgfacile.com ; 4 tickets soit 6,80 €) part de l'aéroport pour le centre de Paris : le **N143** relie l'aéroport (T 1, 2 et 3) à la gare de l'Est via la porte de la Chapelle et la gare du Nord (toutes les 30 min, de minuit à 4h30, durée

du trajet 55 min). Le **N140** relie l'aéroport (T 1, 2 et 3) à la gare du nord et à la gare de l'Est via Aulnay-sous-Bois, Le Blanc-Mesnil et la porte de Pantin (toutes les 60 min, de 1h à 4h, durée du trajet 80 min).

➡ Pour effectuer le trajet en **taxi**, il faut compter entre 50 et 60 € et 40 à 60 minutes selon l'état de la circulation. Majoration de 15% entre 17h et 10h ainsi que le dimanche. Montez uniquement dans les taxis qui stationnent aux bornes. Ne suivez jamais quelqu'un qui vous aborde à l'aéroport prétendant être chauffeur de taxi.

➡ Les **navettes privées**, ou "taxis collectifs", **Paris Airports Service** (☎ 01 55 98 10 80 ; www.parisairportservice.com ; aller Roissy-CDG jour/nuit pour 1 pers 28/43 €) et **Airport-Shuttle** (☎ 01 79 97 60 04 ; www.airport-shuttle.com ; aller Roissy-CDG pour 1/2 pers 30/20 € par pers) offrent un service à domicile (ou à votre hôtel), plus économique qu'un taxi. Il faut réserver au moins 48h à l'avance. Prévoyez large par rapport à votre horaire d'avion, en comptant les arrêts pour prendre les autres clients. Le service est aussi valable de l'aéroport à chez vous. Les tarifs (pas de supplément en général pour les bagages) indiqués ici sont valables de 6 h à 20 h. Passé ces horaires, une majoration de 3 €/pers est appliquée.

Aéroport d'Orly

Situé à 18 km au sud de Paris, l'**aéroport d'Orly** (ORY ; www.aeroportsdeparis. fr) possède 2 terminaux, Ouest (pour les vols intérieurs) et Sud (pour les vols internationaux). L'aéroport est desservi par le RER et des bus.

➡ L'aéroport d'Orly est relié à la station Antony du RER B par la navette **Orlyval** (☎ 0892 68 77 14 ; www.orlyval.com ; aller adulte/ enfant 11,65/5,80 €) de 6 h à 23 h (toutes les 7 min). Comptez 35 minutes entre Antony et le centre de Paris. Orlyval assure également la liaison entre les terminaux Ouest et Sud.

➡ Les **cars Air France** (☎ 0892 350 820 ; www. lescarsairfrance.com) de la **ligne 1** (AS/AR adulte 12,50/21 €, enfant 6,50/ 13 €) relient l'aéroport à la gare Montparnasse, aux Invalides et Étoile– Champs-Élysées. Les bus mettent entre 45 et 60 minutes et circulent toutes les 20 minutes de 6 h à 23h40, depuis l'aéroport ; et de 5 h à 22h50 depuis Paris.

➡ La navette **Orlybus** (www. ratp.fr ; aller 7,50 €) dessert Orly depuis/vers la place Denfert-Rochereau, dans le XIVe, en 30 minutes. Les bus partent toutes les 10 à 20 minutes de 6 h à 23h20, depuis l'aéroport ; et de 5h35 à 23h05 depuis Paris.

➡ Le **tramway T7** (1,70 €, toutes les 6 min, 40 min, 5h30-0h30 lun-sam, 6h30-0h30 dim) circule entre Orly et la station de métro Villejuif-Louis-Aragon au sud de Paris. Achetez vos tickets aux distributeurs aux arrêts ; pas de vente à bord.

➡ Un **taxi** revient à 40-55 € (selon l'heure de la journée) et met au minimum 30 minutes depuis le centre de Paris. Majoration de 15% entre 17h et 10h ainsi que le dimanche.

➡ Les **taxis collectifs** proposent des liaisons depuis/vers Orly aux mêmes tarifs que pour l'aéroport CDG. Voir les coordonnées des compagnies p. 225.

Aéroport Paris-Beauvais

L'**aéroport Paris-Beauvais** (BVA ; ☎ 0892 68 20 64 ; www. aeroportbeauvais.com) est situé à 80 km au nord de Paris. Cet aéroport est utilisé par les compagnies *low cost* Ryanair, Wizzair et Blue Air.

➡ Une **navette** effectue le transfert depuis/ vers Paris. Elle part de l'aéroport 20 à 30 minutes après chaque arrivée de vol, de 8h15 à 22h30 environ (variable selon les jours et les vols), et dépose les passagers à la porte Maillot. Dans l'autre sens, les bus quittent Paris 3 heures 15 avant le départ, depuis le **parking Pershing** (1 bd Pershing, XVIIe ; Ⓜ Porte-Maillot).

➡ Les billets (aller 17 € ; 1 heure 15) sont en vente en ligne jusqu'à 24h à l'avance (tickets. aeroportbeauvais.com) ou au kiosque du parking (de l'aéroport/de la porte Maillot) ou au point de vente Ryanair de l'aéroport (en liquide uniquement).

➡ Un **taxi** entre le centre de Paris et Beauvais coûte environ 110/150 € le jour/ la nuit et le dimanche.

Bus

➡ Les bus **Eurolines** (☎ 0 892 89 90 91, 0,34 €/min ; www.eurolines.fr) desservent de nombreuses destinations depuis/vers Paris, de même que les compagnies à bas prix **IDbus** (fr.idbus.com/fr) et **Megabus** (www.megabus. com).

➡ La **gare routière internationale de Paris-Gallieni** (☎ 0892 89 90 91 ;

28 av. du Général-de-Gaulle ; Ⓜ Gallieni), terminus des bus internationaux, se trouve à Bagnolet, au terminus de la ligne 3.

Train

Les six gares parisiennes de trains grandes lignes desservent la France et l'étranger : gare d'Austerlitz (plan p. 154), gare de l'Est (plan p. 92), gare de Lyon (plan p. 154), gare du Nord (plan p. 92), gare Montparnasse (plan p. 164, A6) et gare Saint-Lazare (plan p. 82, A4). Le développement des lignes à grande vitesse (TGV) a raccourci la durée des trajets. L'ensemble du territoire est désormais bien desservi par le réseau TGV.

➡ Renseignements et réservation auprès de la **SNCF** (📞 36 35 ; www.voyages-sncf.com) pour les trains circulant en France et sur le site www.gv-europe.com pour les trains circulant en Europe (TGV, Thalys, Lyria...).

➡ **Eurostar** (www.eurostar.com). Relie la gare de Paris–Gare-du-Nord à Londres–St-Pancras en 2 heures 15 environ.

➡ **Thalys** (📞 36 35, 0892 35 16 35 ; www.thalys.com). Relie la gare de Paris–Gare-du-Nord à celles de Bruxelles-Midi, Amsterdam CS et Cologne-Hauptbahnhof.

➡ **TGV Lyria** (www.tgv-lyria.com). Dessert la gare de Lyon depuis Genève, Lausanne et Berne, ainsi que la gare de l'Est depuis Zurich et Bâle.

Comment circuler

Bateau

☑ **Idéal pour** profiter du paysage.

Les navettes fluviales du **Batobus** (www.batobus.com ; port de Solférino, VIIᵉ ; pass 1/2 jours 16/18 € ; ⏰10h-21h30 avr-août, 10h-19h le reste de l'année ; Ⓜ Bir-Hakeim) sillonnent la Seine entre la tour Eiffel et le Jardin des Plantes, en marquant 8 arrêts sur le parcours (tour Eiffel, musée d'Orsay, Saint-Germain, Notre-Dame, Jardin des Plantes, Hôtel de Ville, Louvre et Champs-Élysées). Départ toutes les 20 à 35 minutes.

➡ Voir p. 201 pour les croisières fluviales.

Bus

☑ **Idéal pour** profiter du paysage et pour les voyageurs avec poussette ou à mobilité réduite.

➡ Les **bus** circulent entre 5h45 et 20h30 et, sur un nombre limité de lignes, en soirée et le dimanche. On peut se procurer un plan des lignes auprès de la RATP (www.ratp.fr).

➡ Les bus de nuit **Noctilien** (www.noctilien.fr) circulent après l'arrêt du métro (renseignements et plan des lignes sur le site Internet). Aux arrêts de bus, les lignes sont indiquées par un panneau "N" ou "Noctilien" bleu. À peu près tous les quartiers sont desservis. Les trajets courts coûtent un ticket de métro, les plus longs 2 tickets.

Métro et RER

☑ **Idéal pour** se déplacer rapidement dans Paris. Dans ce guide, les stations de métro les plus proches sont indiquées par le symbole Ⓜ.

➡ Le réseau ferré souterrain de Paris comprend 2 réseaux interconnectés : le métro (14 lignes et 303 stations) et le RER (Réseau Express Régional, 5 lignes, de A à E), desservant la banlieue et passant par le centre.

➡ Chaque ligne de métro est indiquée par un numéro, une couleur et un terminus.

➡ La plupart des métros débutent vers 5h20,

Tickets et pass

Un trajet

➡ Le **ticket t+** valable sur le réseau de métro, RER, bus et tram de Paris intra-muros coûte 1,80 €, ou 14,10 € le carnet de 10 tickets.

➡ Un ticket permet de faire n'importe quel trajet pendant une période de 2 heures, quel que soit le nombre de changements. Il est possible d'effectuer des correspondances métro/métro, métro/RER (dans Paris), bus/bus, bus/tram et tram/tram pendant 1 heure 30 (pas d'aller-retour) – mais pas métro/bus ou tram.

➡ Gardez votre ticket jusqu'à la sortie, sinon vous risquez une amende en cas de contrôle.

Une journée

➡ Le ticket **Mobilis** (à partir de 7 € en zone 1-2) permet de circuler de manière illimitée pendant une journée. Il est en vente dans les stations et gares de métro, RER et SNCF.

Une semaine

➡ Si votre séjour dure une semaine ou plus, renseignez-vous au guichet d'une station de métro sur le **pass Navigo** (www.navigo.fr) rechargeable (21,50 € la semaine en zone 1-2).

➡ Un supplément de 3 € est exigé pour un 4e passager, mais la plupart des chauffeurs refusent de prendre plus de 3 passagers pour des raisons d'assurance. Au-delà d'un bagage (gratuit), chaque bagage supplémentaire de plus de 5 kg revient à 1 €.

➡ Pour réserver un taxi, un **numéro unique** (☎ 01 45 30 30 30, passagers à mobilité réduite 01 47 39 00 91 ; ⏱ 24h/24) permet d'appeler les stations munies de borne (la sélection de la borne la plus proche s'effectue grâce à un serveur vocal).

➡ On peut aussi réserver par téléphone ou en ligne auprès des compagnies : **Taxis G7** (☎ 36 07 ; www.taxisg7.fr), **Taxis Bleus** (☎ 01 49 36 29 48 ou 08 91 70 10 10 ; www.taxis-bleus.com) ou **Alpha Taxis** (☎ 01 45 85 85 85 ; www.alphataxis.com).

et le dernier train part entre 0h35 et 1h15 (2h15 vendredi, samedi et veille des jours fériés).

Taxi

☑ **Idéal pour** voyager avec des bagages et se rendre dans des endroits mal desservis par les transports publics et se déplacer la nuit, lorsque les transports en commun ne circulent plus.

➡ Des bornes de taxi sont installées à toutes les grandes intersections. Il est également possible de les héler.

➡ La prise en charge coûte 2,50 €. Le tarif intra-muros est de 1 €/km (10h-17h lun-sam, tarif A) ou 1,24 €/km (17h-10h, dim et jours fériés toute la journée, tarif B). En banlieue, le tarif C est appliqué (1,50 €/km).

Vélo

☑ **Idéal pour** faire du tourisme et de l'exercice.

➡ Plus de 370 km de pistes cyclables permettent de se déplacer assez facilement à vélo dans Paris. Le dimanche, certaines voies sont interdites à la circulation et réservées aux piétons et aux cyclistes (les berges de la Seine, le canal Saint-Martin, la butte Montmartre et certaines rues du Marais) ; voir la rubrique "Déplacement" du site de la mairie de Paris www.paris.fr.

➡ Le système de location en libre service **Vélib'** ☎ 01 30 79 79 30 ; www.velib. paris.fr) met à disposition des Parisiens et des touristes 24h/24 quelque 20 000 vélos pour circuler en ville. On compte environ 1 800 stations dans tout Paris, avec chacune entre 20 à 70 vélos.

➡ L'utilisation du Vélib' est simple. Il faut d'abord prendre un abonnement à la borne d'une station avec une carte bancaire Visa, JCB, MasterCard et American Express) : 1,70 € pour une journée (24h à partir de la prise à la borne) et 8 € pour 7 jours. La 1re demi-heure est gratuite (pensez à reposer votre Vélib' sur une borne avant la fin des 30 min). Au-delà, comptez 1 € pour la 1re demi-heure supplémentaire, puis 2 € la 2e demi-heure, puis 4 € chaque demi-heure supplémentaire. Un dépôt de garantie de 150 € s'effectue par une pré-autorisation de prélèvement sur le compte bancaire (non encaissé).

➡ Vérifiez toujours que votre Vélib' est bien raccroché à sa borne et récupérez un ticket prouvant que vous l'avez bien déposé (indispensable en cas de réclamation). S'il n'y a plus de place à la station où vous voulez déposer votre vélo, glissez la carte dans la borne pour obtenir 15 minutes de plus afin de vous rendre à une autre station.

➡ Conçus pour tous les cyclistes à partir de 14 ans, les vélos sont équipés d'un antivol et de lumières avant/ arrière, mais pas de casque (apportez le vôtre).

Infos pratiques

Argent
➡ La carte de crédit Visa est la plus couramment acceptée, suivie par la MasterCard. Les cartes American Express et Diners Club ne sont acceptées que dans les établissements les plus chics. Attention, il existe encore des établissements qui ne prennent pas les cartes.

➡ Les visiteurs de pays hors zone euro pourront changer leur argent dans les principales gares et les grands hôtels. Les bureaux de poste ont un service de change à taux raisonnable. Les banques prélèvent une commission de 3 à 4,50 € par transaction.

➡ Pour connaître les derniers taux de change, voir www.xe.com.

Cartes de réduction
☑ **Bon plan** De nombreuses réductions (généralement entre 30 et 50%), allant des transports aux musées, sont accordées aux jeunes, aux étudiants et aux seniors. N'oubliez pas de présenter vos cartes justificatives. Les prix dans ce guide sont indiqués sous la forme tarif plein/réduit.

➡ Si vous projetez de visiter un grand nombre de musées, le **Paris Museum Pass** (www. parismuseumpass.fr), valable 2/4/6 jours (42/56/69 €), peut être intéressant. Il donne accès, sans attente aux guichets, à plus de 60 musées. Il est en vente dans les offices du tourisme, les musées et monuments participants et les magasins Fnac (ne le commandez pas en ligne, car vous devrez payer des frais postaux).

➡ Encore plus complet, le **Paris City Pass** (www.parisinfo.com), valable 2/3/5 jours (99/113/145 €), inclut les transports ainsi que divers extras comme une croisière en bateaux-mouches.

➡ Le forfait **Paris Visite** (www.parisinfo.com) permet un nombre illimité de trajets sur les zones 1 à 3 ou 1 à 6 et ouvre droit à des réductions dans certains musées. Le forfait 3 zones 1/2/3/5 jours coûte 12,30/20/27,30/39,30 €.

Le forfait 5 zones (Versailles et Roissy-CDG et Orly inclus) coûte 25,85/39,30/55,10/67,40 €. En vente sur Internet, dans les grandes stations de métro et de RER, aux guichets SNCF et dans les aéroports, il est valable pour le métro, le RER, les trains de banlieue, les bus, les bus de nuit, les tramways et le funiculaire de Montmartre – cependant, si vous n'utilisez pas beaucoup les transports en commun, un simple carnet de tickets vous reviendra peut-être moins cher ; faites le calcul.

➡ Les **ressortissants européens de moins de 26 ans** accèdent gratuitement aux musées et monuments nationaux inutile pour eux d'acheter un forfait musée.

➡ Voir p. 208 pour tout savoir sur les tarifs réduits pour les enfants. Pour des détails sur les cartes de transport seules, voir l'encadré p. 228.

Désagréments et dangers

➡ Les pickpockets sévissent dans les zones d'affluence. Surveillez toujours vos poches et vos sacs, en particulier dans le métro et le RER.

➡ Ne sortez pas vos smartphones dans le métro, ne les laissez pas en évidence sur les tables des terrasses.

➡ Dans certains quartiers touristiques, notamment au bord de la Seine, vers la place de la Concorde et dans les Tuileries, vous vous ferez peut-être interpeller par quelqu'un feignant de "trouver" une bague en or sur le sol (après l'avoir laissée tomber) et la ramasser pour vous l'offrir. Il peut s'agir d'une technique de diversion pour vous voler ou d'un moyen pour vous extorquer de l'argent.

Faites des économies

➡ De nombreux musées sont gratuits au moins le premier dimanche du mois (voir p. 197).

➡ Renseignez-vous sur les forfaits transports (p. 228) et musées (p. 229).

➡ Faites le plein de produits frais sur les marchés et dans les épiceries et allez pique-niquer au parc.

➡ Voir p. 71 pour savoir où trouver des places de théâtre à prix réduits.

➡ Les locations d'appartements de courte durée (p. 224) reviennent parfois bien moins cher que l'hôtel.

➡ Profitez de l'un des 400 points Wi-Fi gratuits (certains à durée limitée) répartis dans la ville, notamment dans des parcs, bibliothèques, mairies et sites touristiques. L'emplacement des bornes est indiqué sur le site www.paris.fr.

Le métro est sûr jusqu'à l'heure de fermeture, y compris pour les femmes seules. Quelques stations sont malgré tout à éviter tard le soir, notamment les longs couloirs de Châtelet-Les Halles et ceux de Montparnasse-Bienvenüe, ainsi que les stations Château-Rouge, Gare-du-Nord, Strasbourg-Saint-Denis, Réaumur-Sébastopol et Stalingrad. Des bornes d'alarme sont installées au centre de chaque quai de métro et de RER, ainsi que dans certains couloirs.

Électricité

230 V/50 Hz

Formalités

Les ressortissants belges et suisses n'ont pas besoin de visa pour venir en France, quelle que soit la durée de leur séjour. Ils doivent cependant penser à emporter une carte d'identité ou un passeport avec eux. Les ressortissants canadiens sont exempts de visa si leur séjour ne dépasse pas trois mois.

Pour plus d'informations, consultez le site de l'ambassade de France : www.diplomatie.gouv.fr

Handicapés

Les sites affichant le label "Tourisme & Handicap" garantissent une information fiable, un accueil adapté et des aménagements spécifiques pour les personnes handicapées. Près de 200 sites (musées, monuments, restaurants, hôtels…) sont labellisés à Paris et en Île-de-France.

Le métro n'est pas accessible aux personnes en fauteuil roulant, sauf sur la ligne 14.

D'une manière générale, les rampes d'accès sont rares mais désormais obligatoires dans les hôtels, les musées et les édifices publics récents. Il y a aussi beaucoup de restaurants qui ne sont que partiellement équipés (les toilettes en particulier ne sont pas toujours aménagées) ; renseignez-vous en réservant.

Les voyageurs handicapés trouveront une information complète sur le site du **Comité régional du tourisme Paris Île-de-France** (www.visitparisregion.com), ainsi que sur le site de l'**Office du Tourisme et des Congrès de Paris** (www.parisinfo.com).

Pour tous renseignements sur l'accessibilité des transports publics, consultez **Info Mobi** (www.infomobi.com) ou procurez-vous le *Guide pratique à l'usage des personnes à mobilité réduite*, publié par le **Syndicat des transports d'Île-de-France** (www.stif.info).

Jours fériés

Jour de l'an 1er janvier

Pâques fin mars/avril

Lundi de Pâques fin mars/avril

Fête du Travail 1er mai

Victoire de 1945 8 mai

Ascension mai (40e jour après Pâques)

Pentecôte mi-mai/mi-juin (7e lundi après Pâques)

Fête nationale 14 juillet

Assomption 15 août

Toussaint 1er novembre

Armistice de 1918
11 novembre

Noël 25 décembre

Renseignements touristiques

Le bureau principal de l'**Office du Tourisme et des Congrès de Paris** (plan p. 60, D3 ; www.parisinfo. com ; 25 rue des Pyramides, Ier ; 🕙10h-19h tlj nov-avr, 9h-19h mai-oct ; Ⓜ Pyramides) se trouve à 500 m du musée du Louvre.

Autres bureaux dans Paris :

➡ **Montmartre** (plan p. 82, D3 ; face au 72 bd Rochechouart, XVIIIe ; 🕙10h-18h tlj ; Ⓜ Anvers)

➡ **Gare du Nord** (18 rue de Dunkerque, Xe ; 🕙8h-18h tlj ; Ⓜ Gare-du-Nord). Dans la gare, sous la verrière au niveau des départs/arrivées des trains de banlieue.

➡ **Gare de l'Est** (place du 11-Novembre-1918, XXe ; 🕙8h-19h lun-sam ; Ⓜ Gare-de-l'Est). Dans le hall des arrivées des TGV.

➡ **Gare de Lyon** (20 bd Diderot, XIIe ; 🕙8h-18h lun-sam ; Ⓜ Gare-de-Lyon). Dans le hall des arrivées des trains grandes lignes.

➡ **Syndicat d'initiative de Montmartre** (plan p. 82, D2 ; www.montmartre-guide.com ; 21 place du Tertre, XVIIIe ; 🕙10h-18h tlj ; Ⓜ Abbesses). Office de tourisme de Montmartre assorti d'une boutique, sur la plus pittoresque place du quartier. Vente de cartes de Montmartre et organisation de visites guidées tous les jours à 14h30.

Téléphone

➡ L'indicatif de la France est le ☎33. Les numéros de Paris et de la région Île-de-France commencent tous par ☎01.

➡ Pour appeler l'étranger depuis la France, composez le code d'accès international ☎00, puis l'indicatif du pays et le numéro de votre correspondant.

➡ Pour des informations sur les téléphones portables, voir p. 16.

Toilettes

☑ **Bon plan** Profitez des toilettes avant de quitter un musée ou un monument – elles sont propres et gratuites.

➡ On trouve des toilettes autonettoyantes (de couleur grise et de forme cylindrique), ouvertes 24h/24 et gratuites, sur les trottoirs de la ville.

➡ Les cafetiers n'apprécient pas que l'on utilise les toilettes sans consommer (un café peut donc être un investissement). Les fast-foods sont équipés de portes à codes (codes indiqués sur la note). Certains établissements n'ont que des toilettes à la turque.

➡ On trouve des toilettes publiques gratuites devant la cathédrale Notre-Dame, à côté de l'Arc de triomphe, en bas des escaliers à l'est du Sacré-Cœur, à l'entrée nord-ouest du jardin des Tuileries et dans certaines stations de métro.

➡ Les grands magasins et les grands hôtels peuvent aussi être un bon plan.

En coulisses

Vos réactions ?

Vos commentaires nous sont très précieux pour améliorer nos guides. Notre équipe lit vos lettres avec la plus grande attention et prend en compte vos remarques pour les prochaines mises à jour. Pour nous faire part de vos réactions, prendre connaissance de notre catalogue et vous abonner à notre newsletter, consultez notre site Internet : **www.lonelyplanet.fr**

Nous reprenons parfois des extraits de notre courrier pour les publier dans nos guides ou sites Web. Si vous ne souhaitez pas que vos commentaires soient repris ou que votre nom apparaisse, merci de nous le préciser. Notre politique en matière de confidentialité est disponible sur notre site Internet.

Remerciements

Merci à mes formidables co-auteurs pour Paris Chris Pitts et Nicola Williams, à Julian, et aux nombreux Parisiens qui m'ont éclairée et inspirée. Chez Lonely Planet, je remercie tout spécialement Kate Morgan et James Smart. Et comme toujours, merci encore à mes parents, mon frère, ma belle-sœur et mon neveu à qui je dois mon amour éternel pour Paris.

Crédits photographiques

Photographie de couverture :
Vue nocturne du Moulin-Rouge ;
Riccardo Rimondi/NATURALIGHT/
Sime/Photononstop

À propos de cet ouvrage

Cette 4e édition française de *Paris En quelques jours* est une traduction-adaptation de la 4e édition de *Pocket Paris*, commandée par le bureau de Londres et mise à jour par Catherine Le Nevez, auteur des trois éditions précédentes, épaulée par Christopher Pitts et Nicola Williams.

Traduction Virginie Bordeaux et Karine Thuillier
Direction éditoriale Didier Férat
Coordination éditoriale Juliette Stephens
Responsable prépresse Jean-Noël Doan
Maquette Marie Dautet
Cartographie Cartes originales adaptées en français par Eduardo Yanes-Blanch et l'AFDEC (Martine Marmouget et Bertrand de Brun)
Couverture Adaptée en français par Annabelle Henry
Merci à Claire Chevanche pour son travail de préparation du manuscrit, à Marjorie Bensaada pour sa relecture attentive du texte ainsi qu'à Thérèse de Cherisey pour ses apports précieux.

Index

Voir aussi les index des rubriques :

⊗ **Se restaurer p. 237**

☺ **Prendre un verre p. 238**

☺ Sortir p. 238

🔒 **Shopping p. 239**

✪ Se restaurer

🎁 Shopping

Nos auteurs

Catherine Le Nevez

Catherine a mis le pied à Paris pour la première fois à l'âge de 4 ans et, depuis, elle y est revenue sans cesse tout en passant son doctorat en écriture, son master en écriture professionnelle et son diplôme en métiers de l'édition.

Elle est l'auteur de nombreux guides Lonely Planet consacrés à Paris (dont un a récemment été élu guide de voyage de l'année lors des British Travel Press Awards), ainsi que d'articles publiés dans des quotidiens, des magazines et sur Internet. Revisiter ses lieux parisiens de prédilection et en découvrir de nouveaux est toujours un plaisir pour elle. Outre Paris, Catherine a participé à beaucoup de guides Lonely Planet sur les régions de France, les pays d'Europe et d'autres destinations dans le monde. Son appétit de voyage est insatiable, mais Paris reste sa ville favorite.

Co-auteurs

Christopher Pitts a participé aux chapitres Louvre, Tuileries et Opéra, Sacré-Cœur et Montmartre, et Quartier latin.

Nicola Williams a participé aux chapitres Tour Eiffel et Invalides, Arc de triomphe et Champs-Élysées, Centre Pompidou, Bastille et le Marais, et Notre-Dame et les îles.

Paris en quelques jours
4e édition
Traduit et adapté de l'ouvrage *Pocket Paris, 4th edition, January 2015*
© Lonely Planet Publications Pty Ltd 2015
© Lonely Planet et Place des éditeurs 2015
Photographs © comme indiqué 2015

Dépôt légal Mars 2015
ISBN 978-2-81614-801-5

Imprimé par L.E.G.O. Spa (Legatoria Editoriale Giovanni Olivotto), Italie

En Voyage Éditions   un département   place des éditeurs

MIXTE
Issu de sources responsables
FSC® C003309